소셜미디어 정부론

정부조직과 공무원의
소셜미디어 활용

이 저서는 2014년 정부(교육부)의 재원으로 한국연구재단의 지원을 받아
수행된 연구임 (NRF-2014S1A6A4024621)

This work was supported by the National Research Foundation of Korea
Grant funded by the Korean Government (NRF-2014S1A6A4024621)

소셜미디어 정부론

정부조직과 공무원의
소셜미디어 활용

남기범 지음

서론 :

소셜(미디어) 정부로의 변화와 혁신

소셜미디어는 개방, 공유, 소통, 협업의 여러 분야에서 효율적으로 사용될 수 있는 도구이다. 이를 통해서 정부조직과 공무원이 얻을 수 있는 다양한 편익과 위험을 객관적으로 이해하여 좀 더 능동적으로 소셜미디어를 활용하는 데 도움을 줄 수 있을 것이다.

소셜미디어는 일시적 유행이 아니라 혁명이라는 주장이 좀 더 많은 지지를 받아가고 있다. 많은 변화로 인해 이를 증명할 자료를 충분하게 제시할 수 있다. 소셜미디어는 포르노를 제치고 세상에서 가장 많이 사용하는 온라인 활동이 되었다. 이용자가 5,000만 명이 될 때까지 걸린 시간을 보면 라디오 38년, TV 13년, 인터넷 4년인 반면에 대표적인 소셜미디어 플랫폼인 페이스북은 1년 만에 2억 명을 확보했다. 현재 페이스북은 10억 명 이상의 회원을 확보하고 있는데 국가와 비교한다면 세계에서 세 번째로 큰 나라가 된다. 유튜브는 세계에서 두 번째 큰 검색엔진이 되었다. 매초당 10만 트윗이 작성되고, 64만 개 이상의 파일이 페이스북을 통해 공유되며, 48시간 분량의 동영상이 유튜브에 업로드된다.

이러한 현상을 통해서 확인할 수 있는 사실은 소셜미디어는 혁명이며, 그 속도 또한 이전에 어떤 변화에 비할 수 있는 것이 아니란 점이다. 소셜미디어를 통한 혁명적 변화에 기업은 물론 정부까지도 소셜미디어를 적극 도입하고, 활성화하는 노력의 대열에 나서고 있다. Joel Postman(2008: 3)은 고객과 다른 중요한 청중(audience)과의 관계를 재정립하는 데 활용할 수 있는 소셜미디어의 장점을 취하고자 학습하는 기업을 '소셜기업(Social Corps)'이라고 불렀다. 마찬가지로 소셜미디어의 강점을 취해 고객관계, 시민관계, 정부업무와 서비스, 정책결정 과정을 재정립하고자 하는 정부를 '소셜정부'라고 부르고자 한다. 소셜미디어의 특성을 잘 이해하고, 소셜미디어에 대해 수용성이 높은 조직문화를 갖추고, 소셜미디어를 적극적으로 활용하는 정부를 '소셜정부'라고 한다면, 이제 '소셜정부'로 변화를 시도할 때이다.

그러나 선행연구의 결과를 보자면 많은 인식과 연구상의 한계가 있음을 확인할 수 있다. 이 책을 통해 이러한 인식의 문제를 바로잡고, 연구를 경계를 확장하여 소셜미디어가 정부를 변화시키고, 정부와 국민의 관계를 새로 정립하는 과정에 새로운 주장을 제시하고자 한다.

첫째, 소셜미디어와 SNS의 혼동하는 경향이 있다. 이를 극복하고 다양한 소셜미디어 생태계에 대해 이해할 필요가 있다. 지방자치단체장 선거에 나온 정치인들이 SNS를 선거운동에 활용하면서 소셜미디어보다 SNS가 먼저 회자되었다. 그래서 정부에서 활용되고 있는 소셜미디어의 대부분 형태도 SNS에 집중되고 있다. 이러한 인식을 바로잡고, 다양한 소셜미디어의 생태계에 대한 정확한 이해가 필요하다. 이를 통해 정부가 소셜미디어를 활용할 수 있는 다양한 잠재성을 100퍼센트 실현할 수 있을 것이다.

둘째, 소셜미디어 위협에 대해 과도하게 인식하는 경향이 있다. 소셜미디어의 위협뿐만 아니라 편익에 대해 균형적으로 이해하는 것이 필요하다. 소셜미디어는 쓰임에 따라 용도가 결정되는 불과 같다. 잘 쓰면 훌륭한 요리를 만드는 데 쓰이지만, 반대의 경우 화상을 입게 되는 위험을 발생시키는 요인이 될 수 있다. 그러나 소셜미디어에 미온적인 많은 조직과 사람의 경우 이러한 위험을 과대하게 인식하기 때문에 소셜미디어의 활용에 소극적인 반응을 하게 된다. 소셜미디어의 활용에 따른 위험과 편익에 대한 균형적인 이해가 필요하다.

셋째, 소셜미디어를 커뮤니케이션 분야 등 제한적으로만 활용하고 있다. 커뮤니케이션 중심에서 협업(콜라보레이션)의 도구로 활용하는 방안을 적극 모색해야 한다. 소셜미디어를 활용하는 양대 분야는 소통과 협업분야이다. 지금까지 한국의 정부에서 소셜미디어를 활용하여 소통의 소셜화를 통해 전달하고자 하는 메시지를 전달하고자 하는 대상에게 효율적으로 전달하는 PR접근이 일반적이었다. 중앙부처인 경우에 소셜미디어 담당을 대부분 대변인실의 온라인 대변인이 맡고 있는 사례가 이를 말해준다. 그러나 소셜미디어는 소통뿐만 아니라 아이디어의 수집 및 생산(크라우드소싱), 데이터분석을 통한 합리적인 의사결정(소셜 데이터 분석), 협업을 통해 스마트한 업무처리 도구로서의 가치도 크다고 판단할 수 있다. 이제 후자의 효용에 대해 좀 더 적극적으로 인식하고 활용방안을 제시할 필요가 있다.

넷째, 소셜미디어 기록에 대한 인식이 상당히 부족하다. 부족이 아니라 전무하다고 이야기해야 할 것이다. 소셜미디어상에서 많은 국민이 정부에 대해 이야기한다. 이러한 이야기는 담벼락에, 혹은 트윗으로 제시되고, 이에 대한 댓글 또한 정부나 정책에 대한 인상과 주장을 담고 있다. 정부에 대한 다양한 형식의 멘션들은 공적인 가치가 있는 것으로 보존해야 할 가치가 있다. 이러한 가치에 대한 인식이 미흡해서 소셜미디어상의 기록들이 사장되고 삭제되고 있는 현실은 반드시 개선되어야 한다. 미국의 경우 공공기록법으로 정부 공식계정의 기록들을 공공기록법에서 보존하게 하고 있다는 점들은 매우 시사하는 바가 크다. 그리고 정부 소셜미디어와 관련된 중요한 사건들에 대한 확인과 의미부여가 필요하다. 정부 소셜미디어의 역사적인 발전과 관련된 대소사건을 다시 확인하고 정리하는 작업이 이루어져야 한다.

다섯째, 소셜미디어 도입활용의 제도적 기반이 갖추어져 있지 않다. 행정안전부나 국방부, 문화부, 법무부의 경우 소셜미디어나 SNS 활용에 대한 지침을 공표한 바 있다. 그러나 그러한 노력은 일회적이어서 효과가 의문시되고, 다양한 대상을 포괄하지 못하고, 일반론에 머무는 경우가 많다. 연구과정에서 확인된 미국 공군의 경우는 매년 소셜미디어 가이드북을 개정하며, 대상별로 특정화한 내용을 담고 있다. 최근에는 군인 가족까지도 대상으로 하여 가이드라인을 제시한 사례는 시사하는 바가 많다. 가이드북뿐만 아니라 소셜미디어 정책도 고려해야 하는 시점이다. 경기도의 경우 도 공식계정 이외에도, 부서별 계정, 산하기관과 지방공기업, 그리고 기초자치단체의 계정 등으로 소셜미디어 허브를 구축해 운영하고 있는데, 도입과 활용에 대한 포괄적인 정책의 수정과 정립이 필요하다. 아직 소셜미디어의 활용에 소극적인 다른 시도의 경우와 중앙부처의 경우도 마찬가지이다.

마지막으로 소셜미디어 연구가 제도적인 연구에 집중되어 있다. 소셜미디어가 정부, 정부와 국민의 관계, 정부 간 관계에 미치는 영향이 점차 커질 것을 예상한다면 현재의 대부분의 연구들이 제도적 기반의 구축에 관한 연구인 현실은 아쉬운 점이 많다. 따라서 앞으로는 정부 소셜미디어와 관련된 미시적인 행위자들과 행위자들의 관계 등에 초점을 맞춘 연구가 필요하다. 이러한 점에서 제도적 접근에 따른 정부 소셜미디어 연구를 정리하고, 행태연구에 대한 방향을 제시하는 것이 필요하다.

우선 소셜미디어에 대해 정확한 이해가 필요할 것이다.

차 례

제4편 소셜미디어 정책과 사용자 가이드라인

〈표 목차〉

〈그림 목차〉

PART

1

제1편
소셜미디어에 대한 이해

1. 소셜미디어의 개념

미국 공군은 2009년 같은 해에 두 가지 미디어와 관련한 지침을 발간하였는데, 먼저 발간된 책은 *New Media and the Air Force*(2009a) 이고, 같은 해 11월에 발간된 지침서는 *Social Media and the Air Force*(2009b)이다. 이러한 사실에서 소셜미디어가 최근에 알려지기 시작했으면서도, 그 중요성이 인식되는 정도와 속도가 매우 빠름을 알 수 있다. 이와 관련하여 Comscore의 통계(2010)에 따르면 소셜미디어의 대표 사이트 중의 하나인 페이스북의 방문자수가 야후 방문자수를 넘어서는 것이 예측되었다.[1) 포털의 시대가 가고 소셜미디어가 그 자리를 대신하는 시대가 다가오고 있다는 주장에 의심의 여지가 적어지고 있다.

소셜미디어란 용어는 뉴미디어 회사인 Guidewire Group의 창업자인 Chris Chipley가 2004년 'The Blog On Conference'에서 처음

---

1) http://techcrunch.com/2010/08/24/facebook-more-visitors-yahoo/

사용하였다. 소셜미디어(Social Media)란 사람들이 의견과 생각, 경험, 관점 등을 서로 공유하기 위해 사용하는 온라인 툴과 플랫폼을 총칭한다. 미국의 GSA(2009)는 기술, 사회적인 상호작용, 콘텐츠 제작을 통합하는 나잉한 활동을 포괄한다고 하면서 우산용어(umbrella term)라고 하고 있다. 뉴질랜드의 State Service Commission(2009)에서는 정보를 출판, 공유하며, 토론하기 위해 사용하는 인터넷에 기반을 둔 도구라고 설명한다. 다른 개념 정의에 따르면 소셜미디어는 접근하기 매우 쉽고 확장하기 쉬운 출판 기술을 사용하는, 사회적 상호작용을 위한 미디어(매체)다.[2] 소셜미디어는 커뮤니케이션을 상호작용적인 대화로 바꾸기 위해 웹 기반 기술을 사용한다. 위키피디아(Wikipedia)에서는 소셜미디어(social media)를 '개방, 참여, 공유의 가치로 요약되는 웹 2.0시대의 도래에 따라 소셜 네트워크의 기반 위에서 개인의 생각이나 의견, 경험, 정보 등을 서로 공유하고 타인과의 관계를 생성 또는 확장시킬 수 있는 개방화된 온라인 플랫폼을 의미한다'고 정의한다. 소셜미디어는 다양한 형태의 토론과 정보공유의 형태를 의미하는 것(City of Chandler, 2010: 1), 정보를 출판하고, 공유하며, 토론하기 위해 사용하는 인터넷에 기반을 둔 도구(State Service Commission, 2009: 1), 상호작용을 위한 새로운 모델(Arlington, 2009: 1) 등의 개념으로 정의된다.

이러한 다양한 개념을 미디어·매체 중심의 정의, 도구(툴과 플랫폼 등)와 기술 중심의 정의, 서비스·활동 중심의 정의로 유형별 분류하여 정리하면 다음 <표 1-1>에서 <표 1-2>까지와 같다.

---

2) http://en.wikipedia.org/wiki/Social_media

<표 1-1> 소셜미디어의 미디어·매체 중심의 정의

이 름	정 의
Hobson(2006)	소셜미디어 생태계(The Social Media Ecosystem)는 블로그, 위키, RSS, 팟캐스트, 비디오캐스트, Moblogs, MMS, Internet telephony 등이 있으며, 이들은 커뮤니케이션과 관여(engagement), 투명성, 신뢰 등을 촉진하는 도구로써 전통적인 커뮤니케이션 활동을 보완해주기도 하고 효과적인 커뮤니케이션의 사회적 특성을 인식한 조직체들에 의해 사용되는 미디어
Kaplan & Haenlein(2010)	웹 2.0의 이념과 기술을 기반으로 하며, 이용자 생성 콘텐츠(user generated content: UGC)의 생산 및 공유를 가능케 하는 인터넷 기반의 애플리케이션. 웹2.0을 바탕으로 하는 인터넷 기반 애플리케이션의 총체이며 사용자에 의해 생산된 콘텐츠를 만들고 이를 교환할 수 있거나 혹은 소비자에 의해 만들어진 미디어(consumer-generated media: CGM)
김중태(2010)	사회 구성원들이 의견, 생각, 경험, 관점 등을 서로 공유하기 위해 사용하는 매체
설진아(2010)	사람들이 정보와 경험, 생각을 공유하기 위해 사용하는 플랫폼으로 주로 온라인 도구와 모바일 도구를 활용하는 미디어
위키피디아 (2014)	사람들이 자신의 생각과 의견, 경험, 관점 등을 서로 공유하고 참여하기 위해 사용하는 개방화된 온라인 툴과 미디어 플랫폼. 높은 접근성과 온라인상에서 확장 가능한 출판 기술을 활용하여 사회적 상호작용을 하도록 만들어진 미디어[3]

자료: 이인희 외(2011: 9-10), 정영철 외(2012: 22-23), 최봉(2011: 32), 소셜미디어연구포럼(2014: 28) 재구성.

<표 1-2> 소셜미디어의 도구와 기술 중심의 정의

이 름	정 의
정보통신산업진흥원 (2006)	사람들이 의견, 생각, 경험, 관점 등을 서로 공유하기 위해 사용하는 온라인 툴과 플랫폼
Blossom(2009)	누구라도 다른 개인들과 집단에 쉽게 영향을 줄 수 있는 기술이나 도구로 측정할 수 있고 접근 가능한 커뮤니케이션 기술
Newson, Houghton & Patten(2009)	블로그나 네트워킹 사이트, 위키, 팟캐스팅과 비디오캐스팅, 가상세계, 소셜 북마킹 등을 통해 온라인상 정보의 커뮤니케이션과 참여와 축적을 가능케 하는 온라인상의 도구와 프로그램

---

3) 위키피디아의 정의를 보면 Social media is the interaction among people in which they create, share or exchange information and ideas in virtual communities and networks (http://en.wikipedia.org/wiki/Social_media 참조).

State Service Commission(2009)	정보를 출판, 공유하며 토론하기 위해 사용하는 인터넷에 기반을 둔 도구
Bradley(2010)	잠재적인 다량의 참여자 집단이 생산적으로 협력하는 것을 성립시키고(forming), 할 수 있도록(enabling), 해주는 것을 목표로 하는 기술 및 채널의 집합(set)

자료: 이인희 외(2011: 9-10), 정영철 외(2012: 22-23), 최봉(2011: 32), 소셜미디어연구포럼(2014: 28) 재구성.

<표 1-3> 소셜미디어의 서비스·활동 중심의 정의

이 름	정 의
Boyd & Ellison(2007)	제한된 시스템 내에서 개인이 자신을 대중에게 혹은 일부 대중에게 소개하고 정보를 제공받거나 받을 수 있고 관계를 형성, 유지하고 시스템 내에서 다른 이용자들의 관계망을 보거나 연결할 수 있는 세 가지 측면의 특성을 가진 웹기반 서비스
IWGDPT (2008)	SNS는 자신의 취향과 활동을 공유하거나, 타인의 취향과 활동을 관찰하고자 하는 사람들의 공동체를 위한 온라인 사회관계의 형성에 중점을 둔 서비스
GSA(2009)	기술, 사회적인 상호작용, 콘텐츠 제작을 통합하는 다양한 활동들을 아우르는 포괄적 용어(umbrella term)
Safko & Brake(2009)	콘텐츠를 글, 사진, 동영상 오디오 형태로 간편하게 만들고 전송하게 하는 웹기반의 애플리케이션을 의미하는 대화형 미디어를 통해 사람들로 구성된 커뮤니티가 온라인에 모여서 정보, 지식, 의견을 공유하는 활동, 관행, 행위를 통칭
최민재·양승찬 (2009)	웹 환경하에서 네티즌의 참여·공유 정신을 기반으로 한 '웹2.0'의 특성을 갖는 인터넷 서비스들의 기술적 속성과 그 실천 행위들을 통칭
한국인터넷 진흥원(2009)	SNS는 인터넷상에서 친구, 동료 등 지인과의 인간관계를 강화하거나 새로운 인맥을 형성함으로써 폭넓은 인적 네트워크를 형성할 수 있게 해주는 서비스로 미니홈피, 블로그, 마이크로블로그, 프로필 기반 서비스 등을 포함하고 있음
이동훈(2010)	개인미디어의 기능 가운데 연결성과 실시간성에 기반한 커뮤니케이션을 강화한 인터넷 서비스
이원태(2010)	웹 환경하에서 네티즌의 참여·공유정신을 기반으로 한 웹2.0의 특성을 갖는 인터넷서비스들의 기술적 속성과 그 실천행위
Jason S. L. et al.(2011)	사람들이 대화 및 의사소통을 통해 콘텐츠와 정보를 공유하기 위한 온라인 툴 및 플랫폼을 사용하는 과정
노기영(2012)	쌍방향 테크놀로지를 통해 텍스트, 이미지, 오디오, 비디오를 활용한 멀티미디어의 요소와 사회적 상호작용을 통합하는 다양한 커뮤니케이션 행위

자료: 이인희 외(2011: 9-10), 정영철 외(2012: 22-23), 최봉(2011: 32), 소셜미디어연구포럼(2014: 28) 재구성.

이러한 정의의 공통된 속성은 정보의 공유와 생산이다. 이전의 웹상에서 정보의 소비자였던 사용자들이 자신들끼리 형성된 관계를 활용하고, 정보를 공유하여, 질적인 정보를 생산하는 것을 가능하게 한 도구를 소셜미디어라고 한다.

소셜미디어라는 용어는 트위터, 페이스북, 블로그 등으로 소셜네트워크 서비스를 포괄적으로 총칭하는 것으로 많

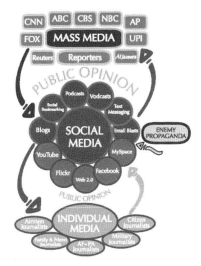

자료: US Air Force, 2009b.

<그림 1-1> 국제적인 소셜미디어 정보 흐름

이 사용되고 있다. 소셜미디어란 용어를 최초로 사용한 사람은 Guidewire Group 창업자이자 글로벌리서치 디렉터인 Chris Shipley 이며 최초로 소셜미디어란 용어를 언론에 보도한 사람은 SHIFT Communications의 Todd Defren이다(한국정보산업연합회, 2009: 52). 현재의 개념과 같은 소셜미디어라는 말을 최초로 사용한 사람은 크리스 쉬플리로 알려졌는데 그는 '2004 The Blog On' 컨퍼런스에서 '소셜미디어의 비즈니스'에 대한 발표를 통해 향후 블로그, 위키, 소셜네트워크와 연관된 테크놀로지가 결합해 '새로운 형태의 참여미디어'로서 '소셜미디어'의 등장을 강조했다. Tina Sharkey 역시 1997년에 커뮤니티 중심의 인터넷 콘텐츠 양식을 '소셜미디어'라고 사용한적이 있다(Shirky, 2008; 설진아, 2009: 36 재인용).[4]

소셜미디어는 다양하게 개념화되고 있다. 앞서 소셜미디어라는

용어가 처음 등장하게 된 배경에서도 알 수 있듯이 소셜미디어는 첨단정보통신 및 디지털 멀티미디어 기술의 발전과 융합의 결과로서 새로운 사회 문화적 패러다임을 형성했다. 그에 따라 소셜미디어는 "웹2.0을 바탕으로 하는 인터넷 기반 애플리케이션의 총체이며 사용자에 의해 생산된 콘텐츠(user-generated content: UGC)를 만들고 이를 교환할 수 있도록 하거나 혹은 소비자에 의해 만들어진 미디어(consumer-generated media: CGM)"로 규정될 수도 있다(Kaplan & Haenlein, 2010).[5]

2. 소셜미디어의 특성

소셜미디어는 그 자체가 일종의 유기체처럼 성장하기 때문에 소비와 생산의 일반적인 매커니즘이 적용되지 않으며, 양방향성을 활용하여 이용자들이 자발적으로 참여하고 정보를 공유하며 콘텐츠를 만들어 나가는 특성이 있다.

다시 말해 TV, 신문, 잡지, 라디오 등과 같은 전통매체가 일대다(one-to-many)의 일방적 관계형에 기초한 커뮤니케이션의 속성을 가졌다면, 소셜미디어는 다양한 형태의 콘텐츠가 다양한 이용자들에

---

4) 소셜미디어의 유래에 대한 자세한 설명은 소셜미디어연구포럼(2014: 27-28)을 참고할 것.
5) 위키피디아의 소셜미디어에 대한 정의에서도 알 수 있다. Social media is the interaction among people in which they create, share or exchange information and ideas in virtual communities and networks. Andreas Kaplan and Michael Haenlein define social media as "a group of Internet-based applications that build on the ideological and technological foundations of Web 2.0, and that allow the creation and exchange of user-generated content"(http://en.wikipedia.org/wiki/Social_media 2014.5.5 참조).

의해 생성되고 공유되는 다대다(many-to-many)의 쌍방향적 관계성을 토대로 하므로 1인 미디어, 1인 커뮤니티의 특징을 지닌다고 볼 수 있다. 소셜미디어는 방송매체의 일방적 독백을 사회적 매체의 대화로 변환시키고, 그 이용자들이 콘텐츠 소비자임과 동시에 콘텐츠 생산자가 되는 것을 가능케 함으로써 정보의 민주화와 개방화를 촉진시킨다.

웹 2.0을 기반으로 하는 소셜미디어는 다음의 표에서 보듯이 참여와 공개, 대화 및 커뮤니티를 통해 활동이나 인지, 관심 공중의 구성원인 네티즌을 서로 묶고 연결하는 특성을 갖는다. 특별히 소셜미디어가 다른 온라인 매체와 다른 점은 쌍방향 커뮤니케이션을 즉각적이며 다양한 방식으로 진행할 수 있다는 점이다(심재철 외, 2010: 18).

<표 1-4> 웹 2.0 기반 소셜미디어의 특성

구 분	특 징
참여 (Participation)	소셜미디어는 관심 있는 모든 사람들의 기여와 피드백을 촉진하며 미디어와 오디언스의 개념을 불명확하게 함
공개 (Openness)	대부분의 소셜미디어는 피드백과 참여가 공개되어 있으며 투표, 피드백, 코멘트, 정보 공유를 촉진함으로써 콘텐츠 접근과 사용에 대한 장벽이 거의 없음
대화 (Conversation)	전통적인 미디어가 'Broadcast'이고 콘텐츠가 일방적으로 오디언스에게 유통되는 반면 소셜미디어는 쌍방향성을 띰
커뮤니티 (Community)	소셜미디어는 빠르게 커뮤니티를 구성케 하고 커뮤니티로 하여금 공통의 관심사에 대해 이야기하게 함
연결 (Connectedness)	대부분의 소셜미디어는 다양한 미디어의 조합이나 링크를 통한 연결성에서 번성

자료: 한국정보산업연합회(2009), 53.

소셜미디어가 커뮤니케이션에서 강력한 도구가 될 수 있는 것은 다양한 방식으로 커뮤니케이션이 이루어진다는 특성 이외에도 소셜미디어의 내부적인 특성 때문이다. 이러한 속성은 여섯 가지로 제시할 수 있는데, 진정성(authenticity), 투명성, 즉시성, 참여, 연계, 책임성이다(Postman, 2008: 8-14).

1) 진정성

소셜미디어의 가장 강력한 특성은 진정성이다. 어떤 조직 커뮤니케이션의 이전 역사에서도 현재의 소셜미디어처럼 여과되지 않고, 메시지로 정제되지도 않으며, 자발적인 정보가 외부로부터 직접적으로 제공된 적이 없었다. 이러한 성격은 꾸밈없음으로 신뢰받기 쉬운 점도 있으나 반면 위험요소로 작용하기도 한다.

2) 투명성

투명성은 조직의 소셜미디어 환경과 관련해서 두 가지의 의미가 있다. 첫 번째는 전통적인 관점에서 재무적인 투명성을 의미한다. 이러한 투명성은 조직에 대한 외부의 접근에 대한 장애를 제거하고, 정확한 정보를 제공하는 것을 의미한다. 이러한 재무적인 투명성 외에 소셜미디어는 조직의 전략, 목표달성을 위한 과정, 상품과 서비스 및 고객 등의 광범한 쟁점에 대한 생각 등에 대한 완전한 투명성을 의미한다. 두 가지 측면의 투명성은 외부로부터의 신뢰를 구축하는 데 매우 중요한 자원이다.

3) 즉시성

소셜미디어에서 정보의 전파속도는 이전의 어느 미디어보다 빠르다. 이러한 특성은 위기 시나 혹은 정보전파가 빨리 이루어져야 하는 모든 시기에 필요한 특성이다. 긍정적인 측면도 있으나 확인되지 않은 뉴스나 가짜 뉴스가 손쓸 틈 없이 확산될 가능성이 있다는 점은 매우 주의해야 하는 특성이 된다.

4) 참여

소셜미디어는 조직의 맞춤 타깃에 대해 정보를 전달할 뿐만 아니라 이들을 참여시키는 통로로도 활용할 수 있다. 참여의 가능성뿐만 아니라 효과도 커질 가능성이 매우 크다. 물론 다른 인터넷을 활용한 참여와 마찬가지로 소셜미디어에서 활발한 활동을 하는 대상의 의견이 과잉 대표될 가능성이 있지만 이러한 위험은 다른 노력으로 보정이 가능하다는 점에서 극복 가능하다.

5) 연결성

소셜미디어의 다른 특징인 연결성은 즉시성과 연결되어 있다. 커뮤니케이션이 빨리 이루어질 뿐만 아니라 광범위하게 확산된다. 소셜미디어에 보이는 특징 중 하나에 '네트워크 효과'라는 것이 있다. 네트워크 효과는 네트워크의 특성을 가진 제품·서비스에서 이용자수와 이용 빈도가 제품·서비스의 이용을 통해 얻을 수 있는 효용과 이용 가치에 영향을 미치는 효과를 의미한다. 즉, 서비스 이용자가 증가하면 증가할수록 그 가치가 높아지고, 또한 이용자가 늘어난다는 긍정적인 상관관계를 보인다는 것이다. 소셜미디어에서는 이 효과가 특히 현저하게 나타난다.

6) 책임성

일반적인 웹서비스에서는 반사회적이거나, 비윤리적, 불법적인 행동이 익명으로 교환되는 사례가 빈번하였다. 그러나 소셜미디어상에서는 소셜댓글의 사례와 같이 기본적인 프로필을 확인하는 과정이 간편하게 마련되어, 책임 있는 대화와 상호작용의 가능성이 상대적으로 크다고 볼 수 있다.

이러한 특성은 긍정적인 속성에만 집중하고 있는데, 장점과 단점을 구분하여 설명한 나루토시의 접근은 중립적인 시각을 갖게 한다는 점에서 참조할 만하다. 일본의 나루토시의 소셜미디어 활용가이드라인(鳴門市ソーシャルメディア活用ガイドライン)[6]에서는 소셜미디어의 특징을 장점과 단점으로 나누어 제시하고 있다.

(1) 장점
- 신속한 정보발신이 가능하다.
- 시 공식 웹사이트로의 유도 등 자치단체 자체가 가지는 정보 전달 매체와 연계한 정보발신이 가능하다.
- 적극적으로 정보를 발신함으로써 행정의 투명성을 높이는 효과

---

6) http://www.city.naruto.tokushima.jp/shisei/koho/socialmedia/guideline.html

를 기대할 수 있다.

· 긴급 상황 시 정보발신 수단으로 활용할 수 있다.

(2) 단점

· 일단 발신한 정보를 영구적으로 삭제하는 것은 어렵기 때문에 잘못된 정보를 발신하는 경우 정보의 정정이 어려울 수 있다.

· 발신한 정보가 다른 이용자의 오해를 불러일으키는 등 문제가 될 위험이 있다.

· 발신한 정보에 대한 의견, 질문 등의 대응에 노력을 요하는 경우가 있다.

· 위장한 스푸핑이 발생할 수 있다.

장점과 관련하여 소자시 소셜미디어 활용 가이드 라인(總社市ソーシャルメディア活用ガイドライン)[7]에서는 좀 더 자세하게 설명하고 있다.

(1) 익명성이 낮음

소셜미디어는 익명에 의한 운용을 하고 있어도 과거의 게시물 내용 및 교류 상대 등에서 비교적 쉽게 작성자를 식별할 수 있다. 현실 세계에서의 관계성을 들여와 교우관계가 보이는 소셜미디어는 일부러 익명성이 낮다고 말할 수 있다.

---

7) https://www.city.soja.okayama.jp/data/open/cnt/3/471/1/sojaguidelines.pdf

(2) 네트워크와 정보 확산 속도의 빠름

소셜미디어는 지역, 직업, 취미 등 다각적인 인간관계를 네트워크로 구축하여 유기적으로 결합 확산되고 있다. 이러한 네트워크에서 화제가 공통성이 있기 때문에 입소문이 활성화된 인터넷의 즉시성과 함께 정보(특히 부정적인 정보)의 확산 속도가 매우 빠른 것이 특징이다. 또한 소셜미디어에서 화제는 거대한 게시판이나 인터넷 뉴스미디어, TV의 매스미디어에서도 다루어진다.

(3) 사전점검 기능의 부재

소셜미디어와 매스미디어의 큰 차이는 '사전점검 기능의 유무'이다. 신문이나 텔레비전 등은 오타나 표현에 대해 타인의 점검이 이루어지지만, 소셜미디어는 타인의 점검이 이루어지지 않는다.

(4) 반영구적으로 저장되는 데이터

인터넷에 공개되어 한 번 확산된 정보는 비록 삭제해도 전송, 복사됨으로써 언제까지나 인터넷에 계속 남는다.

소셜미디어 이로운 특성과 위험한 특성을 중립적으로 이해하고, 장점을 적극 활용하고, 단점으로 인해 발생할 수 있는 문제와 위험을 줄이는 노력이 매우 중요하다.

제2장

소셜미디어 생태계와 유형분류

소셜미디어는 텍스트, 이미지, 오디오, 비디오 등의 다양한 형태를 가지고 있으며, 대표적인 수단으로 블로그(Blogs), 소셜 네트워크 (Social Networks), 메시지 보드(Message Boards), 팟캐스트(Podcasts), 메쉬업(meshups),[8] 비디오공유, 가상세계 등과 같은 여러 가지 기술과 형태를 사용한다.

소셜미디어는 우산용어(umbrella term)라고 불릴 만큼 매우 다양한 매체를 포함한다. 소셜미디어의 범주에 포함된 다양한 사이트와 서비스는 여러 가지 목적으로 분류할 수 있다.

1. 소셜미디어 분류

미국 노스캐롤라이나의 소셜미디어 교육자료(2009b: 1-4)에서는

---

8) 메쉬업(Meshup)은 다양한 소스의 각종 데이터, 지리적 자료, 영상자료, 문서자료 등을 조합하는 웹 어플리케이션을 의미하고, 팟캐스트(podcast)는 PC나 휴대용기기에 공유하는 디지털미디어 파일 공유시스템을 의미한다(U.S. NAVY, 2008).

네트워킹 도구, 멀티미디어 도구, 커뮤니케이션 기반 도구 등으로 분류하였다.

커뮤니케이션 기반 도구는 정보공유와 커뮤니케이션에 초점을 맞춘 다양한 어플리케이션이 포함되는데, Blogger와 WordPress와 같은 다양한 블로깅 도구와 Twitter, 미투데이(me2day), 요즘(YOZM)과 같은 마이크로 블로깅 도구가 대표적이다. 네트워킹 도구에는 Facebook, Linkedin, Myspace와 같은 어플이케이션이 포함되며, 사용자들이 이러한 도구를 통해 동일 업무에 함께 협력하는 것에 도움을 받을 수 있고, 다른 사용자의 페이지에 댓글(comments)을 달 수 있다. 멀티미디어 도구에는 flickr, Picasa, Youtube와 같이 사용자가 멀티미디어 콘텐츠를 더 많은 청중과 공유할 수 있도록 해주는 소셜미디어 사이트가 포함된다. 이러한 여러 가지 미디어 중에서 가장 관심을 갖게 되는 것은 트위터와 페이스북이다.

오바마 대통령이 선거전에서 활용하고, 각종 재난위기 상황에서 빠른 정보전파로 명성을 얻었던 트위터가 많이 사용되는 소셜미디어 중의 하나이다. 트위터는 실시간 소셜 네트워킹 서비스로서 웹과 모바일에서 접근 가능하며, 사용자들이 140자 이내로 작성된 트윗(tweet)이라는 메시지를 보내고 읽는 것을 가능하게 해준다(Department of Finance and Deregulation, 2010). 140자 이내라는 한정성 때문에 마이크로 블로그로 분류하기도 한다. 트위터는 팔로우(follow)를 통해서 네트워크를 형성하는데 팔로우를 승인하는 과정은 없다. 그러므로 정보방송기능을 수행한다.

다양한 소셜미디어를 유형별로 정리하면 다음 <표 2-1>과 같다.

<표 2-1> 소셜미디어의 유형별 분류 현황

성 명	유 형	비 고
Newson, Houghton & Patten(2009)	블로그, 전문적이고 사회적인 네트워크 사이트, 위키피디아, 팟캐스팅과 비디오캐스팅, 가상공간 서비스사이트, 소셜 북마킹	기능중심 분류
Safko & Brake (2009)	사회적 네트워킹 사이트, 정보 공표 사이트, 사진공유, 오디오, 비디오, 마이크로 블로그, 라이브캐스팅, 가상공간, 게임, 정보집적	콘텐츠 형태나 내용중심 분류
최민재·양승찬 (2009)	커뮤니케이션 모델(블로그), 협업모델(위키, 소셜북마킹, 소셜뉴스, 리뷰 & 오피니언 사이트, 커뮤니티 Q & A 사이트), 콘텐츠 공유모델, 엔터테인먼트모델	서비스 특성
한국인터넷 진흥원(2009c)	블로그, 소셜네트워크, 콘텐츠 커뮤니티, 위키피디아, 팟캐스트	서비스별 구분
Kaplan & Haenlein(2010)	협업(위키피디아, 딜리셔스), 블로그, 콘텐트 커뮤니티(북크로싱, 플리커, 유튜브, 슬라이드쉐어), 소셜네트워크 사이트(페이스북, 마이스페이스), 가상게임(월드 워크래프트, 에버퀘스트), 가상 세계(세컨드 라이프)	기능중심 분류
HotelmarketingStrategies (http://www. hotelmarketing strategies.com)	소셜네트워크(페이스북, 마이스페이스), 블로그 및 마이크로 블로그(워드프레스, 트위터), 소셜 북마킹(딜리셔스, 디그), 미디어 공유(플리커, 유튜브), 소셜 리뷰(엘프, 트립어드바이저), 이용자 생산 콘텐츠(위키트래블, 월드66)	서비스별 구분
이규정 등(2010)	관계형, 소통형, 협업형, 공유형	기능중심 분류
한국방송통신전파진흥원 (2012)	프로필기반, 비즈니스기반, 블로그기반, 버티컬, 협업기반, 커뮤니케이션중심, 관심주제기반, 마이크로블로깅, 마이크로블로깅	기능중심 유형화
FredCavazza.net (2017)	출판, 공유, 네트워킹, 협업, 메시징, 토론	기능중심 분류 후 서비스 구분
소셜미디어 연구포럼 (2012)	블로그(Blog), 소셜네트워크사이트(Social Network Sites, SNS), 위키스(Wikis), 콘텐츠 커뮤니티(Content Communities), 팟캐스트(Podcast), 포럼(Forums), 마이크로블로깅(Microblogging)	서비스별 구분
위키피디아 (2014)[9]	블로그(Blog), 소셜 네트워크 서비스(SNS), 위키(Wiki), 손수제작물(UCC), 마이크로 블로그(Micro-Blog)	서비스별 구분

출처: 이인희 외(2011: 14-15)에서 인용, 추가 재구성.

한편, 소셜미디어연구포럼에서는 소셜미디어의 범주로 크게 블로그(Blog), 소셜네트워크 사이트(Social Network Sites, SNS), 위키스(Wikis), 콘텐츠 커뮤니티(Content Communities), 팟캐스트(Podcast), 포럼(Forums), 마이크로블로깅(Microblogging)의 일곱 가지로 분류하고 있다. 각각의 특징을 정리하면 다음의 표와 같다. 즉, 범주화된 다양한 유형의 서비스를 소셜미디어라고 부를 수 있는 것이다(소셜미디어연구포럼, 2014: 33-34).

<표 2-2> 소셜미디어 서비스

구 분	설 명
블로그	Web과 Log의 합성어로서 네티즌이 웹에 기록하는 일기나 일지를 의미하며 가장 최근의 업데이트 목록이 맨 위에 올라오게 되는 일종의 온라인 저널이라고 할 수 있다.
SNS	이용자들이 자신의 개인 웹 페이지를 구축한 뒤 친구들과 연결하거나 콘텐츠를 공유하고 상호작용할 수 있도록 하는 서비스이다. 페이스북(Facebook), 마이스페이스(MySpace), 트위터(Twitter), 싸이월드(Cyworld) 등이 여기에 속한다.
위키스	콘텐츠를 추가하거나 정보를 웹 페이지상에서 편집할 수 있으며 일종의 공동 데이터베이스 역할을 하는 것이다. 가장 보편적인 사례는 세계 각국 언어로 서비스되고 있는 온라인 백과사전인 위키피디아(Wikipedia)로, 영어로 된 200만 개 이상의 문서가 존재한다.
팟캐스트	방송(broadcast)과 아이팟(iPod)의 합성어로, 아이튠즈(iTunes)와 같은 서비스를 통해 오디오와 비디오 파일을 구독할 수 있는 것을 의미한다. (방송(broadcasting)과 아이팟(iPod)의 합성어로 인터넷을 통해 사용자들이 새로운 오디오파일을 시간과 장소에 구애받지 않고 청취할 수 있도록 하는 것*)
포럼	특정한 주제나 관심사를 두고 온라인 토론이 이루어지는 장소로, 소셜미디어라는 용어의 등장 이전에 이미 활성화되었고 온라인 커뮤니티를 구성하는 보편적인 요소가 된다. 국내에서는 다음의 아고라 등이 대표적이다.

---

9) 위키백과
http://ko.wikipedia.org/wiki/%EC%86%8C%EC%85%9C_%EB%AF%B8%EB%94%94%EC%96%B4 (2014.5.5).

콘텐츠 커뮤니티	특정한 종류의 콘텐츠를 만들고 공유하는 커뮤니티를 이르며 대표적으로는 사진 콘텐츠를 중심으로 한 Flicker(사진), 북마크 링크 중심의 딜리셔스(Del.icio.us), 그리고 동영상을 다루는 유튜브(YouTube) 등이 있다.
마이크로 블로깅	휴대전화 등을 이용하여 간단한 콘텐츠(혹은 업데이트)를 배포하는 소셜네트워크 서비스의 일종으로, 트위터가 대표적이다.

출처: iCrossing(2008), 한국정보산업연합회(FKII)(2009: 54)에서 재구성, 소셜미디어연구포럼(2014: 34) 재인용, (*) 임희경 외(2012: 40) 일부 수정.

SNS는 다양한 관점에서 정의될 수 있는데 위키백과에서는 SNS를 사용자 간의 자유로운 의사소통과 정보공유, 그리고 인맥확대 등을 통해 사회적 관계를 생성하고 강화시켜주는 온라인 플랫폼을 의미한다고 정의한다. SNS에서 가장 중요한 부분은 이 서비스를 통해 사회적 관계망을 생성, 유지, 강화, 확장시켜 나간다는 점이다. 이러한 관계망을 통해 정보가 공유되고 유통될 때 더욱 의미 있어 질 수 있다고 평가한다.

위키백과에서 SNS는 소셜미디어와 동일한 개념으로 오용되는 경우가 많으나, 범주상 블로그, 위키, UCC, 마이크로 블로그 등과 함께 소셜미디어의 한 유형으로 보는 것이 타당하다고 지적하고 있다.[10] SNS는 일반적으로 사회연결망서비스(SNS: Social Network Service) 혹은 사회연결망사이트(SNS: Social Network Site)로 소셜네트워크(Social Networks)로 지칭하기도 하지만, 이를 포함한 큰 개념으로서 소셜미디어(Social Media)라는 용어와 개념 속에 이러한 변화된 서비스를 이해하는 것이 일반적이다(서진완·남기범, 2011: 6).

본고에서는 소셜미디어를 아래와 같이 이규정 외(2010)와 소셜미

---

[10] 우리말 다듬기에서 소셜네트워크 서비스를 누리소통망이라는 용어로 지칭하였고, 언론매체에서는 사회관계망 서비스로 지칭한다. 위키백과(2014.5.5), 소셜네트워크 서비스(Social Network Service, SNS) http://ko.wikipedia.org/wiki/소셜네트워크서비스

디어연구포럼(2012), 위키피디아(2014)의 분류 기준을 종합하여 다음과 같이 관계형, 소통형, 협업형, 공유형의 기준으로 분류하고 하위분류로 SNS(관계형)와 블로그·마이크로블로그(소통형), 위키피니아(협업형), 콘텐츠 커뮤니티·팟캐스트(공유형)으로 세분한다.

<표 2-3> 소셜미디어의 유형별 및 특성

구분	소통형		관계형	협업형	공유형
	Blog	MicroBlog	SNS	Wiki	UCC
플랫폼	블로그	트위터 미투데이	페이스북 마이스페이스 싸이월드 링크드인 카카오스토리 카카오+친구 구글플러스 네이버밴드 라인 웨이보	위키피디아	유튜브 플리커 인스타그램 핀터레스트 슬라이드쉐어
목적	정보공유	·관계형성 ·정보공유	·관계형성 ·엔터테인먼트	·정보공유 ·협업에 의한 지식창조	엔터테인먼트
주체:대상	1:N	1:1, 1:N	1:1, 1:N	N:N	1:N
채널 다양성	인터넷 의존적	·인터넷환경 ·모바일환경	·인터넷환경 ·모바일환경	인터넷 의존적	인터넷 의존적
즉시성	·사후기록 ·인터넷·모 바일 연결 시 정보공유	·실시간 기록 ·모바일·인 터넷 연결 시 공유	·사후기록, 현 재시점 기록 ·인터넷·모바 일 연결 시 정보공유	·사후기록 ·인터넷 연결 시 창작·공유	·사후제작 ·인터넷 연결 시 콘텐츠 공유
주요 콘텐츠	·특정주제에 대한 주관적 논평 ·신변잡기적 정보	·현재상태 ·개인적 감정 (문자수 제한)	신변잡기 정보	·협업에 의해 창조된 지식 ·지속적·역동 적 업데이트	특정주제에 대한 동영상

* 출처: 한국인터넷진흥원(2009b: 113), 심재철 외(2010: 19) 재구성.

2. 소셜미디어 생태계

매년마다 새로운 소셜미디어 채널이 등장함에 따라 새로운 기능
이 추가되는 등 진화하는 모습을 보여주고 있다. 이러한 소셜미디어
의 다양함을 보여주는 수단으로 소셜미디어 랜드스케이프(landscape)
라는 개념이 있다. FredCavazza.net[11]는 2008년 6월 소셜미디어 채
널 현황에 대한 첫 연구에서 소셜미디어의 기능을 중심으로 10가지
서비스유형으로 구분하였다.[12] 이후에도 매년 계속 발표하고 있는
데, 변화를 살펴보는 것은 소셜미디어의 다양한 생태계와 그 변화추
이를 이해하는 데 도움이 된다.

2012년의 소셜미디어 랜드스케이프를 통해 볼 때, 소셜미디어의
중요한 활동은 상호작용과 대화임을 알 수 있으며, 기존의 컴퓨터와
스마트폰, 태블릿피시와 기타 장치들을 연결해서 활용할 수 있음을
보여주고 있다. 소셜미디어의 기능은 출판, 공유, 위치기반, 구매, 놀
이와 네트워크 등으로 구분하고 있다. 각 기능 구분에 따라 다양한
소셜미디어 플랫폼을 유형화하고 있다. 그리고 이러한 기능을 모두
수행하는 허브 플랫폼으로 트위터, 페이스북, 구글 플러스로 자리잡
아가고 있다.

---

11) FredCavazza.net는 프랑스의 웹 컨설턴트이자 블로거인 Fred Cavazza가 운영하는 사이트
로 거의 매년 소셜인포그래픽을 보여주고 있다.
12) 2014년 소셜미디어 지평은 다음 사이트 참고.
http://www.fredcavazza.net/2014/05/22/social-media-landscape-2014/

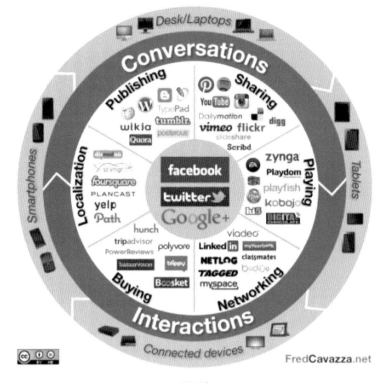

2012년

<그림 2-1> 소셜미디어 랜드스케이프 2012

　2013년에는 페이스북, 구글플러스, 트위터의 허브의 역할을 수행하는 플랫폼을 중심으로 출판, 공유, 토론, 네트워킹의 기능을 거의 모든 미디어가 중첩 수행하는 오픈 구조로 랜드스케이프를 구성하고 있다.

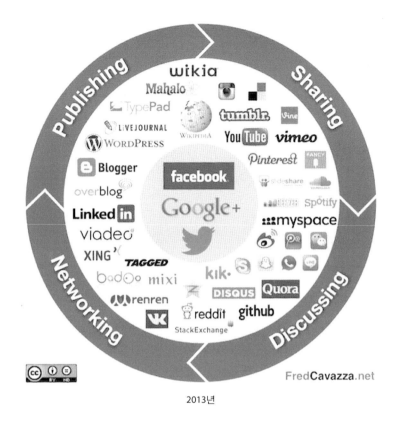

2013년

<그림 2-2> 소셜미디어 랜드스케이프 2013

　2014년의 랜드스케이프에서도 허브로서의 지위는 구글플러스, 트위터, 페이스북이 차지하고 있으나, 서브 허브로서 라인, 카카오톡, 행아웃 메신저 등의 메신저를 위치시키고 있다. 이 밖에도 다양한 소셜미디어 서비스가 존재한다. 지리적인 랜드스케이프를 보여주는 시도가 나타났으나, 한 해에 국한하고 있다.

<그림 2-3> 소셜미디어 랜드스케이프 2014

    2015년에는 허브 플랫폼에서 트위터가 빠지고, 서브 허브 플랫폼이 이전의 카카오톡과 라인 외에 페이스북 메신저 등 몇 가지 메신저가 추가되었다. 소셜미디어의 기능은 여전히 출판, 네트워킹, 토론과 공유의 네 가지로 표현하고 있다.

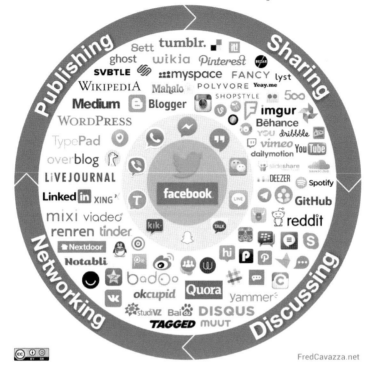

<그림 2-4> 소셜미디어 랜드스케이프 2015

　2016년에는 허브 플랫폼에서 트위터가 다시 포함되었으며, 서브 허브 플랫폼이 배제되었다. 소셜미디어의 기능은 기존의 출판, 네트워킹, 토론과 공유의 네 가지 외에 협업과 메시징을 추가하여 여섯 가지로 제시하고 있다. 소셜미디어의 활용도가 점차 확장되고 있음을 반영하고 있다.

<그림 2-5> 소셜미디어 랜드스케이프 2016

2017년에는 허브에 페이스북, 구글, 트위터가 위치한 것은 변함이 없지만, 페이스북의 지배력이 더욱 커졌다고 분석하고 있다. 소셜미디어의 기능도 변함없이 출판, 네트워킹, 토론, 공유, 협업, 메시징으로 제시하고 있다.

- 출판은 다양한 블로그 플랫폼(WordPress, Blogger, TypePad, Medium, Wix, Weebly, Ghost, SquareSpace……), 위키(Wikipedia, Wikia……)와 출판·공유 하이브리드형(Tumblr, MySpace)가 포

함된다.

- 공유 플랫폼은 비디오(YouTube, Vimeo, Dailymotion), 생중계 videos(Twitch, Periscope), 서류(SlideShare, Scribd……), 데이터 (data.world), 사진(Instagram, Flickr, Imgur, Giphy, 500px……), inspirations(Pinterest, Behance, Dribbble……), 음악(Spotify, Deezer, Pandora, SoundCloud……) 등의 플랫폼이 포함된다.

- 메시징은 모바일 메시징(WhatsApp, Facebook Messenger, SnapChat, iMessage, BBM, Android Message, Allo, Duo, Telegram, Signal, Skype, Kik, Viber, Tango……), 비주얼메시징(Tribe, TapTalk)과 전통적 메시징(Gmail, Outlook, Yahoo Mail)의 플랫폼이 있다.

- 토론플랫폼(Github, Reddit, Facebook, Groups, 4chan, Tapatal k……), 댓글시스템(Disqus, Muut, Discourse, GraphComment……), 협업FAQ(Quora, StackExchange, Ask……);

- 협업기능 중심의 플랫폼은 전문가 메시징(Slack, HipChat, Chime, TalkSpirit, Facebook Workplace, Hangouts Chat, Meet, Microsoft Teams……), 협업플랫폼(Yammer, Chatter, Dropbox, Evernote……);

- 네트워킹 플랫폼은 전문가 네트워킹(LinkedIn, Viadeo, Xing, Plaxo……), 데이팅서비스(Ning, Nextdoor, Houzz……), 미팅서비스(Meetup, Eventbrite) 등이 있다.

<그림 2-6> 소셜미디어 랜드스케이프 2017

3. 대표적인 소셜미디어

요즈음 빈번하게 언급되는 대표적인 소셜미디어는 트위터, 페이스북, 유튜브, 인스타그램 등이다.

1) 트위터

트위터는 실시간 사회 네트워킹 웹사이트로서 사용자들이 140자 이내로 작성된 트윗(tweet)이라는 메시지를 보내고 읽는 것을 가능하게 해준다(Department of Finance and Deregulation, 2010). 140자 이내라는 한정성 때문에 마이크로 블로그로 분류되기도 한다. 트위터는 팔로우(follow)를 통해서 네트워크를 형성하는데 팔로우를 승인하는 과정은 없다. 그러므로 정보 캐스트적인 기능을 수행한다. 가장 강점은 스마트폰과 다양한 지원 프로그램(third party program) 등에 의해 강력한 네트워크의 인프라가 가능하다는 점이다. 또한 승인과정이 없으므로 네트워크의 확장이 빠르며, 그 안의 정보흐름 속도도 매우 빠르다.[13] 더불어 정보흐름 과정에서 정보를 흐르게 하는 리트윗(retweet)을 결정할 권한은 다양한 참여자가 갖고 있기 때문에 정보가 여과되는 역할을 한다. 정보의 신뢰성을 확보할 수 있는 가능성이 커지며, 그 속도 또한 빠르다는 강점이 있다. 스마트폰의 급속한 대중화에 의해 트위터도 함께 대중화되고 있으며, 스마트폰의 특징인 시간과 공간의 제한 없이 어디서든 인터넷에 접속할 수 있다는 점, 그리고 즉각적으로 반응을 보이고 참여할 수 있다는 점 덕분에 트위터의 이용률이 더욱 높아지고 있다.

---

13) 트위터는 말하자면 실시간 인터페이스다. '매우 신선한 웹'에 정보를 제공하는 서비스인 것이다. 블로그 전성시대에는 느린 갱신 속도가 소셜 스트림의 속도를 느리게 만들었다. 하지만 트위터는 스트림이 굉장히 빠른 흐름이며 많은 지류가 있다는 사실을 알려주었다(오가와 가즈히로, 2010).

2) 페이스북

페이스북(Facebook)은 무료 소셜 네트워킹 사이트로 사람들을 기존의 네트워크와 연결해주거나 새로운 네트워크를 만들게해준다. 2017년 3월 기준, 12억 8천만 명의 매일 활동 사용자, 19억 4천만 명 이상의 월 활동 사용자(MAU: 최근 한 달 동안 그 사이트를 적어도 한 번 방문한 사용자)가 활동 중인 세계 최대의 소셜 네트워크 서비스 중 하나이다.[14] 사람들이 친구들과 대화하고 정보를 교환할 수 있도록 도와주는 서비스로서 85.8%의 사용자가 미국, 캐나다 이외 지역에 있다. 페이스북은 현재 오프라인의 관계를 토대로 하여 실명을 근거로 인적 네트워크를 확장한다는 점에서 기존의 웹상의 커뮤니티가 익명성에 의해 발생하는 문제를 줄여나가는 장점을 갖고 있다. 그러나 페이스북 사용자의 개인정보 관리가 문제시되고 있으며 사용자 계정 보안은 여러 번 위태로운 일을 겪기도 하였으며, 소스 코드와 지적 재산권에 대한 손해 배상과 관련하여 소송 절차를 밟기도 하는 등 부정적인 측면에서 비판이 제기되고 있기도 하다 (Stone, 2008).

3) 유튜브

한편, 구글이 제공하는 소셜미디어 채널 중 공유(share) 서비스를 제공하는 대표적인 것으로 가장 활발하게 활용되고 있는 것은 유튜브(YouTube)이다. 유튜브는 무료 동영상 공유 사이트로, 사용자가

---

14) http://newsroom.fb.com/company-info/

영상 클립을 업로드하거나, 보거나, 공유할 수 있도록 하는 서비스를 말한다. 사이트 콘텐츠의 대부분은 영화와 텔레비전 클립, 뮤직 비디오이고 아마추어들이 만든 것도 있다. 유튜브가 문을 열기 이전에는 일반 컴퓨터 사용자들이 온라인에 동영상을 올려 다른 사람들에게 보여주기 위한 쉬운 방법이 많지 않았으나, 유튜브를 사용하기 쉬운 환경으로 컴퓨터를 사용하는 누구나 동영상을 올릴 수 있도록 해 몇 분 안에 수백만 명이 볼 수 있도록 하였고, 유튜브에서 다루는 넓은 범위의 주제로 비디오 공유를 인터넷 문화의 중요한 한 부분으로 자리 잡게 했다.

4) 인스타그램(Instagram)

인스타그램은 사진 공유 소셜미디어이다. 다양한 필터를 사용해 사진을 세련되게 편집할 수 있다. 멋진 사진을 게시하고 그 사진을 바탕으로 다른 사용자와 연결된다. 인스타그램 공식 관련 어플도 다양하게 제공되고 있어 이미지 처리 및 예약 게시 등이 용이하다는 장점이 있다.

주요 특성은 다음 다섯 가지로 요약할 수 있다. 첫째, 여성에게 인기의 참여가 매우 높은(Facebook의 약 3배) 플랫폼이다. 둘째, 시각 정보에 특화된 단순한 채널이다. 다양한 필터로 쉽게 사진을 세련되게 가공할 수 있다. 이러한 사진 게시를 지원하는 기능도 인스타그램 인기를 이끌어낸 요인이다. 셋째, 다른 소셜미디어와 연동이 용이하다. 인스타그램으로 촬영한 사진을 페이스북과 트위터 등으로 공유할 수 있다는 점에서 많은 사용자에게 어필되고 있다. 넷째, 다

른 소셜미디어에 비해 확산성이 낮고, 폐쇄성은 다소 강하다고 볼
수 있다. 다섯째, 검색은 해시 태그를 사용한다는 점이다.

<표 2-4> 활용목적과 고객에 맞춤 플랫폼의 선택

	페이스북	트위터	유튜브	인스타그램
회원 수	17억 1,200만	3억 1,300만	10억	4억 400만
사용자 층	25-54세 60% 여성	18-29세	전 연령층	18-29세
목적	관계형성	뉴스, 기사, 대화	'how to' 탐색	관계형성, 대화
최적기능	브랜드 충성 형성	PR	브랜드 인지도 서비스	선도세대; 도매, 예술, 음식, 오락과 미용사업
단점	도달범위 제한	140자 제한	자원집약	이미지 국한

자료: 통계치는 statista.com 참조.

제3장

소셜미디어 혁명: 소셜미디어와 사회

1. 소셜미디어 혁명

에릭 퀄먼은 그의 책, *socialnomics*에서 소셜미디어의 등장과 발전에 따른 사회의 변화를 혁명으로 표현하고 있다. 이제 이러한 주장에 대해 반박하기 어려운 상황으로 전개하고 있다.

많은 변화로 인해 이를 증명할 자료가 충분하게 제시될 수 있다. 소셜미디어는 포르노를 제치고 세상에서 가장 많이 사용하는 온라인 활동이 되었다. 이용자가 5,000만 명이 될 때까지 걸린 시간을 보면 라디오 38년, TV 13년, 인터넷 4년인 반면에 대표적인 소셜미디어 플랫폼인 페이스북은 1년 만에 2억 명을 확보했다. 2015년 7월에 페이스북이 구글의 트래픽을 추월한 것으로 보도된 바 있다.

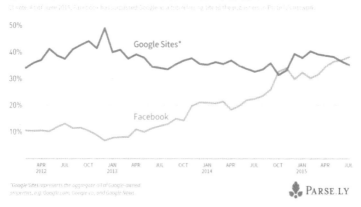

GOOGLE VERSUS FACEBOOK REFERRAL TRAFFIC IN PARSE.LY'S NETWORK

자료: http://www.bloter.net/archives/236416

<그림 3-1> 페이스북과 구글의 트래픽 증가추세 비교

그는 매년 이러한 동향을 Social media revolution이라는 제목으로 동영상을 제작하여 유튜브에 올리고 있다. 그의 2015년 영상15)에서 다음과 같은 통계를 제시하며, 소셜미디어 혁명을 제시하고 있다.

- 전자상거래의 트래픽 중 50% 이상을 모바일이 차지하고 있다. https://www.shopify.com/blog/15206517-mobile-now-accounts-for-50-3-of-all-ecommerce-traffic
- 2015년 12월 31일 페이스북의 활동회원이 15억 9천만 명 http://newsroom.fb.com/company-info/
- 세계인구의 50% 이상이 30대 이하 http://www.census.gov/
- 대부분의 사람들이 칫솔보다 많이 모바일 기기를 소유한다. http://60secondmarketer.com/blog/2011/10/18/more-mobile-phon

---

15) https://youtu.be/jottDMuLesU

es-than-toothbrushes/
- 2018년에는 동영상이 모바일 사용의 2/3에 이를 것이다. 그렇기 때문에 2015년에 조직의 2/3가 동영상에 대한 지출을 증가시킬 것이다.
  http://www.cisco.com/c/en/us/solutions/collateral/service-provider/visual-networking-index-vni/mobile-white-paper-c11-520862.html
- 매초마다 2명이 링크드인에 가입한다.
  https://press.linkedin.com/about-linkedin
- 링크드인은 가입연령 제한을 13세까지 낮추었다.
  https://blog.linkedin.com/2013/08/19/updates-to-linkedins-terms-of-service
- 할아버지, 할머니 세대의 트위터 가입이 빠르게 늘고 있다.
  http://www.globalwebindex.net/blog/stream-social
- 90%의 구매자가 지인들의 추천을 더 신뢰한다.
  http://simplymeasured.com/blog/influencer-marketing/#sm.000le2fye1e1qe1nyyt11bsf4dwel
- 인간의 평균 주목시간은 7초다. 금붕어의 평균 주목시간은 8초이다. http://www.statisticbrain.com/attention-span-statistics

이러한 변화는 사회의 각 분야에서 변화를 이끌어내고 있으며, 미래 변화의 원동력이 되고 있다. 이러한 현상을 통해서 확인할 수 있는 사실은 소셜미디어는 혁명이며, 그 속도 또한 이전의 어떤 변화에 비할 수 있는 것이 아니란 점이다. 소셜미디어를 통한 혁명적 변화에 기업은 물론 정부까지도 소셜미디어를 적극 도입하고, 활성화는 노력의 대열에 나서고 있다.

2. 분야별 변화양상

소셜미디어는 기존의 정치, 경제, 사회, 정책과 행정분야에 다양하게 영향을 미친다.

1) 정치부문

정치부문의 변화는 선거와 시위 및 시민혁명의 영역에서 확인할 수 있다.

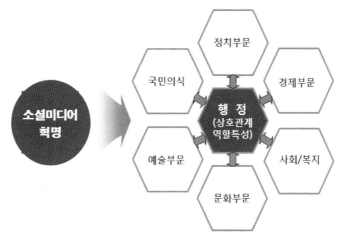

<그림 3-2> 소셜미디어 혁명과 사회 전 부문의 영향

선거의 경우 익명의 고립된 유권자를 대상으로 하는 대중선거에서 정치성향이 알려진 연결된 유권자를 대상으로 하는 소셜선거로 전환한다(삼성경제연구소, 2011: 1). 2010년 지방선거에서 소셜 네

트워크 서비스를 활용한 투표독려활동이 전개되었으며, 전국적으로 투표율이 낮았던 20대 후반 연령층의 투표율이 다른 연령대의 투표 증가율보다 높았음이 소셜미디어의 역할을 보여주는 것이라고 볼 수 있다.

소셜미디어는 정치의 장에서 활동하는 여러 참여자들 간의 상호작용비용을 줄여줌으로써 조직화를 지원하는 효과를 갖는다. 이를 통해 NGO는 이전보다 정치의 장에서 집단으로서 가지는 영향력을 극대화할 수 있게 된다. 그러나 극대화된 영향력은 부정적으로 작용하는 경우 부정적인 효과가 매우 커지게 된다.

2) 정부

정책결정과정에서는 소셜미디어를 활용하여 시민과 정부 및 지식을 공유하는 소셜정부가 태동한다(Drapeau, 2008; 삼성경제연구소, 2011 재인용). 소셜정부 내에서는 정부와 시민과의 관계가 수직적이고, 1 대 다의 관계에서 수평적이고 1 대 1의 관계로 변화한다. 이러한 변화를 바탕으로 정책과정에 시민들의 적극적인 참여가 가능해지며, 참여를 가능하게 하는 네트워크가 형성되고, 네트워크의 노드를 타고 흐르는 데이터와 정보가 공유된다.

정부부문에 미치는 영향을 세부적으로 검토해보면 아래와 같다.

- 효율적인 PR과 마켓팅을 통해 정책에 대한 우호적인 지지를 쉽게 이끌어낼 수 있다.
- 소셜미디어를 통해 정부의 투명성을 제고할 수 있어, 정부 밖으

로부터의 신뢰를 확보할 수 있는 가능성이 커진다.
- 소셜미디어에 나타나는 소셜데이터를 즉시 분석함으로써 정책 과정의 여러 결정 품질을 향상시킬 수 있다.
- 정부내부의 활동자, 정부외부의 활동자와의 소통이 원활해지고, 상호작용 비용이 줄어들면서 상대적으로 편익이 커지게 된다.
- 정부내부의 여러 활동자 간의 협력이 쉬어짐으로써, 협업에 의한 업무의 품질이 향상된다.
- 소셜미디어는 국제적인 연결망을 제공하게 되므로, 정책 대상집단이 국내뿐만 아니라 국외에 있거나, 국제적으로 퍼져 있는 경우 효율적인 커뮤니케이션 통로를 제공한다.

3) 시장과 기업

IT잡지인 Wired 편집장인 Chris Anderson의 롱테일 법칙이라는 용어를 통해 새로운 소셜미디어 사회에서 시장경제의 변화를 이해할 수 있다. 전통적인 시장에서는 잘 팔리는 상위 20%의 상품 매출액이 전체의 80%를 차지한다고 하는 파레토 법칙이 적용되어 왔다. 이는 오프라인 시장에서의 법칙이다. 하지만 인터넷으로 인해 온라인 비지니스 모델과 온라인 시장이 등장하면서 이 법칙은 깨지게 된다. 이유는 그동안 공간적 제약 때문에 진열하지 못했던 상품, 마케팅으로부터 소외되었던 상품들이 온라인 시장에서는 진열 가능하게 되었고, 이러한 상품들이 누군가에 의해 선택됨으로써 새로운 시장이 생기게 된 것이다.

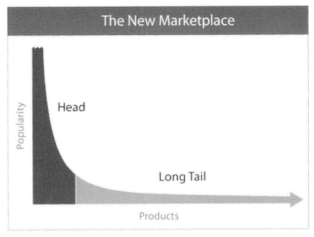

자료: http://innomove.com/

<그림 3-3> 롱테일 법칙

그동안 공간적 제약 때문에 진열하지 못했던 상품, 마케팅으로부터 소외되었던 상품들이 온라인 시장에서는 진열 가능하게 되었고, 이러한 상품들이 누군가에 의해 선택됨으로써 새로운 시장이 생기게 된 것이다. 즉, 그동안 간과되어 왔던 상품들, 그러니까 아래 그림에서 보는 하위 80%에 해당하는 상품들의 매출이 상위 20% 상품의 매출액을 넘는다는 새로운 상황을 설명하는 것이 롱테일 법칙이다.

이러한 과정에서 소셜미디어의 등장은 매체를 통한 상품정보와 광고정보보다 지인의 평가를 더 신뢰하는 네티즌의 속성상 시장경제의 주요 활동자인 기업이 더욱 소셜미디어를 활용하고, 의존하게 되는 경향을 만들어내게 되었다. 소비자가 평가해서 소셜미디어상에 게시하는 정보가 기업의 상품판매에 영향을 미치고, 결국은 기업의 생존을 결정하는 중요 요인이 된 시대로 진행하였다. Eric Qualmann의 주장처럼 소셜미디어 혁명시대에 소셜미디어는 선택의 문제가 아닌 필수이며, 어떻게 소셜미디어 전략을 가지고 접근하는가가 중요하게 되었다.

4) 사회

시민사회에서도 롱테일 현상을 존재한다. 소셜미디어를 통해서 시민사회단체가 정보를 제공하고, 시민과 연결할 수 있는 기회와 가능성이 많아졌다는 점에서 유사한 현상이 발견된다.

그동안 사람들은 신문이나 방송을 통해서 주로 규모가 크고 사회적 이슈에 집중하는 시민단체를 알아왔다. 그러나 주목을 받지 못한 수많은 시민사회단체들이 존재하고 그 분야와 규모 또한 너무나도 다양하다. 지역으로 내려가면 사회복지, 지역자치, 의정감시, 대안교육, 생태 등에 관심을 가지고 있는 수많은 풀뿌리 단체들이 있다.

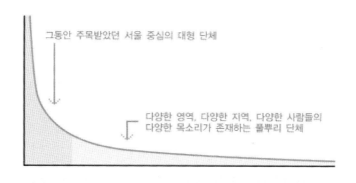

자료: 조아신, 2008.

<그림 3-4> 시민단체의 롱테일 법칙

그들 단체의 목소리를 담아낼 미디어가 없거나 다루어지지 않음으로 인해 이들 단체의 주장은 해당 지역의 범위를 벗어나지 못했다. 그러나 소셜미디어를 적극 활용하면서 시민과 시민단체는 사회의 주목을 이끌어낼 수 있는 기회가 주어졌으며, 그 가능성 또한 커졌다.

3. 소셜미디어의 위험

한국정보화진흥원(2010b)은 소셜미디어의 부작용 문제에 대해서 다음 그림과 같이 개인정보 유출 심화, 정보의 맹목적 신뢰, 관계불균형 초래의 3대 부작용과 프라이버시 침해 만연, 新디지털 감시사회 도래, 인포데믹스 가열화, 디지털 포퓰리즘 선동, 소셜미디어 중독 증가, 새로운 소외문제 발생 등의 유형별 6대 핵심이슈로 정리하였다.

첫째, 프라이버시 침해 가능성이다. 페이스북, 마이스페이스, 트위터, 블로그 등 소셜미디어에 공개된 개인정보, 즉 프로파일은 위변조, 오남용이 쉽고 상업적 이용을 위한 정보수집 등에 노출될 수 있기 때문에 개인 명예훼손, 프라이버시 침해 등의 문제가 발생할 가능성이 매우 높다.

둘째, 개인정보 도용 및 유출로 인한 문제이다. 국내외에서 소셜미디어의 급속한 확산과 더불어 이용량이 늘어나면서 논란이 되는 문제가 개인정보 보호이다.

셋째, 타인명의 도용계정 논란이다. 최근 국내외에서 트위터, 페이스북 등 소셜미디어에서 유명인 또는 기업, 공공기관 등의 명의를 타인이 선점하여 원래 명의의 사회적 공신력을 네트워크 확장의 수단으로 악용하는 사례가 빈번히 발생하면서 사회적 문제가 되고 있다.

넷째, 저작권 문제이다. 소통형 소셜미디어인 블로그의 경우 현재 소셜 기능과의 결합을 통해 다양한 방향으로 미디어 기능을 확장하고 있다.

다섯째, 소셜미디어의 언론매체로서의 역할에 대한 우려이다. 소셜미디어는 개인미디어로서 실시간성, 높은 공표성, 신뢰도 높은 인적 연결성에 기반한 네트워크 등의 요인 때문에 기성 뉴스미디어에 못지않은 의제설정력으로 높은 관심을 끌고 있다.

여섯째, 소셜커머스 등 소셜미디어의 상업적 이용에서 발생하는 문제이다.

일곱째, 선거캠페인에서 소셜미디어의 이용에 따른 문제이다. 최근 2010년 지방선거에서 트위터를 이용한 유권자들의 선거 커뮤니케이션에 대한 규제가 사회적 논란을 일으킨 것처럼 앞으로는 선거 캠페인에 소셜미디어가 이용되는 방식이 다양해지고 이 때문에 규제법률의 실효성과 적절성에 대한 논쟁이 심화될 전망이다(한국정보화진흥원, 2010b: vi).

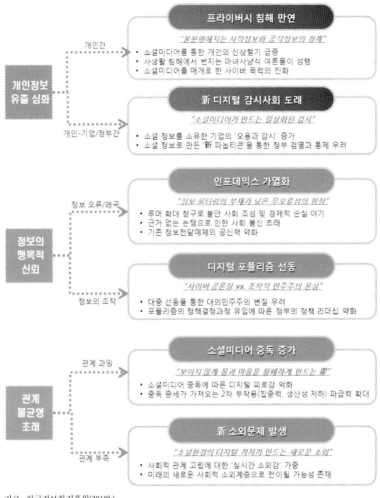

개인정보 유출 심화

개인간 →
프라이버시 침해 만연
"불분명해지는 사적정보와 공적정보의 경계"
- 소셜미디어를 통한 개인의 신상털기 급증
- 사생활 침해에서 번지는 마녀사냥식 여론몰이 성행
- 소셜미디어를 매개로 한 사이버 폭력의 진화

개인-기업/정부간 →
新 디지털 감시사회 도래
"소셜미디어가 만드는 일상화된 감시"
- 소셜 정보를 소유한 기업의 '오용과 감시' 증가
- 소셜 정보로 만든 '新 파놉티콘'을 통한 정부 검열과 통제 우려

정보의 맹목적 신뢰

정보 오류/왜곡 →
인포데믹스 가열화
"정보 필터링의 부재가 낳은 무오류성의 함정"
- 루머 확대 창구로 불안 사회 조성 및 경제적 손실 야기
- 근거 없는 논쟁으로 인한 사회 불신 초래
- 기존 정보전달매체의 공신력 약화

정보의 조작 →
디지털 포퓰리즘 선동
"사이버 공론장 vs. 조작적 민주주의 온상"
- 대중 선동을 통한 대의민주주의 변질 우려
- 포퓰리즘의 정책결정과정 유입에 따른 정부의 정책 리더십 약화

관계 불균형 초래

관계 과잉 →
소셜미디어 중독 증가
"보이지 않게 몸과 마음을 황폐하게 만드는 毒"
- 소셜미디어 중독에 따른 디지털 피로감 악화
- 중독 증세가 가져오는 2차 부작용(집중력, 생산성 저하) 파급력 확대

관계 부족 →
新 소외문제 발생
"소셜환경의 디지털 격차가 만드는 새로운 소외"
- 사회적 관계 고립에 대한 '실시간 소외감' 가중
- 미래의 새로운 사회적 소외계층으로 전이될 가능성 존재

자료: 한국정보화진흥원(2010b).

<그림 3-5> 소셜미디어의 3대 부작용의 유형별 6대 핵심이슈

대부분 소셜미디어는 웹기반으로 이용자들이 다양한 이해와 활동, 그리고 정보를 서로 공유함으로써 사회적 연계성을 강화하는 중요

한 수단으로 인식되고 있으며, 오늘날 정부기관에서도 그 효용적 가치를 높게 평가하고 있다. 그 결과 공공기관에서 소셜미디어를 활용하는 목적이 무엇이며, 어떤 기능을 수행할 수 있는지, 그리고 향후 어떤 효과를 기대할 수 있는지에 대한 관심이 증대하고 있다. 이러한 기능적인 측면에 대한 기대에도 불구하고 소셜미디어는 지속적으로 진화 중에 있으며 향후 그 진화의 방향을 가늠하기 어렵다는 측면에서 소셜미디어의 활용이 적절하게 이루어지지 못할 경우, 예상되는 폐해를 우려하는 지적이 많이 나오고 있다.

<표 3-1> 소셜미디어 관련 SWOT분석

강점	약점
- 급속한 발전 - 글로벌 확장성 - 신속한 반응 - 창조적 활동 - 적극적 협조 - 개방성	- 확인할 수 없는 정보의 질 - 미성숙한 사람들의 활용 - 참여자 부족 - 강제적 제재 불가능
기회	위협
- 창의적인 아이디어 제공 - 내적 역량 극대화 수단 - 손쉬운 실행 - 저비용 - 새로운 트렌드의 모니터링	소셜미디어 위기 및 재앙

자료: Albert Simard(2008) 재구성.

소셜미디어에 대한 활용은 주로 소셜미디어의 활용을 통한 긍정적인 역할을 중심으로 논의가 이루어진다. 소셜미디어에 대한 다음의 SWOT분석에서 나타난 바와 같이 소셜미디어를 활용하게 되면 강점과 기회적인 측면이 있는 반면, 약점과 위협적인 요소 또한 존재한다.

소셜미디어의 활용실패로 인해 위기 상황에 이르게 되는 경우는 현재에도 나타나고 있으며 향후 그 피해의 규모와 범위는 예상을 뛰어넘을 수 있다고 보는 것이 일반적이다. 미국에서는 이러한 상황을 소셜미디어 재해(Social media disaster)라고 명하며, 경우에 따라서 소셜미디어 대재앙(Social media catastrophe)으로 확대될 것을 경고한 바 있다. 일본에서는 소셜미디어를 편익을 줄 뿐만 아니라 큰 위험도 발생시키는 '불'로 인식하여, 소셜미디어를 잘못 활용해서 생기는 위험을 소셜미디어 화상(ソーシャルメディア炎上)이라는 개념으로 설명하기도 한다.

국내에서도 이미 소셜미디어의 잘못된 사용으로 인한 다양한 문제가 발생하고 있다. 판사 트위터 논란, 부적절한 언론인의 트위터, 국방부 장관과 병사의 트위터 커뮤니케이션에 의한 쟁점화 등 소셜미디어 재해라는 측면에서 보면 위기의 초기단계에 해당될 수 있지만 향후 그 피해의 규모와 범위는 예상을 뛰어넘을 수 있다고 보는 것이 일반적인 지적이다(서진완·남기범, 2012: 1-2).

소셜미디어의 활용과 관련하여 발생한 피해사례들은 주로 소셜미디어를 활용함에 있어서 예상되는 혹은 나타난 위협에 해당되며, 이러한 위협들은 민간부문은 물론 이미 공공부문에서도 주요 사례들이 언론을 통해 나타났으며, 이로 인하여 사회적 비용이 지불되는 등 소셜미디어의 등장으로 인하여 많은 사회적 부작용을 보여준 바 있다.

<표 3-2> 소셜미디어 위기 사례

민간부문	- 도미노피자 사례(2009.4) - 델컴퓨터 블로그 늦장 대응 사례 - 페덱스 사례(2007.11) - 네슬레 사례(2010.3) - 채선당 직원의 임산부 고객에 대한 폭언, 폭행 포스팅 - TomNtoms 커피점 사례(2011.12) - 유명인(이건희 회장) 사칭 소셜미디어 계정 사례 - 헤비타트UK(Habitat UK) 사례 - 각종 보안위험 사례
정부부문	- 청와대 비서관의 익명 블로그 게시글 사례 - 대덕구청장 비서의 대전시장에 대한 익명 비판 사례 - 통상교섭본부 막말 사례 - 여성가족부 페이스북 대처 사례 - 사법부 판사의 트윗과 관련한 논쟁

자료: 서진완, 남기범, 2012.

1) 소셜미디어의 사회적 쟁점

한국정보화진흥원(2010b)은 소셜미디어가 다양한 측면에서 인터넷 미디어의 핵심서비스로 발전하고 다음과 같은 다양한 사회적 쟁점을 낳을 것으로 전망하였는데 공공기관의 경우에도 바로 적용될 수 있다. 구체적으로 보면 다음과 같다.

첫째, 프라이버시 침해 가능성이다. 페이스북, 마이스페이스, 트위터, 블로그 등 소셜미디어에 공개된 개인정보, 즉 프로파일은 위변조, 오남용이 쉽고 상업적 이용을 위한 정보수집 등에 노출될 수 있기 때문에 개인 명예훼손, 프라이버시 침해 등의 문제가 발생할 가능성이 매우 높다.

둘째, 개인정보 도용 및 유출로 인한 문제이다. 국내외에서 소셜미디어의 급속한 확산과 더불어 이용량이 늘어나면서 논란이 되는 문제가 개인정보 보호이다.

셋째, 타인명의 도용계정 논란이다. 최근 국내외에서 트위터, 페이스북 등 소셜미디어에서 유명인 또는 기업, 공공기관 등의 명의를 타인이 선점하여 원래 명의의 사회적 공신력을 네트워크 확장의 수단으로 악용하는 사례가 빈번히 발생하면서 사회적 문제가 되고 있다.

넷째, 저작권 문제이다. 소통형 소셜미디어인 블로그의 경우 현재 소셜 기능과의 결합을 통해 다양한 방향으로 미디어 기능을 확장하고 있다.

다섯째, 소셜미디어의 언론매체로서의 역할에 대한 우려이다. 소셜미디어는 개인미디어로서 실시간성, 높은 공표성, 신뢰도 높은 인적 연결성에 기반한 네트워크 등의 요인 때문에 기성 뉴스미디어에 못지않은 의제설정력으로 높은 관심을 끌고 있다.

여섯째, 소셜커머스 등 소셜미디어의 상업적 이용에서 발생하는 문제이다.

일곱째, 선거캠페인에서 소셜미디어의 이용에 따른 문제이다. 최근 2010년 지방선거에서 트위터를 이용한 유권자들의 선거 커뮤니케이션에 대한 규제가 사회적 논란을 일으킨 것처럼 앞으로는 선거 캠페인에 소셜미디어가 이용되는 방식이 다양해지고 이 때문에 규제법률의 실효성과 적절성에 대한 논쟁이 심화될 전망이다(한국정보화진흥원, 2010b: vi).

2) KISA의 Social Network Service의 역기능

가. 개인정보 유출 및 사생활 침해

SNS가 소셜미디어의 핵심으로 급속히 확산되면서 개인정보의 과다 노출에 대한 심각한 우려가 있다. 트위터, 페이스북 등 SNS에 게시된 글은 인적 네트워크(팔로잉, 친구)를 통해 빠르게 전파되고, 제3자에 의해 리트윗 되어 무작위타인에게 확산될 위험성이 크다는 것이다. 민감한 개인정보나 사생활을 포함한 글을 올렸을 경우 향후 가정과 직장 등 개인생활에 심각한 피해를 줄 수 있다.

<표 3-3> 소셜미디어에서 프라이버시 침해 사례

- 미국에서 인사고과 반영을 위해, 입사 지원자나 직원들이 SNS에 올린 글들을 전문적으로 추적·분석하는 대행업체가 등장하였다(CNBC, 2011.7.1). 최근에 독일에서는 채용 시 소셜미디어를 검색하는 것을 불법화했다.
- 송지선 아나운서와 임태훈 선수 간의 사생활이 트위터를 통해 공개되어 사회적으로 논란이 되었다. 이로 인해 송지선 아나운서가 자살하는 사건으로 전개되었다(2011.5.23).
- 포털의 실시간 검색은 검색의 범위를 개인의 사적인 이야기가 오가는 SNS까지 확장되어 지인과 사적으로 나눈 대화까지 검색되는 등 개인 사생활이 노출되는 문제 발생했다(디지털타임즈, 2011.5.11).
- 트위터 ID만으로 이름, 인맥정보, 사진 등 외모정보, 위치정보, 관심분야 등 취미정보, 일정, 가족 정보 등 최소 9가지 이상의 개인정보 파악 가능하다(KISA, 2011.1.10).
- '스마트폰과 인터넷을 통해 수집 가능한 개인정보' 조사결과, 이용자의 이름은 전체조사 대상자 중 88%, 인맥은 86%, 사진 84%, 위치 83%, 취미 64%, 스케줄 63%, 가족 52% 등이 파악 가능했으며, 건강(29%)이나 정치성향(19%) 등 민감한 정보도 높은 수치를 보이는 등 SNS를 통한 이용자 개인정보 노출이 심각했다(KISA, 2011.1).
- 페이스북에 생일을 게시함으로써 사회보장번호를 예측하게 하여 개인정보 침해위험을 증가시킨다는 연구결과가 발표(Carnegie Mellon, 2009.7)되었다.
- 신세계 정용진 부회장은 트위터에 이마트에서 판매하는 즉석 조리식품이나 제품의 시식 후기를 실시간으로 올리고 애완견을 소개하기도 하였으며, 기업형 슈퍼마켓(SSM)과 이마트 피자를 비판하는 문용식 전 나우콤 대표와 설전을 벌여 화제가 되기도 했다. 2011년 11월 트위터가 해킹당하면서 과거 정용진 부회장이 올렸던 글이 모두 사라지고 정체불명의 해커가 "자본주의는 파산했다", "정용진은 가라"는 등의 비방 글을 올렸기 때문이었다. 이후 계정을 삭제하였다.

소셜미디어에서의 과도한 신상정보 및 사생활이 노출되고, 메시지·게시물을 통해 특정인과의 반복적인 접촉이 가능해지면서 사이버 스토킹, 신상털기 위협 증가한다. 소셜미디어의 연결성은 공개된 정보를 종합하여 개인 프로파일링을 가능케 한다. 이름과 이메일을 통해 30분 만에 각종 개인정보 및 사적인 대화 등 신상털기가 가능하다. 소셜미디어의 정보 공개 및 공개된 게시글, 사적 대화들이 신상털기를 더욱 쉽게 만들고 해당 내용에 대한 복제·전파력 또한 매우 빠르다(서울신문, 2011.5.28).

유명인 또는 기업에 대한 명예훼손 또는 상품 비방을 목적으로 가짜 프로파일 생성 가능성이 있다. 박명수, 김윤진, 이병헌, 이효리, 임재범 등 유명연예인을 사칭한 가짜 트위터가 등장한 사례가 있다(스포츠한국, 2011.6.29).

나. 인포데믹스: 왜곡된 정보의 확산 피해

SNS 네트워크를 이용하여 검증되지 않은 허위정보, 왜곡된 정보, 유해정보를 유포하거나 확산하여 사회혼란 및 국가안보 위협이 될 수 있다. SNS상에 제공된 확인되지 않은 루머나 왜곡된 정보를 확대 재생산하여 특정인 또는 기업의 이미지 실추, 명예훼손 등의 피해 유발하는 사례가 발생한 바 있다. 그리고 개인이나 기관의 공식계정이 만들어지기 전에 공식계정인 것처럼 활동하는 계정을 만들어 관련 개인과 기관에 대한 왜곡된 정보를 제공하는 사례가 있다.

<표 3-4> 소셜미디어에서 인포데믹스, 가짜뉴스의 사례

- 부산서 여중생을 성폭행하고 살해해 무기징역을 선고받은 김길태가 '탈옥했다'는 괴소문이 포털사이트와 SNS 등을 통해 확산되어 사회 불안과 공포감이 조성되었다(전자신문, 2011.6.17).
- 깅대성, 옥주현, 이지아 등 유명연예인과 관련한 미확인 루머가 '닷컴' 사이트, 인터넷 커뮤니티, SNS를 통해 급속히 확산되었다(전자신문, 2011.6.3).
- 일본 강진과 관련해 방사능 한국 상륙 괴담이 트위터 등을 통해 유포(2010.3)되었다.
- SNS 이용자 중 80.1%가 불편함 및 피해를 경험했다고 보고되었다. 그중 "언어폭력, 모욕(악성 댓글 등) 57.5%", "원하지 않는 불건전 정보 노출 56.0%", "부정확한 정보 유통 54.6%" 순이었다(KISA, 2009.6).
- 영화배우 장근석은 "트위터의 세계에서 많은 사람들을 만나고 수없이 많은 점을 배웠지만, 더 이상의 왜곡은 받아들일 수가 없다"는 글을 올리고 탈퇴하였다.

다. 인터넷 사기

가입절차의 편이성과 용이성, 본인확인 절차의 간편함 등 소셜미디어의 환경적 특성을 이용하여 출처가 불분명한 전자거래, 신종 사기가 등장하고 있으며, 이로 인한 온라인 소비자의 피해 발생 및 온라인 신뢰도에 악영향을 준다.

<표 3-5> 소셜미디어에서 사기의 사례

- 트위터, 페이스북 등 SNS를 활용한 광고를 통해 물품이나 서비스를 할인된 가격으로 판매하는 전자상거래 "소셜커머스"를 통해 검증되지 않은 업체와 상품 서비스로 허위·과장 광고로 인한 피해 발생[소셜커머스 구매자 26%가 피해 경험, 서울시전자상거래센터](디지털타임즈, 2011.3.16).
- 트위터 팔로워들에게 '헌혈증이 필요하다'는 메시지를 띄워 헌혈증 수집 후 암시장에서 판매, 소셜커머스를 통해 구매자를 모집해 돈을 챙긴 뒤 사라지는 사례 등(한국일보, 2011.1.28).
- 인터넷 메신저 등을 통해 허위 주식 정보를 흘려 시세 차익을 노리는 불공정 거래 사례 등장(디지털타임즈, 2010.8.19).

라. 2차 범죄로 악용

가입절차의 편이성과 용이성, 본인확인 절차의 간편함 등 소셜미디어의 환경적 특성을 이용하여 경찰의 단속을 피해 범죄에 악용할 수 있다. SNS에서 개인 프로필, 게시판 등의 특정 웹 페이지에 악성 코드를 심어 놓아 이를 사용하는 사용자를 특정 피싱 사이트로 유도하기도 한다. 소셜 네트워크 서비스가 성매매 알선 광고 등, 불건전 정보 유통 및 저작권 침해의 플랫폼으로 악용되는 사례가 있다.

<표 3-6> 소셜미디어에서 2차 범죄악용 사례

- 트위터 메시지의 단축 URL을 중국의 피싱 웹사이트로 연결하여 사용자 계정과 암호 유출하였다(2010.2).
- 트위터를 통해 미성년자 성매매 알선 사이트를 홍보하였다(전자신문, 2011.4.5).
- 트위터 메시지로 위장하여 본문에 제공된 웹사이트 링크를 클릭하면 중국에 위치한 성인약품 광고 웹사이트로 연결되도록 설정하였다(2010.5).
- 미국 SNS 사용자의 57%가 SNS를 통해 스팸메일을 받았다고 응답, 이는 전년('09년) 대비 70.6% 상승한 수치다(Sophos, 2010).

또한 아동의 SNS 이용이 늘어남에 따라, SNS에서의 아동 성범죄자들의 접근 또는 성폭력의 매개로 활용하는 등 아동범죄 행위 수단으로 이용한 사례도 있다.

<표 3-7> 소셜미디어에서 성범죄 관련 사례

- EU 13-16세 아동의 77%와 9-12세 아동의 38%가 SNS를 이용하며, 11-12세 아동의 56%만이 온라인에서의 개인정보 설정 변경 방법을 알고 있다(EUKids Online, 2011).
- 마이스페이스가 이용자에 의해 성폭력을 당한 아동의 부모에 의해서 피소당했다(2007.1).

소셜미디어의 개인정보 및 위치정보를 이용하여 빈집털이 등 범 죄에 이용한 사례도 있다.

<표 3-8> 소셜미디어에서 개인정보·위치정보 관련 사례

- 영국 BBC는 위치기반 SNS인 포스퀘어(forsquare)와 트위터 등에 이용자들이 올린 위 치정보, 휴가계획 정보 등을 악용해 빈집털이 등 범죄 가능성 보도했다(세계일보, 2010.2).
- 영국 범죄 전과자 50명을 대상 설문조사 결과 68%가 "범죄를 저지르기 전 대상자에 관한 정보를 검색한다"고 응답했으며, 이 중 12%가 트위터 등 SNS를 통해 범죄를 위한 정보 검색한다고 응답했다(영국 텔레그래프, 2010).
- 「보안위협보고서(2010 Security Threat Report)」에 의하면 범죄자들이 SNS상에서-집 이든 직장이든 상관없이- 잠재적 피해자를 물색하여 공격한다고 발표했다(Sophos, 2010).

마. 디지털 스트레스와 중독

소셜미디어의 확대된 대화 채널, 온라인 인맥 관리에 더 많은 시간과 노 력 투자하면서 정신적 피로감 및 일상생활에서의 부작용 발생하고 있다.

<표 3-9> 소셜미디어에서 디지털 스트레스와 중독 관련 사례

- CNN 보도에 따르면 미국, 캐나다에서 지난 한 달간 약 700만 명이 페이스북 계정을 폐쇄하는 등 페이스북 피로증후군을 호소하며 SNS 이용을 줄이려는 이용자가 증가 했다(문화일보, 2011.6.21).
- 「2011 국내 SNS 이용 실태」조사 결과 SNS 이용자 10명 중 4명이 개인정보 유출에 대한 우려(27.0%)와 지나친 정보 전달로 인한 번거로움(26.5%)등 디지털 스트레스에 시달린다고 응답했다(아이뉴스24, 2011.2.16).
- 대학생들은 잘못된 SNS 사용습관 및 지나친 시간 소요 등의 이유로 일상생활에 지장 이 있다고 응답했다(파이낸셜뉴스, 2011.2.8).
- 미국인 1,000명 중 아침에 일어나자마자 SNS를 확인하거나 업데이트하며(42%), 밤 에 자기 전에 SNS를 확인하거나 업데이트하고(48%), 또한 연령이 낮을수록(25세 미 만) 페이스북을 접속하지 않을 시 불안감을 보이는 등 SNS 이용 중독 증세를 보이고 있다(미국 시장조사업체 리트레보, 2010.3).

바. 사이버 왕따(Cyberbullying)

사이버 왕따는 메일, 게시판, 미니홈페이지, 인터넷 쪽지, 소셜네 트워크서비스(SNS), 카페, 휴대폰 문자, 모바일메신저 등을 이용해 특정인을 집단적으로 비방, 모욕, 욕설, 악성 댓글, 사진 게재, 관계 차단 등을 통해 괴롭히는 것을 말한다. 학생들 사이에 휴대폰 문자 나 스마트폰의 채팅 어플리케이션을 통해 수시로 욕설을 하거나, 허 위사실을 인터넷 게시판에 업로드, 동영상이나 사진을 찍어 유포하 거나 사이버 머니를 빼앗는 등 행태로 나타난다.

미국사례의 경우 이미 46개주가 왕따법을 마련했고 연방법 수준 의 사이버 왕따 방지법안(Megan Meier Cyberbullying Act, 2008)이 상정된 바 있으며, 미국 학교에서는 '무관용 정책(Zero Tolerance Policy)' 기반으로 사이버 왕따를 엄단하고 있다.

<표 3-10> 소셜미디어에서 사이버 왕따 관련 사례

- 오바마는 매년 1,300만 명의 학생들이 사이버불링을 당하며, 14세에서 24세까지의 50%가 그런 경험이 있다고 언급했다(2011.7.13).
- 우리나라의 경우 인터넷 게시판, 메일, 휴대폰 문자 등을 통한 집단 언어폭력, 악성 댓글 등 '사이버 왕따' 피해를 경험한 청소년이 20% 이상으로 나타나고 있다.

사. 보안 위협

소셜미디어의 방대한 인맥망이 악성코드의 확산 경로로 악용되거 나, 기업의 소셜미디어 활용이 증가하며 기업정보 유출 위험 또한 증 가하고 있다.

<표 3-11> 소셜미디어에서 보안 관련 사례

- 안철수연구소가 발표한 2011년 상반기 10대 보안 위협 트렌드로 선정했으며, 2011년 3월 일본 대지진 관련 기사나 동영상 같은 뉴스로 위장한 악성코드가 SNS을 통해 유포되기도 했다(중앙일보, 2011.7.13).
- SNS를 동해 특정사이트 접속 시 사동으로 악성코느에 삼염돼 좀비PC가 뇌는 피해사례 증가하고 있다(아시아투데이, 2011.4.5).
- 미국 SNS 사용자의 36%가 SNS를 통해 악성코드를 받은 경험이 있다고 응답했다. 이는 전년(2009) 대비 69.8% 상승한 수치다(Sophos, 2010).
- 미국 SNS 이용 조사 중 설문에 응답한 기업의 72%가 임직원들의 SNS 사용이 기업의 보안 및 경영 측면에서 위험을 야기할 것이라고 판단하여 우려하고 있다(Sophos, 2010).
- 세계 각국 페이스북 사용자 5억여 명 중 무려 5분의 2에 육박하는 1억 7,000만여 명의 개인정보 파일이 단 한 명의 해커에 의해 DB로 공개돼 온라인상에 사용자 정보가 노출되는 사건이 발생했다(2010.7.28).

아. 정보 격차

소셜미디어의 확대로 네트워크에 따른 입수 정보가 각양각색이며, 과거 인터넷 접속 유무에 따라 발생한 정보격차가 소셜미디어를 통한 인적 네트워크의 질·양에 따른 '소셜미디어 정보 격차'로 변모한다. 기존의 정보격차와는 달리 지역, 연령, 소득 수준이 비슷하거나 똑같은 스마트기기를 사용하는 사람들 간에도 소셜미디어 활용도에 따라 격차가 발생한다.

자. 기업의 브랜드 위기확산

소셜미디어의 확산성에 의해서 잘못 게시된 정보는 검토와 관리 절차 없이 확산되어 어렵게 쌓아온 기업의 브랜드가 위기상황에 빠질 수 있게 된다.

<표 3-12> 기업의 브랜드 위기

기업	시기	발단	결과
페덱스	2007년 11월	배송차량이 화물을 함부로 다루는 동영상이 SNS에서 전파되어 브랜드 이미지에 타격을 줌	페덱스 배달 상황을 중계하는 놀이 SNS에서 확산
도미노피자	2009년 4월	직원이 비위생적으로 피자 만드는 동영상이 SNS에서 전파, 이후 해당 직원을 해고하고 사과문 발표했지만 매출 부진에 시달리게 됨	도미노피자 매출 부진
BBQ	2010년 10월	BBQ 원산지 허위표시 언론보도 SNS에서 논란 제기	트위터 통해 BBQ 광고하는 작가 이외수 씨가 사과
네슬레	2010년 3월	네슬레가 자사를 비방하는 동영상 광고를 (그린피스의 패러디 광고) 인터넷에서 삭제하도록 법적 조치를 취함으로써 문제제기, 이후 네슬레는 악플에 대한 대응으로 자사페이스북을 폐쇄하였고 불매운동확산	소비자 불매운동으로 확산
파리바게뜨	2011년 10월	일본 방사능에 오염된 밀가루를 사용한다는 괴담이 SNS 확산	SPC 측에서 해명 허위사실 유포자 처벌 의뢰
탐앤탐스	2011년 12월	김정일 사망 애도글을 트위터에 올려서 논란이 제기되었고, 이후 기업차원에서 사과하였으나 불매 움직임으로 이어짐	트위터에 홍보팀장이 무릎 꿇고 사죄하는 사진 게재하였으나, 고객반응은 싸늘
호텔신라	2011년 4월	한복착용을 이유로 뷔페식당 입장 거부당한 사실이 SNS 통해 알려져 논란 제기	이부진 사장이 직접 해당자에게 사과

제4장

소셜미디어와
정부

1. 웹2.0기반에서의 소셜미디어와 정부

2000년대 이후 급속하게 성장하기 시작한 웹2.0기반의 소셜미디어는 콘텐츠 제공자 중심의 웹1.0 시대에 비해 사회적인 파급효과가 극대화되고 있다. 웹1.0은 포털위주의 웹서비스를 통해 전문가와 프로그래머 및 관련 전문기업 중심의 제공자만이 생산, 보유하고 있는 정보 및 콘텐츠를 이용자에게 제공하기 때문에 폐쇄적이고 단방향적인 정보전달이 이루어지는 특징을 가지고 있다면 웹2.0은 단순한 웹사이트의 집합체에서 벗어나 웹 애플리케이션을 제공하는 하나의 완전한 플랫폼으로의 발전을 의미한다.

<표 4-1> 매스미디어와 소셜미디어의 비교

구분	특성
매스미디어	주요 언론사가 뉴스, 정보, 엔터테인먼트를 생산(소수독점) 불특정 다수, 수동적 독자층에게 공적, 일방적, 간접적으로 전달
소셜미디어	참여, 공유, 개방의 웹2.0 정신에 기반해 누구나 생산(다수생산) 관계 혹은 친분 중심의 쌍방향 소통, 피라미드식 전달

자료: 삼성경제연구소, 2010.

TV, 신문, 잡지, 라디오 등과 같은 전통매체가 일대다(one-to-many)의 일방적 관계형에 기초한 커뮤니케이션의 속성을 가졌다면, 소셜미디어는 다양한 형태의 콘텐츠가 다양한 이용자들에 의해 생성되고 공유되는 다대다(many-to-many)의 쌍방향적 관계성을 토대로 하므로 1인 미디어, 1인 커뮤니티의 특징을 지닌다고 볼 수 있다. 소셜미디어는 방송매체의 일방적 독백을 사회적 매체의 대화로 변환시키고, 그 이용자들이 콘텐츠 소비자임과 동시에 콘텐츠 생산자가 되는 것을 가능케 함으로써 정보의 민주화와 개방화를 촉진시킨다.

O'Reilly Media에서 2003년부터 사용하기 시작한 이 용어는 기술적인 측면의 변화에 따라 나타난 개념이지만, 이러한 기술로 인해 나타난 정신에 주목할 필요가 있다. 웹2.0의 개념은 전자정부의 새로운 방향으로 제시되었으며, 기술적인 발전에 따라 참여, 공개, 대화, 커뮤니티, 연결 등의 특징을 가능하게 했다는 점이 중요한 의미를 가진다.

최근 스마트폰의 보급확산과 모바일 인터넷의 대중화는 소셜미디어의 활용을 활성화하는 환경이 되었고, 이로 인하여 사용자 간의 소통기능이 향상되고, 강력한 온라인 이해집단이 대두되었으며, 소셜미디어를 이용하여 영향력을 행사할 수 있는 기회가 더욱 확산되는 추세로 진화하고 있다.

모바일 기반의 소셜미디어로 인해 시간과 장소의 제약이 거의 없는 실시간 연결과 상호작용이 가능하게 되면서 참여자 간 더욱 쉽게 직접적인 소통이 가능하게 되었다. 소셜미디어의 특성과 기능에 따른 다방향 커뮤니케이션 환경이 구축되면서 유사한 이해관계 및 정치신념 등에 따라 형성된 온라인 집단이 구성되고 이들 간의 관계가 더욱 공고화되는 계기가 가속화되고 있다. 또한 전형적인 방식의 사회활동 참여방식 대신에 온라인상의 새로운 방식을 통한 여론조성, 군중효과 등을 통해 오프라인상의 사회 전반에까지 영향을 미치는 새로운 정책관여자로서의 기능도 수행할 수 있게 되었다(Sander, 2008). 이러한 변화는 소셜미디어가 단순히 기술에 국한된 것이 아니라 점차적으로 웹2.0이 추구하는 방향에 따라 더욱 진화되고 있는 측면을 바탕에 두고 있다. 양방향 디지털 기술이 가져다준 기회를 활용하여 사람과 사람들의 관계를 의미 있게 형성하거나 도움을 주는 것으로 그것이 공공기관에까지 확산되고 있는 것으로 이해된다.

정부의 입장에서 소셜미디어의 활용은 양면성을 갖고 있다. 일반적으로 정부가 소셜미디어를 도입하여 활용함으로써 새로운 환경에서 주민들과 대화를 나누고 의견을 교환하는 것이 공공의 선을 위해 바람직할 뿐만 아니라 필요하다고 하는 입장이 있는 반면에 이런 환경에서 악의적인 목적으로 접근하거나 때에 따라서 정부의 권위를 떨어뜨리게 할 수 있는 활동 등 역기능적인 측면이 함께 존재하는 것도 사실이다(Sheridan *et als.*, 2008).

정보화가 성숙됨에 따라 정부는 다양한 도전에 직면하고 있다. 현실적으로 정부의 입장에서 보면, 온라인 서비스에 대한 조직 외적인 요구가 증가하고 있지만, 예산은 증가하지 않고 오히려 줄어들고 있는 상황이며, 또한 새로운 커뮤니케이션 채널의 증가와 기대는 높아지고 있는 것도 사실이지만, 현실적으로 정책적인 측면에서 우선적으로 고려해야할 요소들이 많아져서 사실상 소셜미디어에 관심을 집중하기 어려운 측면이 있다. 그럼에도 불구하고 정부가 기관의 차원에서 소셜미디어를 도입하여 활용함에 있어서 결과적으로 공공기관에서 소셜미디어의 활용이 주민들의 기대와 생각에 미치지 못할 수 있다는 점을 인정하면서도 주민들의 기대에 부응하기 위해서는 정부의 접근방식에 대한 변화가 필수적으로 수반되어야 한다(Hrdinova and Helbig, 2011; Grant Thornton, 2010). 온라인 커뮤니티의 확산과 발전, 이에 따른 정부의 서비스 제공방식은 변화는 일시적인 것이라기보다는 하나의 중요하고 의미 있는 추세로 받아들여야 하기 때문이다. 물론 소셜미디어를 활용하여 사람들 간의 상호작용을 통해 주민들이 더 행복해진다거나 건강해질 것인지에 대해서는 분명하지 않은 것도 사실이다. 어떻게 활용해야 하는가에 따라 그 결과가 달라질 수도 있다. 따라서 온라인 커뮤니티의 성장과 이에 따른 활용이라는 관점에서 정부는 적극적으로 관여해야 할 필요가 있지만, 정부가 어떤 최적의 수단으로 어떻게 관여할 것인가는 고민해야 할 부분이기도 하다.

소셜미디어를 선도적으로 활용하고 있는 노스캐롤라이나 주지사는 소셜미디어를 정부에서 활용하는 것이 필요함을 다음과 같이 주장하였다.

"정부가 국민에게 더욱 투명하고, 국민에 대해 책임을 지려고 한다면 주정부가 소셜미디어를 현안으로 다루어야 합니다. 노스캐롤라이나의 모든 정부 기관은 시민들과 커뮤니케이션과 상호작용을 증가시키기 위해 소셜미디어의 장점을 활용하는 것이 좋습니다."[16]

소셜미디어에 참여하지 않는다면 그 공간에서 다른 참여자들이

---

16) http://www.governor09.nc.gov/NewsItems/PressReleaseDetail.aspx?newsIte

해당 정부기관과 정책에 대한 이야기를 부정적으로 퍼뜨릴 가능성이 있다는 점을 인식해야 한다. 따라서 자신들의 이야기를 정확히 전달하는 적극적인 PR의 관점에서만 필요한 것이 아니라 관련된 정책을 추진하는 데 환경요소가 되는 여론을 모니터링하는 효율적인 도구로서 활용할 수 있다는 점을 인식해야 한다.

Arlington 카운티의 '소셜미디어 정책'(2009: 2)에서는 지방정부가 소셜미디어를 사용하는 이유에 대해서 다음과 같이 제시하고 있다.

- 정부의 투명성을 증대
- 신속한 응대를 가능하게 함
- 업무 착수 전의 경향의 파악
- 주민과 고객의 소리 듣기
- 다가가서 대화하기-올 때까지 기다리지 말기
- 여과 장치 없이 지역사회의 소리 직접 듣기
- 콘텐츠의 전달 시스템의 확장을 위한 커뮤니케이션 도구
- 주민이 알고 싶어 하는 것에 대해 답하기
- 신문의 사망에 따라 생긴 진공상태를 채움

정부가 소셜미디어를 적극적으로 활용하면 이러한 언급과 마찬가지로 커뮤니케이션이나 상호작용면에서 순기능을 보인다. 웹사이트나 인쇄매체에 의존하는 커뮤니케이션보다 더 효과적일 수 있으며, 온라인 활동을 통해 더 많은 사람들에게 영향을 미칠 수 있다. 또한 질적으로도 다양한 연령계층에 정보를 제공할 수 있다는 장점도 있다. 이러한 장점으로 다양한 분야에서 활용이 가능하다.

2. 해외 정부의 소셜미디어 활용사례

정부가 소셜미디어를 적극적으로 활용하면 이러한 언급과 마찬가지로 커뮤니케이션이나 상호작용 면에서 순기능을 보인다. 웹사이트나 인쇄매체에 의존하는 커뮤니케이션보다 더 효과적일 수 있으며, 온라인 활동을 통해 더 많은 사람들에게 영향을 미칠 수 있다. 또한 질적으로도 다양한 연령계층에 정보를 제공할 수 있다는 장점도 있다. 이러한 장점으로 다양한 분야에서 활용이 가능하다. 소셜미디어를 정부에서 활용하는 사례는 다양한 분야에서 찾을 수 있다. 정부의 정책과 정부간행물에 대한 홍보와 PR, 민원서비스, 고객(주민)에 대한 정보제공, 자연재난과 위기발생 시 정보전파와 대응요령 등 전달, 캠페인 실시, 필요 인력 채용통로로 활용, 조직 내 커뮤니케이션 통로 활용 등 다양한 분야에서 활용이 이루어지고 있다.

1) 미국의 활용사례

미국은 백악관 웹사이트를 통해 소셜미디어를 활용하고 있으며, 국방부의 소셜네트워킹서비스, 그리고 해양대기청 및 연방재난관리청의 소셜미디어를 통한 기상정보 및 재난관련 정보의 신속한 제공 등은 물론 주정부 및 지방정부 차원에서도 다양한 분야에서 소셜미디어를 활용하고 있다.

미국은 백악관 웹사이트(Stay Connected, www.whitehouse.gov)에 페이스북, 트위터, 마이스페이스, 유튜브, 플리커, 비메오(Vimeo), 링크트인(LinkedIn), 아이튠스 등 8개 소셜미디어 사이트를 연결하여 각종 소셜미디어 툴을 적극적으로 도입하고 운영하고 있다.

자료: http://www.facebook.com/whitehouse

<그림 4-1> 미국 백악관 페이스북 페이지

미국 국방부는 비상사태를 대비하여 소셜네트워킹서비스와 가상세계, 지식 DB를 구축하고 있다. 미국 해양대기청은 날씨 지도서비스를 통해 미국 전역의 수십 개 보도국이 8분마다 보내는 기상정보를 실감나는 영상 및 그래픽으로 제공하고 있으며, 재난재해관리를 위해 수년 전부터 실시간 정보제공과 확산을 위해 노력하고 소셜미디어와 최첨단경보시스템, 위치기반기술, 지리정보기술, 모바일 인프라의 폭넓은 접목과 활용을 시도하고 있다.

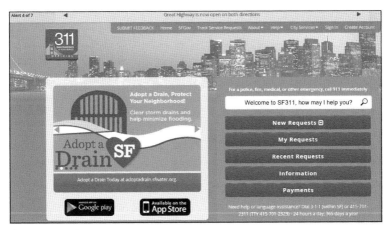

자료: http://www.sf311.org

<그림 4-2> 샌프란시스코 SF311

이러한 재난과 관련하여 대표적인 기관인 연방재난관리청(FEMA)에서는 조직 간 지원 및 협업체계를 구축하여 정보제공뿐만 아니라 효과적이고 신속한 대응을 위해 공공기관 및 관계자들 간 정보를 공유하고 업무현황을 전달하고 있다. 실제 2010년 3월 새벽 뉴욕의 폭우 감지에 따른 조기경보시스템 발송에 따라 각종 통신망, 수도 및 전기 등 15개 핵심시설 관리기관 및 담당자에게 스마트폰과 소셜미디어 등을 통해 위급상황을 전달하고 현황을 공유해 시민의 피해를 최소화한 경우가 대표적이다.

한편, 주정부와 지방정부를 중심으로 현실적이고 적극적인 대민 서비스 품질개선을 위해 소셜미디어의 도입 또한 활발하다. 샌프란시스코의 소셜미디어 센터 및 트위터 콜센터(SF311, www.sf311.org)는 언제 어디서나 시민과의 접촉이 가능한 공공서비스 툴로써 높은 만족도를 보이고 있다.

자료: http://www.mass.gov/portal/socialmedia.html

<그림 4-3> 매사추세츠 주 홈페이지 소셜계정 목록

미국정부에서는 소셜사이트[17]를 개설하여, 정부에서의 소셜미디어 사용 역사를 개방형으로 수집한 바 있다. 이렇게 정리된 연표를 중심으로 중요한 변화를 정리하면 다음과 같다.

- 정부 부처 및 기관의 외부 소셜미디어 사이트 활용이 증가했다.
- 정부 부처 및 기관 자체적으로 소셜사이트의 개설 활용이 시도되었고, 그 범위가 넓어졌다.
- 정부 부처 및 기관의 소셜미디어 사용에 대한 공공기록 방식의 도입과 발전이 진행되었다.
- 국민의 아이디어를 정책과 서비스 개발에 사용하는 방식이 발전해왔다.

---

17) http://www.dipity.com/govnewmedia/Gov-Social-Media-Timeline/

- 정부 부처 및 기관에서 소셜미디어 사용을 위한 다양한 접근의 도입을 해오고 있다.
- 각 정부 부처나 기관은 국민에게 자신의 부처나 기관이 하는 일과 관련된 행사나 관련 자료와 정보를 일목요연하게 보여주는 방법으로 소셜미디어를 채택하여 활용하였다.
- 각 정부 부처나 기관은 정부업무와 관련하여 협업을 원활하게 사용하는 도구로 소셜미디어를 선택하여 활용하고 있으며, 최근에는 클라우드 컴퓨팅을 통하여 효율성을 높이고 있다.

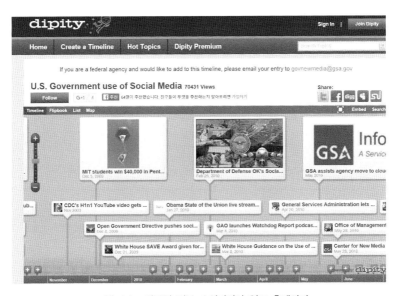

<그림 4-4> 미국의 정부 소셜미디어 연표 홈페이지

2) 영국의 활용사례

영국은 왕실[18]뿐만 아니라 총리실을 포함한 정부기관, 그리고 의회에서도 소셜미디어를 적극적으로 활용하고 있다.

자료: http://www.number10.gov.uk

<그림 4-5> 영국 총리실 홈페이지의 소셜미디어 연결

---

18) 영국 왕실의 경우 세계 왕실 최초로 트위터(@BRITISHMONARCHY)를 개설하여 운영을 하고 있다.

영국의 총리실은 소셜미디어를 활용하여 기존에 가지고 있던 국민과의 소통 채널을 확대하고 있으며 총리와 상당수의 의원들은 자신의 활동을 트위터로 알리고 있다. 총리실에서는 최근 트위터를 활용하여 530만 명이 넘는 트위터 팔로워들에게 총리의 동정을 소개하고 있으며 유튜브를 통해 동영상으로 총리와 시민이 의견교환을 하고 있다.

영국 국방부의 경우, 국방부 자체에서 소셜미디어 정책을 수립하여 정부와 시민 간 서비스뿐만 아니라 시민과 시민 간의 쌍방향성을 활용할 수 있도록 정부 서비스를 제공하고 소셜미디어 사용을 권장하는 등 기관 자체에서 온라인 사용지침을 발표한 바 있다.[19] 온라인 사용지침을 통해 국방부는 온라인 공간을 사용함에 있어서 전략적으로 협동(corporate), 지원(sponsored), 개인정보(personal) 등 세 가지 측면을 강조하면서 군인들이 소셜미디어를 스스로 즐길 수 있도록 권장하고 있다. 이러한 국방부의 소셜미디어 정책은 정부의 서비스에 대한 국민들의 신뢰도를 높이는 데 기여하고 있는 것으로 평가된다. 또한 병사모집과 채용에 소셜미디어를 적극 활용하고 있다는 점도 인상적이다.

한편, 영국 의회(@UKParliament) 또한 트위터를 개설하여 운영하고 있다(2018년 7월 현재: 트윗 16,000, 팔로워 137만 상회). 이처럼 영국 의회는 트위터를 활용하여 의회에서 일어나는 다양한 내용의 단편적인 정보를 실시간으로 공유하면서 활발한 네트워크를 구축하

---

19) 이 지침에서는 군인들이 가족 및 친구들과 블로그, 소셜 네트워크 서비스, 가상공간을 통해 연락을 주고받을 수 있는 방안을 자세하게 제시하고 있다. 단, 군사기밀과 관련된 정보는 제한하고 있으며 민감한 정보를 주고받을 수 있는지에 대한 판단은 상관과 의논하여 결정하도록 하였다.

<그림 4-6> 영국 의회 트위터 페이지

고 있다. 이외에도 영국 의회는 페이스북, 유튜브(2007년 5월 17일 가입), 프릭커(2008년 4월 개설) 등도 활용하고 있다.

3) 호주의 활용사례

호주는 국가사회 전 방위적인 분야에 대한 과학적 위기대응체계 구축을 위한 정보공유시스템 및 관련 정책 프레임워크의 개발을 위해 정부가 적극적으로 노력하고 있다. 일례로 호주정부는 미래정부 T/F의 Emergency 2.0 Australia 프로젝트를 통해 전 지역을 대상으로 소셜미디어와 웹2.0을 기반으로 하는 위기대응체계를 구현하였다. 즉, 트위터나 페이스북 등의 사이트를 개별 또는 통합 및 연계하여 홍수경보, 대피경로 등의 정보를 시민에게 실시간으로 제공하고 지방자치단체가 피해보고, 도로차단, 지원수요 등의 정보를 적시에 입력하여 중앙정부와 공유할 수 있도록 공동 통합운영 체계를 마련하고 있다.

지방자치단체 차원에서는 멜버른 경찰국은 트위터를 활용하여 24시간 시민들과 정보를 공유하고 연계함으로써 위기대응체계를 갖춰 보다 나은 서비스를 제공하기 위해 노력하였다. 2009년 2월 7일 414명의 인명피해를 낸 역사상 최악의 산불 사태를 계기로 모바일을 기반으로 한 소셜미디어를 활용하여 지역주민과 24시간 연결체계 유지에 힘쓰며 각종 제보 및 경보를 공유하였다. 또한 팔로워들에게 경보발송, 뉴스, 교통단속결과, 실종자 수색 등 하루 평균 8개

<그림 4-7> 호주 멜버른 경찰국

의 트위터 메시지를 전송하여 시민과 긴밀한 협조체제를 유지하였다. 그리고 주기적으로 감독관 및 부감독관 등과의 실시간 온라인 대화 채널을 통해 트위터 설문조사 및 질의응답에 따라 시민들이 선정한 수제와 대상 경찰의 온라인 공개 대화를 실시하고 있다.

3. 정부 소셜미디어의 분야별 활용사례

1) 정부와 정책에 대한 홍보와 PR

현대 사회에서 공공관계는 공사조직을 막론하고 매우 중요하다. 기업의 환경관리 전략중 독자적 전략으로서의 공공관계(PR; Public relationships)는 매우 중요한 요소이다. 특히 거의 모든 현대 정부는 신뢰성의 위기에 직면하고 있으며, 이러한 신뢰성의 위기는 정책의 지지를 이끌어내는 데 어려움을 갖게 만든다. 이러한 상황에서 전통적인 매체들보다 소셜미디어들은 매우 유용한 통로로 활용할 수 있다. 이러한 통로를 활용하는 경우 비용도 적게 들고, 다양한 대상에게 필요한 내용을 전달할 수 있다는 장점이 있다. 소셜미디어는 다양한 대상, 신속한 시간에 다양한 정보를 공유하고 확산할 수 있다. 가장 효과적인 커뮤니케이션 수단으로 정부가 가능한 한 빨리 전달해야 하는, 시간에 민감한 정보를 신속하게 전달하는 채널로서 활용하고, 또한 광범위한 시민에게 메시지를 전달할 때도 매우 강력한 기능을 수행한다. 새로운 청중, 새로운 연령대의 사람들에게 다가가는 수단을 제공한다.

미국 공군의 경우는 지침을 통해 공군 내의 공공관계 전문가들이 온라인 정보공간에서 소셜미디어를 운용하기에 필요한 기초지식을 제공하고, 내부 커뮤니케이션, 지역사회관계와 언론관계에서 전통적인 형태의 공공관계를 보완하는 데 사용토록 하는 것을 목표로 한다(US Air Force, 2009b: 1)고 규정한다. 그런데 만약 이를 활용하지 않는다면 어떠한 현상이 나타날까? 이러한 질문에 대해 미공군(US Air Force, 2009b)은 적절한 대답을 주고 있다.

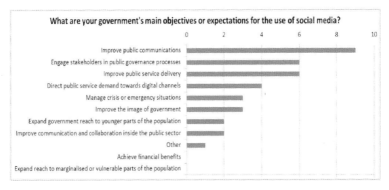

자료: OECD(2013), Survey on government use of social media

<그림 4-8> 정부의 소셜미디어 활용목적

"미공군은 소셜미디어를 활용하여 미국 공군이 스스로 자신의 이야기를 하지 않는다면, 이적 매체(enemy media) 혹은 이적 선전도구(enemy propaganda)를 이용하여 다른 누군가가 할 것(If the Air Force does not tell its own story, someone else will)"이라고 주장한다. 미공군의 이러한 입장은 정부가 소셜미디어를 통해 바람직한 공공관계를 형성해나갈 수 있는데, 그렇지 못할 경우 상황이 매우 악

화가 될 것임을 예상하고 소셜미디어의 활용을 통한 정부와 정책에 대한 홍보의 중요성을 강조하고 있는 대표적인 사례로 볼 수 있다.

각국의 정부에서 소셜미디어를 사용하는 가장 중요한 목적은 공공 커뮤니케이션을 개선하는 것이다. 그러나 이외에도 다양한 목적이 있음을 보여주고 있다. 공공거버넌스 과정에서 이해관계자의 참여, 공공서비스 전달의 개선, 디지털채널을 향한 직접적인 공공서비스 요구, 위기나 재난상황의 관리, 정부이미지의 향상, 젊은 세대 인구층에 정부 접근도 향상, 공공부분 내부에서 커뮤니케이션과 협업의 향상, 재정적 편익의 성취, 인구의 한계 계층에 대한 접근도 향상의 목적 등 다양하다.

<표 4-2> 커뮤니케이션 도구의 장단점

구분	장/단	내 용
트위터	장점	시간과 비용이 거의 들지 않고, 실시간으로 정보 공유
	단점	다른 유형에 비해 정보가 왜곡 또는 유출될 위험
블로그	장점	-회사정보에서부터 개인 관심사까지 다양한 정보를 공유할 수 있음 -외부 인프라 활용시 비용이 저렴
	단점	운영자가 게시물을 작성하는데 시간과 노력이 많이 소요
인트라넷*	장점	온라인에 덜 익숙한 중·장년층까지 활성화 가능
	단점	인프라 구축비용이 높고, 정보공유가 다소 늦음

* 결제, 자료교환, 공지 등 조직내부 업무를 통합하는 정보시스템
자료: 보험개발원, 2010, 기업에서의 소셜미디어 활용.

2) 민원서비스를 포함한 서비스제공 수단

소셜미디어를 통해서 다양한 서비스를 제공하는 방법을 개선하는 목적으로 사용할 수 있다.

소셜미디어를 통해 민원서비스를 직접 처리하는 사례는 샌프란시스코 시의 사례가 있다. 샌프란시스코 시는 SF311(@sf311)이라는 트위터 계정을 통해 민원 접수에서부터 처리까지 전 과정을 공개하고 있다(칸다 토시야키 저, 김정환 역, 2010). 소셜미디어가 갖고 있는 즉시성의 특성을 활용하여 민원서비스에 대한 주민들의 만족도를 제고한 사례로 평가된다. 또한 소셜미디어를 통해 처리과정과 결과를 공개하여 투명성 확보에도 기여하고 있다. 최근 경기도에서도 소셜미디어 민원을 지자체 중 처음으로 도입하여 운영하고 있다. 경기도의 '경기스마트120'은 트위터 계정(@ggsmart120)을 통해 접수된 민원을 다시 트위터를 통해 민원인에게 통보해주는 일종의 민원안내 시스템으로 향후 서비스의 확산은 물론 주민들의 이용만족도가 어떻게 나타날지 주목된다.

<그림 4-9> 경기도 120 콜센터 트위터 계정

3) 고객(시민)에 대한 정보제공, 고객(시민)이 제공한 정보의 활용

소셜미디어에서 고객은 자신의 실명을 기반으로 활동하게 되기 때문에 고객의 선호와 필요에 맞추어 정보를 제공할 수 있다. 또한 고객(시민)은 정부와 공무원의 관심 밖에서 공적으로 중요한 정보를 수집할 가능성이 있다. 따라서 정부 차원에서 소셜미디어를 통한 정보제공 및 정보의 활용을 활발하게 함으로써 정부가 신속하게 의사결정하고 적절한 대응을 가능하게 할 수 있다. 공공기관에서 소셜미디어를 통한 정보소통을 강조하여 소셜미디어 허브를 구축하여 운영하는 사례가 여기에 해당된다.[20] 소셜미디어 허브에서는 각 부서별 소셜미디어 계정이 링크되어 있고 이를 통해 시민은 쉽게 정보를 교류할 수 있다.

4) 자연재난과 위기발생 시 대응매체

자연재난과 위기발생 시에는 다른 어떤 상황보다 정확하고 필요한 정보가 빠른 속도로 전달되어야 한다. 소셜미디어는 이러한 필요성을 가장 충실하게 충족시켜주는 수단으로 평가되고 있다. 스촨성 지진, 아이티 지진 등에서 확인된 위기발생 및 대응 시 소셜미디어의 정보전파 능력을 공공 위기관리에 적용하여 효과적으로 활용하고 있다. 호주의 경우 소셜미디어를 활용하여, 긴급상황 관리를 위

---

20) 미국의 주정부 차원에서 소셜미디어 허브를 구축하고 있는 대표적인 사례로는 매사추세츠 주정부(http://www.mass.gov/portal/socialmedia.html)와 텍사스 정부(http://www.texas.gov/en/Connect/Pages/social-media.aspx)가 있다. 한국의 경우 경기도에서 포털 내에 소셜미디어센터를 제공하고 있다(http://www.gg.go.kr/).

한 'Emergency 2.0 Austrailia' 구축을 시도하고 있다.[21] 우리나라의 경우도 경찰청에서 트위터를 통해 교통정보(#poltra)를 제공하고 있으며, 국민안전처도 트위터(@Nema_SafeKorea)를 통해 위기관리에 대비하고 있다.

5) 정책품질 개선을 위한 정보분석

소셜미디어 내에서 유통되는 데이터를 분석 활용하는 경우 공공기관 차원에서 많은 편익을 가져다줄 수 있다. 소셜미디어 내에서 생산되는 정보를 분석하면 정보전달 패턴 파악, 사건의 징후와 전개과정, 탐지, 정책결정과 집행의 최적화, 고객과 공동가치 창출 등에 도움을 얻을 수 있다(삼성경제연구소, 2011). 이를 위하여 최근 소셜미디어 내의 정보를 분석하는 방법으로 기술통계, 네트워크분석, 텍스트분석 등의 방법이 활용되고 있다(Brogan, 2010).[22] 오바마 대통령이 검색어에서 '버락'보다 '오바마'가 많이 활용된다는 정보를 활용하여 선거포스터에 '오바마'를 선정하여 사용한 사례(에릭 퀄먼, 2010: 112)를 소셜미디어 영역으로 확장한다면 향후 정책품질 개선을 위한 다양한 활용 가능성이 나타날 수 있을 것이다.

---

21) http://gov2.net.au/blog/2009/11/11/emergency-2-0-australia/

22) 기술통계는 트위터 팔로어의 변화, 페이스북 리뷰의 개수 등 소셜미디어에서 일어나는 활동과 트렌드를 보여주는 여러 통계량을 산출해 제공하는 것이다. 네트워크 분석은 소셜미디어에서 활동하는 사람들 사이의 연결관계를 보여주고, 상호영향의 강도를 특정하여 정보의 흐름을 구조적으로 파악하는 것을 말한다. 그리고 텍스트 분석은 일반적인 방법으로는 파악하기 어려운 소셜미디어의 콘텐츠의 주제, 내용, 긍정·부정의 어조 등을 판별하는 방식을 말한다.

6) 정부업무 수행의 개선

소셜미디어는 협업(collaboration)의 도구이다. 협업에 의한 정부업무 수행방식이 향후 정부 내 업무 수행방식을 개선하는 데 기여할 수 있으리라 예상할 수 있다. 가장 대표적인 협업방식은 위키피디아를 통해서 이해할 수 있다.

위키피디아는 2001년 1월 15일 개설되었으며,[23] 2016년 2월 현재 291개 언어로 쓰기가 이루어지고 있다. 100만 항목 이상에 이르고 있는 것은 14개 언어, 10만 항목 이상에 이르고 있는 것은 57개 언어에 이르고 있다. 이러한 성과는 소셜미디어를 통한 협업의 결과로 볼 수 있다. 이러한 성공사례는 정부에서 활용할 수 있는 많은 시사점이 있으며, 실제로 많은 국가의 정부에서 이를 활용하여 성과를 내고 있다. 실제 소셜미디어를 활용한 외부 협업은 크라우드 소싱의 형식으로 진행되고 있다.

최근에 모바일 오피스와 스마트워크센터 등, 스마트워크가 의욕적으로 추진되고 있는데, 미래 업무수행 유형으로서 스마트워크를 자리 잡게 하기 위해서는 소셜미디어의 협업 방식이 중요한 계기가 될 수 있다.[24] 미국의 정부기관에서도 페이스북 등 소셜미디어를 통해 기관 내 부서 간 혹은 기관 간의 협업이 활발하게 이루어지고 있다(Mosher, 2010). 우리나라의 경우 충청남도에서 도청의 소셜미디어센터 담당자와 각 기초자치단체의 소셜미디어 계정 운영자와 기

---

23) http://www.cityweekly.net/utah/article-5129-feature-wikipediots-who-are-these-devoted-even-obsessive-contributors-to-wikipedia.html

24) CIO Council(2009: 8)은 소셜미디어 플랫폼 기술을 활용하여 상호작용 수준과 공유지 향성을 기준으로 정부 내의 개인 간 협업, 정부 내의 집단 간 협업뿐만 아니라 정부 외부의 개인과 집단 등 모두 4가지 형태의 협업이 가능하다는 점을 보여준 바 있다.

초적인 단계의 협업이 이루어지고 있는 것을 확인한 바 있다.

상호작용수준

		개인	집단
공유 지향성	내부	개인의 내부협업 Inward	집단 내부협업 Inbound
	외부	개인 외부협업 Outward	집단 내부협업 Outbound

자료: CIO Council.(2009), *Guidelines for Secure Use of Social Media by Federal Departments and Agencies*, p.8.

<그림 4-10> 정부 내 소셜소프트웨어의 네 가지 기능

7) 국제관계 활용

소셜미디어의 네트워크는 국제적으로 개방되어 공유되고 있다. 최근의 **K-pop**의 국제화는 이러한 소셜미디어를 활용한 전략에 기초하고 있다. 이러한 유사한 전략을 지방자치단체의 제 행정에서 활용할 수 있을 것이다. 지방자치단체별로 출향 재외교포를 대상으로 정보를 교류할 수 있으며, 이를 통한 투자유치도 가능할 것이다. 또한 지방자치단체의 특산품과 관광지 소개를 소셜미디어 채널을 통해 수행함으로써 관광객 유치와 투자유치 등을 시도하거나 자매도시와 형식적인 교류 이상의 관계를 형성해나갈 수 있는 가능성도 있다.

8) 상거래와 채용 등 기타

그 밖에 상거래(social commerce), 교육, 채용 등 다양한 영역에서 소셜미디어가 활용될 가능성이 있다. 상거래의 사례로는 페이스북을 활용한 F-commerce가 있다.

교육의 경우도 소셜미디어의 집단지성과 협동업무수행(collaboration)을 통한 강의와 학습이 활용될 수 있으며, 채용의 경우 소셜미디어 활용 능력이나 소셜미디어상의 평판을 기준으로 하는 경우가 포함된다.

인력관리(Human Capital Management)에서 가장 주목받고 있는 것이, 인재채용과 소셜미디어를 결합한 '소셜 리크루팅'이다. 소셜채용 시스템을 제공하는 Jobvite사가 실시한 미국기업 1,600개 사를 대상으로 한 조사에 따르면 73%의 기업이 소셜미디어를 통한 채용에 대한 투자를 늘리겠다고 응답했다. 덧붙여서, 사용한 소셜미디어는 LinkedIn의 94%, Facebook이 66%, Twitter가 52%로 조사됐다. 그러나 정부 부문에서 효과적으로 실천하고 있는 사례는 아직 매우 적다.

소셜채용과 관련해서는 소셜미디어를 통한 채용과 소셜미디어 정보를 활용한 채용의 측면이 있다. 전자는 소셜미디어를 채널로 한 채용을 말한다. 많은 구직자들이 소셜미디어 사용자라는 점에서 소셜미디어를 통해 구인과정을 진행하는 사례가 여기에 포함된다. 채용을 위한 신청자가 많을수록 적합한 인재가 뽑힐 가능성이 많다고 볼 때, 채용공고를 소셜미디어 채널을 통해 배포하는 것은 의미가 있다. 후자는 소셜미디어상의 채용후보자의 정보를 해당인재의 채용과정에서 참조하는 것을 위미한다. 최근에 미국의 비자 신청 시 소셜미디어 계정을 기재하는 것을 선택사항으로 제시한 것은 유사한 과정으로 볼 수 있다. 영국의 국방부의 경우 신병모집과정과 채용과정에서 소셜미디어 플랫폼을 다양하게 활용하고 있다. 이는 채용에서 소셜미디어를 활용하여 적극적인 모집을 시행하는 예로서 본보기가 될 만하다고 판단된다.

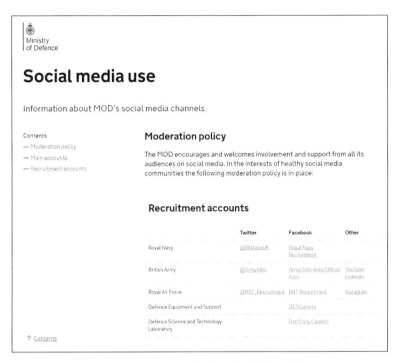

<그림 4-11> 영국 국방부의 군별 신병채용 계정

PART

2

제2편 정부 소셜미디어의 실제: 현황과 발전방안

제5장

정부 소셜미디어의
현황분석을 위한 분석틀

정부조직에서 소셜미디어를 도입할 때의 목표와 비전을 세우는 데 구체적인 도움을 줄 수 있는 모형으로 '소셜미디어 성숙도모형'의 도움을 받을 수 있다.

1. 성숙도모형의 의의와 기능

성숙도모형은 1980년대 초에 IBM의 Watts Humphrey 등에 의해 개발되었다. 그들은 소프트웨어의 품질이 소프트웨어를 개발하는 데 사용하는 과정의 품질과 밀접하게 관련되어 개발된다는 사실에 주목했다. 그들은 과정개선이 동시적으로 진행되기보다는 단계적으로 수행된다는 것을 발견했다. 그 이후에 미국 국방부가 카네기멜론대학의 소프트웨어 공학연구소(Software Engineering Institute; SEI)에 지원하면서 개입하였으며, Humphrey(1989)는 그의 아이디어를 SEI에 제공하여, 성숙도모형을 완성하게 되었다.

성숙도모형은 현재의 상태와 위치를 보여주며, 앞으로 어떻게 발전시켜나가야 하는지를 제시하는 점에서 의의가 있다.

Neuhauser(2004)는 온라인교육과정 설계의 성숙도모형을 제시하었다. 교수신이 온라인교육과정을 더욱 치밀하게 설계할수록 온라인교육과정 성숙도모형을 통해 온라인교육과정의 개선을 위한 기획과 평가의 도구로서 활용할 수 있는 가능성은 더욱 커진다고 언급하였다.

Gwanhoo Lee, Young Hoon Kwak(2012)은 소셜미디어에 기반한 '열린 정부 성숙도모형'을 제안한 바 있다. 미국연방기관은 '열린 정부 계획'을 개발하고, 수많은 소셜미디어 기반의 공중참여 이니셔티브를 출범시켰다. 그러나 이러한 시도 중에 많은 시도들이 다양한 조직, 기술, 재정상의 어려움으로 인하여 의도한 성과를 얻어내지 못한 사실을 발견하고, 미국 연방 보건행정기관에 대한 연구에 기초하여 수립한 열린 정부 성숙도모형을 개발하였다.

이 모형은 특별히 투명하고, 상호작용적이며, 참여적이고, 협업의 공공개입에 초점을 맞춘 열린 정부 계획을 평가하고, 가이드하기 위해 개발하였다. 이러한 성숙도모형은 정부기관이 조직과 기술상의 능력을 순차적으로 형성함으로써 자신의 열린 정부 계획을 효과적으로 집행하는 데 도움을 줄 것이라고 성숙도모형을 기능을 예시하였다.

이러한 사례에서 확인할 수 있듯이 일반적으로 성숙도모형은 새로운 조직상의 변화를 꾀할 때 단계별로 우선해서 변화시켜야 할 부문을 제시해주고, 구체적인 변화상을 제시함으로써 변화에 대한 공감대를 조성하고 반감을 줄여주는 효과를 갖는다고 판단된다.

성숙도모형에서는 동시에 도달할 수 있는 목표가 아니라 단계적으로 밟아가야 할 발전수준을 제시하고, 각 수준별로 특정한 기준에서 어떤 변화가 일어나야 하는지를 보여주는 형태로 제시하게 된다.

각각의 성숙도모형에는 발전단계를 구분하는 것이 필수적이다. Dutch firm M&I/Partners 모형에서는 임시적(Ad Hoc), 실험적(Experimental), 기능적(Functional), 전환(Transformation) 단계를 제시하고 있다.

Gwanhoo Lee, Young Hoon Kwak의 열린 정부 성숙도모형은 다섯 가지 수준으로 구성된다. 초기상황(initial conditions, Level 1), 데이터 투명성(data transparency, Level 2), 열린 참여(open participation, Level 3), 열린 협업(open collaboration, Level 4)과 유비쿼터스 관여(ubiquitous engagement, Level 5)의 다섯 가지 수준으로 구성된다. 그 배경에는 미국 연방기관의 '열린 정부 계획'이 있다. 미국 연방기관은 개방정부명령(Open government directive)13)에 대응하여 '열린 정부 계획'을 개발하고, 다양한 소셜미디어 기반의 공중참여 발안제도(Initiative)를 출범시켰으나, 조직, 기술, 재정 등의 어려움으로 인하여 의도한 성과를 얻어내지 못했다. 이러한 사실을 바탕으로, 미국 연방보건행정기관의 연구에 기초하여 수립한 '열린 정부 성숙도모형'을 개발하였다. 이 모형은 상호작용적이며, 창의적이고, 투명하며, 협업의 공공개입에 초점을 맞춘 열린 정부 계획을 평가하고, 가이드하기 위해 개발되었다. 이처럼 성숙도모형은 현황에 대한 이해와 평가, 그리고 향우 발전전략의 모색을 위해 유용한 도구이다.

우선 지방자치단체 소셜미디어 성숙도모형을 개발하기 위해 다양한 성숙도모형의 사례를 논의하고자 한다. 이를 통해 가장 포괄적인 모형을 포함하여, 앞서 제시한 이슈중심으로 단계별 발전 아이디어를 추출하기로 한다.

2. 소셜미디어 성숙도모형의 사례

1) Max Online의 소셜미디어 성숙도모형

Max online의 소셜미디어 성숙도모형은 발전단계를 3단계로 제시하고 있다. 개척기, 촉진기, 전략기로 구분되어 소셜미디어가 성숙된다고 보고 있다. 각 시기는 모두 네 가지 범주의 12개 기준의 속성이 변화하면서 소셜미디어 활용의 차원이 발달한다고 보고 있다.

네 가지 범주는 사회 및 구성원관점, 기업관점, 과정관점, 기술관점이다. 사회 및 구성원관점에는 소셜미디어 초점, 콘텐츠관리, 문화의 항목이 포함된다. 기업관점에는 비전과 전략, 리더십과 몰입, 거버넌스 문제가 있으며, 과정관점에는 공동체관리, 정책과 절차, 측정이 포함된다. 마지막으로 기술관점에는 도구, 구조(아키텍처), 플랫폼의 기준이 있다. 각 시기별로 각각의 기준이 어떻게 변화하는지는 <표 5-1>을 참조하면 된다.

사회·구성원 관점에서는 소셜미디어 초점, 콘텐츠관리, 문화의 세 가지 차원의 발전단계를 제시하고 있다. 소셜미디어 초점은 개인, 공동체, 전략적 초점으로 진화한다. 콘텐츠관리는 푸쉬 콘텐츠, 풀 콘텐츠를 거쳐 맞춤콘텐츠로 발전한다. 문화 관련해서는 얼리어답터 중심에서 사용자가 확대되면서, 얼리메저리티 문화단계를 거쳐 참여자 전체로 확산된다.

<표 5-1> 기업2.0-소셜미디어 성숙도모형

		1단계: 개척	2단계: 촉진	3단계: 전략
사회/구성원 관점	소셜미디어초점	개인	공동체	전략적
	콘텐츠관리	푸쉬	집중	풀
	문화	얼리어답터	얼리메저리티	참여자 전체
기업 관점	비전과 전략	없음	기능적	조직적
	리더십과 몰입	하의상달	통제	부서별
	거버넌스	공식은 없음	공식	비공식
과정 관점	공동체관리	비공식	외재적	통합
	정책과 절차	제한적	촉진	역량개발 (enabling)
	측정	프로젝트	기능적	조직적
기술 관점	도구	셀프서비스 -방화벽 외부	best of class	기업 내-방화벽 내부
	구조(아키텍처)	오픈소스	기업툴	RIA
	플랫폼	기존	기업표준	기업맞춤형/사용자중심

자료: http://www.maxx-online.eu/

　　기업관점에는 비전과 전략, 리더십과 몰입, 거버넌스 차원의 세 가지 차원에서 발전이 확인된다. 비전과 전략 측면에서는 초기단계에서는 비전전략이 없는 단계를 거쳐 기능적 비전, 조직적 비전의 단계로 발전한다. 리더십과 몰입의 차원에서는 하의상달 리더십, 통제 리더십, 부서별 리더십으로 발전한다. 거버넌스 측면에서는 초기단계에는 공식 거버넌스는 없으며, 공식 거버넌스 중심으로 진행하다가, 비공식 거버넌스까지 확장한다.

　　과정 관점은 공동체관리 차원과 정책과 절차의 차원, 측정의 차원으로 분류하였다. 공동체관리 차원에서는 비공식 관리, 외재적 관리, 통합 관리로 발전한다. 정책과 절차의 차원에서는 제한적 정책, 촉진정책, 역량개발(enabling) 정책으로 발전한다. 측정의 차원에서는 프로젝트, 기능적, 조직적 측정의 단계로 발전한다.

2) Forrester의 성숙도모형

Forrester의 성숙도모형은 발전단계를 휴면기(Dormant), 시험기 (Testing), 조정기(Coordinating), 규모확보 및 저정화기(Scaling and Optimizing), 발전기(Empowering)의 다섯 시기로 구분하고 있다. 각 단계는 특성(Defining Characteristics), 경험(Experience), 자원(Resources), 과정(Process), 측정(Measurement), 몰입(Committment), 문화(Culture) 의 기준별로 상이한 모습을 보인다. 각 모습을 기준으로 해당조직의 성숙도를 평가할 수 있으며, 상위단계의 성숙도를 달성하기 위해서 는 각 기준들의 속성을 변화시켜야 한다.

<표 5-2> Forrester의 소셜미디어 성숙도모형

	휴면기	시험기	조정기	규모확보 및 적정화기	발전기
특징	참여와 분석을 꺼려하여 사회적 기술에 대한 거부감	개인이나 특정 부서가 독자적으로 시험 중	관리 층이 팀과 부서를 넘어 조정하기 시작	조직이 점차 소셜미디어 활용을 증대	소셜미디어 유공자에 대한 포상 등으로 활성화에 박차
경험	없음	고객관계나 내부구성원관계에서 제한적 활용	고객과의 관계 활용은 확대, 구성원관계는 제한적	고객관계와 구성원관계에서 활용범위 지속 확대 시험	핵심 사업분야는 소셜화, 고객관계와 구성원 관계활용의 경계 혼합
자원	없음	개인적인 활용, 업무에 도움이 되는 수준에 한함	집합적인 거버넌스 채택	소셜미디어 담당 조직 구성	모든 구성원이 소셜미디어 활용하는 것을 장려
과정	없음	엄격하게 과업 지향적	엄격한 과업지향성에서 탈피, 팀 횡단적으로 함께 업무수행	사회적 대화 수행	소셜활동이 기업의 핵심업무와 통합

측정	없음	자료의 수집에 국한	느낌과 같은 질적인 측정 수행	다른 측정치와 통합하여 사회적 정보로 발전	사회적 정보 (intelligence) 활용
몰입	없음	제한된 관리층의 지원-장기적인 계획이나 철학 없음	장기적인 계획이나 거버넌스에 대한 관리층의 관심	기업전체의 철학에 영향을 미치는 전사적인 지원	구성원에 대한 소셜미디어 활용 등 기부여 추진
문화	없음	구성원의 일상업무에 미치는 영향 거의 없음	구성원에게 가이드라인이 있지만 소셜이 업무에 통합되지는 않음	소셜활동이 업무에 많이 활용되지만 완벽하게 일체화되지는 않음	모든 구성원에게 소셜활동이 일상업무에 통합됨

자료: Sean Corcoran, Christine Spivey Overby, 2011: 4.

3) Camiade, Claisse의 소셜마켓팅 성숙도모형

Camiade와 Claisse는 소셜미디어 마켓팅에 대한 성숙도모형에서 인간의 성장기 구분과 같이 비유하여, 조직의 소셜미디어 마켓팅의 발전단계를 청소년기-성년기-전문가 시기로 구분 제시하고 있다.

<표 5-3> 소셜미디어 마케팅 성숙도모형

	시도: 관찰자 탐색	청소년: 반응적 영역화	성년: 적극적 도시화	전문가: 영향 문명화
미션	청취	통합, 참여	행위, 제안	혁신, 추진, 전파
측정	미측정	원자료	KPIs	대시보드
도구	청취, 신선자료·주의	청취, 분석, 보고	360° 다채널	360° 브랜드 통합된 다채널
지지	개인	중간관리층	최고관리층	소셜미디어 지향 회사
전략	목표 없음	운영전술	특정전략	통합전략
예산	예산 없음	재배정 예산	특정 예산지원	특정 예산지원
인력	개별 집단	조직 책임	자율성	회사전반

자료: Jean-Marie Camiade, Mélanie Claisse, THE MATURITY MODEL SOCIAL MEDIA MARKETING (https://www.atinternet.com/).

3. 공공부문 소셜미디어 성숙도모형의 제안: be-SOCIAL모형

현재 한국 공공부문 조직의 소셜미디어 활용의 쟁점을 소셜미디어 성숙도모형과 통합하여 개발하고자 하는 목적에서 기준을 선정하여, 각 기준별로 발전단계를 포함시켜 통합 분석틀을 구성하고자 하였다. 선행 사례의 소셜미디어 성숙도모형에서 공통적으로 많이 활용되는 여섯 가지 기준으로 전략(Strategy), 조직(Organization), 문화/콘텐츠(Culture/Contents), 통합(Integration), 학습/분석(Acqaintance/Analysis), 법(Law)이다. 이러한 여섯 가지 기준의 영어 첫 알파벳을 연결하여 SOCIAL지표로 명명할 수 있다. SOCIAL지표로 구성된 성숙도모형을 be-SOCIAL모형으로 부르기로 한다.

또한 발전단계와 관련해서는 현재 공공기관을 포함한 공공부문의 경우 소셜미디어 활용의 분화정도와 발전정도가 활발하지 않기 때문에 시기 구분은 많은 수준으로, 정교하게 구성하는 것보다는 각 요소별로 3단계의 성숙 발전단계로 구성하고자 한다. 이러한 모형개발을 통해 구성된 공공부문의 소셜미디어 활용 평가를 위한 성숙도모형은 다음 표와 같다. 이러한 소셜미디어 성숙도모형은 일반적인 성숙도모형과 같이 현재 발전단계를 진단하고, 발전방안을 구체적으로 제안해주는 기능을 수행할 수 있다.

<표 5-4> 공공부문의 소셜미디어 활용 평가를 위한 성숙도모형

분야	태동기	성장기	발전기
전략(Strategy)	기관전체 홍보기능 중심 활용플랫폼 수 제한	부서별 고객관계 중심 활용플랫폼 수의 증가	부서별 맞춤 기능 활용플랫폼 수와 다양성 대폭 증가
조직(Organization)	기존 조직 활용	새로운 조직 구성	전 부서별 조직화 및 업무분장
콘텐츠(Contents)	기관대표 계정	부서별 계정	전 구성원 계정 활용
제도적 지원 (Institutionalizing)/ 통합(Integration)	제도적 지원의 취약 소셜미디어 활동과 웹활동의 분리	제도적 지원 증가 /소셜미디어 활동과 웹활동의 통합	제도화/ 일체화
교육(Acqaintance) 분석(Analysis)	얼리어댑터 교육 기초적인 자료/수동적 분석	수준, 역할별 맞춤교육 질적 자료의 수집/능동적 분석	조직전체 교육 통합자료 활용
법적 기반(Law)	사용자 가이드라인	소셜미디어 정책	소셜미디어 관련 법, 규정의 완비 (정보공개 및 공공기록 포함)

1) 전략

전략은 해당 정부조직이 소셜미디어를 활용하면서 갖게 되는 장기적인 비전과 계획을 의미한다. 장기적으로는 정부조직은 홍보, 커뮤니케이션, 마케팅 위주의 단일 기능에 초점을 두기 시작하여 소셜미디어의 특성을 최대한 살리기 위해 소셜미디어의 여러 기능을 활용한다. 기능이 다양화될수록 사용하는 플랫폼의 숫자도 증가한다. 전략과 관련해서는 소셜미디어의 활용기능 수와 활용플랫폼 수를 지표로 삼을 수 있다. 전략지표의 경우 소셜미디어를 성공적으로 활용하는 조직은 소셜미디어의 다양한 이점을 활용하기 위해 다양한 플랫폼을 사용한다는 것을 전제로 하는 것이다.

태동기	성장기	발전기
기관전체 홍보기능중심 활용플랫폼수 제한	부서별 고객관계중심 활용플랫폼수의 증가	부서별 맞춤 기능 활용플랫폼수와 다양성 대폭증가

2) 조직

소셜미디어와 관련된 업무를 수행하는 조직의 발전과 분화에 대한 것이 조직변수이다. 기존 조직을 통해서 업무를 수행하다가, 업무의 성과를 위해 소셜미디어 전담조직을 새로이 구성하고, 이렇게 구성한 후에 각 부서별로 소셜미디어 담당자까지 임명하는 단계로 진행한다. 조직과 관련해서는 소셜미디어 활용계정수와 하위조직의 수준을 지표로 하여 분석이 가능하다. 또한 운영방식과 관련해서는 소셜미디어에 대한 업무가 중요하다는 인식을 공유함으로써 외부위탁이나 복합운영을 거쳐 전담조직을 신설하게 된다는 가정모형을 전제하는 것이다. 발전기에는 이러한 전담조직을 중심으로 부서별 전담 운영자가 지정되어 조직 전체의 소셜미디어 거버넌스가 완성된다.

태동기	성장기	발전기
기존조직활용	새로운 전담조직 구성	전 부서별 조직화 및 업무분장

3) 문화/콘텐츠

소셜미디어를 도입하는 초기 단계에서는 기관 대표계정으로 활용한다. 점차 기관대표 계정의 역할과 기능에 한계를 느끼게 되고, 소셜미디어의 다양한 활용도를 인식하면서 좀 더 적극적으로 편익을 얻기 위해 각 부서별로 맞춤기능의 플랫폼을 선택하고, 부서별로 서로 다른 타겟의 고객을 위한 계정을 운영하게 된다. 따라서 소셜미디어 계정에서 만들어지는 콘텐츠도 더욱 다양해진다. 최종적으로는 조직구성원 전체가 소셜미디어 계정을 갖고 조직의 정보를 일관성 있게 신뢰감을 주면서 조직 내외부에 배포하는 방식으로 발전하는 시나리오를 상정한다. 대표계정의 공식성을 극복하고, 각 부서나 산하기관의 계정을 통해 다채널로 고객과 소통하고, 최종단계에서는 구성원 전체가 자율적으로 소셜미디어를 통해 콘텐츠를 형성하고 전달하는 역할을 수행하는 것이 소셜미디어의 성공적인 활용모습임을 전제하는 것이다.

태동기	성장기	발전기
기관대표 계정	부서별 계정	전 구성원 계정 활용

4) 제도적 지원과 통합

선행 소셜미디어 성숙도모형을 검토하면, 통합기준과 관련해서

세 가지 정도의 하위지표를 언급할 수 있다.

첫째는 기존의 홈페이지와의 연결되어야 한다. 웹1.0과 소셜웹(웹 2.0)의 차이는 공유와 연계의 편의성이다. 모든 페이지에서 단추 하나만 누르면 소셜미디어의 자신의 계정에 공유되어, 바로 게시된다. 이러한 편의성을 활용하는가의 여부에 따라 소셜미디어를 잘 활용하는가 아닌가를 판단할 수 있다는 것이다.

둘째, 다양한 소셜미디어 플랫폼에서 조직의 정체성을 통일성 있게 유지하는가도 매우 중요한 측면이다. 브랜드이미지의 통일성을 의미한다.

셋째, 발전된 단계에서 각 부서별, 하위기관별 계정을 운영하는 기관에서는 이들 기관과 부서의 다양한 소셜미디어 계정을 효과적으로 통합하는 소셜미디어 허브를 구성하여 운영하게 된다. 소셜미디어 허브는 소셜미디어센터 등으로 불려서 활용되기도 한다.

제도적 지원과 관련해서는 조직, 인사, 재정분야에서 소셜미디어 업무와 소셜미디어 활용의 활성화를 위해 예산의 추가배정, 혹은 전담조직의 신설, 직제개편과 인력증원 등의 지원이 얼마나 이루어지는가를 살펴보는 것으로 성숙도의 발전단계를 살펴볼 수 있다.

태동기	성장기	발전기
제도적 지원의 취약	제도적 지원 증가	제도화
소셜미디어 활동과 웹 활동의 분리	소셜미디어 활동과 웹 활동의 통합	일체화

5) 교육 및 분석

소셜미디어에 대한 관심과 사용범위의 확대에 따라 소셜미디어에 대한 교육과 학습의 주체와 대상, 그리고 내용이 달라진다.

교육의 대상과 관련해서는 도입기에는 소셜미디어 담당자와 관련 부서에 국한해서 교육이 이루어지며, 성장기에는 각 부서별 계정이 운용됨에 따라 각 부서별 담당자에 대한 교육이 진행된다. 성숙기에 들어서면 조직의 전 구성원에 대해 소셜미디어에 대한 교육이 이루 어지고, 조직전체에 소셜미디어에 대한 수용도가 극대화되고 조직전 반에서 소셜미디어를 적극 활용하는 단계로 진행한다.

교육의 방법론과 관련해서는 교육을 위한 다양한 안내서와 교재 의 형태로서 판별할 수 있다. 소셜미디어를 활발하게 활용하는 정부 기관들은 이를 위해 다양한 형식의 소셜미디어 안내서를 제작하여 배포하여, 소셜미디어의 수용성을 향상시키는 노력을 통해 문화적인 기반을 구축하고 있다.

분석과 관련해서는 소셜미디어에서 공유되는 다양한 정보에 대한 분석을 의미한다. 이러한 정보를 어떻게 분석하는가에 따라 소셜미 디어의 성과를 측정 분석하는 소극적인 목표를 달성하는 것으로부 터 시작한다. 소셜미디어의 성숙도가 증가하면, 좀 더 적극적으로 정책의 품질을 향상시키기 위해 소셜데이터, 빅데이터분석 등을 이 용해서 질적인 자료까지 분석하는 것이 가능해진다.

태동기	성장기	발전기
얼리어댑터 교육	수준, 역할별 맞춤교육	조직전체 교육
기초적인 자료/ 수동적 분석	질적 자료의 수집/능동적 분석	통합자료 활용

6) 법적 기반

소셜미디어는 긍정적인 측면과 부정적인 측면을 모두 지닌 양면 적인 특성이 있다(남기범, 서진완, 2012). 이 때문에 소셜미디어는 불로 비유되기도 하고, 칼로서 비유되기도 한다.

불은 효과적으로 사용하면, 요리를 하고 추위를 이겨내는 데 사용 할 수 있지만, 잘못 사용하면 화상을 입거나 재산을 태워버릴 수 있 다. 일본에서는 이 때문에 소셜미디어로 인해 발생된 위기를 염상 (炎上)이라고 부른다. 또한 소셜미디어는 '양날의 칼'로 비유되는데, 잘못 사용하면 칼에 베이고, 잘 사용하면 대상을 효과적으로 잘라낼 수 있기 때문이다. 소셜미디어도 잘 사용하면 정보를 쉽게 공유하고, 상호작용 비용을 줄여주며, 신뢰를 형성하게 된다. 그러나 소셜미디 어의 개방성과 확산성을 잘못 이해한다면 매우 곤란한 상황에 직면 하게 된다. 그러한 상황을 '소셜미디어 재앙(social media disaster)'이 라고 표현한다. 아무런 준비 없이 소셜미디어를 받아들이기 시작한 한국의 경우 중앙정부와 지방자치단체에서 유사한 사례가 발생하고 있다. 대덕구청장 비서의 대전시장에 대한 익명 비판 사례, 통상교 섭본부 트위터 계정의 막말 사례, 여성가족부 페이스북 계정의 대처 사례, 국방부 사병의 트윗과 국방부장관의 응대사례, 사법부 판사의 트윗과 관련한 논쟁사례, 현역 육군 대위의 트윗 사례 등이 사회의 물의를 일으킨 사례들이다(한국지역정보개발원, 2012). 이러한 사례를 미연에 방지하기 위해서는 소극적으로는 소셜미디어 사용자 가이드라인을 만들어 시행하는 것부터, 적극적으로는 소셜미디어 정책을 제정하는 대안을 고려할 수 있다. 더 나아가 정보화 기본계획의 작성에 포함시키는 것과 관련 조례와 규칙을 제정함으로써 실행력을 확보하는 것이 필요하다.

태동기	성장기	발전기
사용자 가이드라인	소셜미디어 정책	소셜미디어 관련 법, 규정의 완비 (정보공개 및 공공기록 포함)

4. be-SOCIAL모형의 적용: 국방관련 조직의 사례

1) 전체 현황

한국과 미국의 국방관련 정부조직의 소셜미디어 활용현황은 다음 <표 5-5>, <표 5-6>과 같다. 한국과 미국을 막론하고 대부분의 국방 관련 조직에서 소셜미디어를 활용하는 단계로 접어든 것으로 판단된다. 그러나 성숙도 면에서는 차이를 보인다. 전체현황을 보더라도 미국의 국방부가 활용도가 크며, 성숙도 수준도 전체적으로 높은 것으로 평가할 수 있다.

<표 5-5> 한국 국방관련 조직의 소셜미디어 현황(2013.10.20. 기준)

	트위터				페이스북		유튜브	
	계정	트윗	팔로잉	팔로워	계정 (개설일)	좋아요	계정 (개설일)	회원수
국방부	/rok_mnd	5455	29154	28056	/mndkor (2011.5.16)	32330	/rokmnd2020 (2010.04.15)	4085
육군	/ROK_Army	1639	9663	12137	/Daehanmin gugYuggun (2012.3.25)	13124	/2012KoreaArmy (2012.01.17)	2023
해군	/ROK_Navy	2717	11600	12081	/ilovenavy (2012.5.21)	14693	/MsRoknavy	532
공군	/afplay	1922	10855	12155	/rokafplay (2011.1.28)	34566	/rokafplay (2010.05.25)	9514
평균		2975	13971	16107		18312		3245

<표 5-6> 미국 국방관련 조직의 소셜미디어 현황(2013.10.20. 기준)

	트위터				페이스북		유튜브	
	계정	트윗	팔로잉	팔로워	계정 (개설일)	좋아요	계정 (개설일)	회원수
국방부	Dept of Defense	7059	724	314638	Dept of Defense (09.06.26)	270748	DODvClips (07.09.06)	6113
육군	US Army/	18643	224	341173	US army (09.01.08)	1979005	soldiersmedi acenter/ (07.02.20)	15325
해군	USNavy	14807	1169	215571	US Navy (09.04.23)	1032074	usnavy (06.03.12)	23318
공군	us air force	12836	587	180468	US airforce (09.06.22)	1312536	afbluetube	20344
		13336	676	262963		1148590		16275

2) 한미 국방조직의 소셜미디어 활용에 대한 변수별 비교

(1) 전략

소셜미디어 성숙도수준평가에서 전략변수와 관련해서는 소셜미디어의 활용기능수와 활용플랫폼수를 지표로 삼을 수 있다. 한국의 경우 홍보기능에 초점을 두고 소셜미디어 활용을 제한하는 경우에 포함되며, 미국의 경우는 홍보기능뿐만 아니라 충원, 업무수행, 위기커뮤니케이션, 교육, 정보와 자료공유 등의 다양한 기능을 수행하고 있다는 점에서 성숙도가 높다고 평가할 수 있다.

이와 관련하여 사용하는 소셜미디어 플랫폼수도 미국에 비해 한국은 적다. 미국의 경우 가장 많이 사용하는 소셜미디어인 페이스북과 트위터 외에도 다양한 소셜미디어를 활용하고 있다. 미국 국방부의 경우는 Flickr, 미국 육군의 사례는 Google+, Pinterest, Flickr, Slideshare.net, Vimeo 등을 활용한다. 미국 해군에서는 Google+, Pinterest, Flickr, Slideshare.net 계정을 활용한다. 미국 공군의 경우도 Flickr, Instagram을 활용하고 있다. 특별히 블로그의 경우는 제3자 회사의 사이트가 아닌 국방부 내부 호스트를 통해서 서비스를 하고 있다. 이러한 사례를 통해 내부용 소셜미디어 플랫폼을 통해 활용을 극대화할 가능성도 크다고 예측된다.

(2) 조직과 콘텐츠

분석대상 정부조직의 소셜미디어 전략은 미국의 경우는 기관대표 계정을 운영하는 것 이상으로는 진전되고 있는 반면에, 한국에서는 부처와 기관대표 계정 중심으로 운영되고 있는 실정이다. 미국의 육군의 경우 각 예하기관과 부대별로 소셜미디어 계정을 연결시켜 놓았는데, 이러한 수치가 기관대표 계정 중심 운영에서 탈피하고 있음을 보여주는 근거가 된다.

미국 공군의 경우는 운영 사이트별로 Facebook 462계정, Flickr 50계정, YouTube 103계정, Twitter 176계정, Blog 8계정 등 총 799계정을 연결시켜 활용도를 높이고 있다. 육군의 경우도 산하 기관과 부대가 운영하는 소셜미디어 계정을 계정운영 주체를 중심으로 지휘관(Leaders)/기지(Installations)/현역육군사단(Active Duty Army units)/육군예비사단(Army Reserve units)/육군국경방위사단(Army National Guard units)/충원(Recruiting)/가족(Family matters)/연합(Joint)/기타(Other)의 분류로 산하기관 및 부서별 계정에 직접 접근할 수 있게 운영하고 있음을 확인할 수 있다. 이를 통해 볼 때 미국의 조직은 2단계의 성숙도 수준을 보이고 있으며, 궁극적으로 1인 1계정의 성숙기를 발전모델로 발전을 진행시키고 있다. 반면에 한국의 국방조직은 각각의 부처와 기관대표 계정을 중심으로 운영하고 있는 1단계의 성숙도 수준을 보이고 있다.

더 나아가 미국 육군과 공군의 경우는 각 구성원이 가장 효과적인 메신저라고 인식하고, 이들을 활용하는 소셜미디어 전략을 구상하고 있다(US Army, 2013: 5). 국내외에 산재한 군인과 군인가족에 의해 군의 이야기가 전 국민에게 확산될 수 있다는 사실을 인정하고 있다. 개개 군인이 자신의 소셜미디어 계정에 글과 사진을 올릴 수 있게 하는 위험에 대해 미육군 온라인 소셜미디어 팀의 Chang 소령의 말이 의미가 있다. "총과 수류탄을 맡긴 병사들을 믿는다면, 페이스북에서 활동하는 병사들은 왜 믿지 못하는가?"[25]

(3) 통합 및 제도적 지원

통합의 기준과 관련해서는 기존 웹과의 연계성, 브랜드 통합, 소셜미디어허브의 세 가지 지표가 분석지표로 의미가 있다고 논의하였다.

첫 번째 기존 웹페이지와의 연계성 지표에서 보면 한국의 경우는 홈페이지에서 소셜미디어와의 연계가 형식적인 수준에 머무르고 있다. 국방부 홈페이지의 경우 페이스북과 트위터 최신 변화를 보여주고 있는 정도에 머무르고 있다. 반면 미국의 경우는 보다 다양한 연계방식을 활용하고 있다. <그림 5-1>은 미국 육군의 사례로서 기존 웹페이지와 소셜미디어를 연계시키는 요소가 다양하게 활용되고 있다.

두 번째 통합관련 기준은 브랜딩이다. 이는 대표계정에서 부서계정으로 확대하는 경우에 대표계정과 부서계정에서 동일한 브랜드 이미지의 통일성을 추구하는 것을 의미한다. 미국 육군의 경우 핸드북의 한 부분을 브랜딩으로 할애하고 있다(US army, 2013: 14). 또한 브랜딩과 관련한 별도의 사이트(www.usarmybrandportal.com/www.army.mil/create)도 개설해서 운영하고 있다. 이러한 측면에서 한국의 정부조직에서는 브랜드 이미지의 통합성이 이에 비해 낮은 수준으로 평가할 수 있다.

세 번째 기준은 소셜미디어 허브의 활용여부이다. 미국의 경우는 조직기준에서도 분석한 바와 같이 다양한 하위조직의 계정을 허브페이지를 통해 연결시키고 있음을 확인할 수 있다.[26]

---

25) http://www.wikitree.co.kr/main/news_view.php?id=59258

26) 미해군 소셜미디어 허브페이지 http://www.navy.mil/media/smd.asp

자료: http://www.dodlive.mil/

<그림 5-1> 미육군 블로그의 소셜미디어 연계요소

<그림 5-2>는 미국육군의 허브페이지에 하위기관이나 부서에서 소셜미디어 계정을 만들고 활용하는 경우에 이를 등록하는(submit a link) 화면이다. 이러한 등록은 육군 하위조직의 경우 의무적이며, 이러한 절차를 거쳐 앞서 언급한 분류대로 링크가 정리되어 제공된다. 이러한 허브는 우선 고객의 입장에서 관련 하위조직의 소셜미디어 계정을 쉽게 접근하게 해주며, 하위조직들은 다른 하위조직의 계정에 대해 비교와 학습을 하는 기회로서 활용할 수 있다는 점에서 순기능이 크다.

자료: http://www.army.mil/media/socialmedia/

<그림 5-2> 미국 육군의 소셜미디어 계정 입력화면

(4) 학습

소셜미디어를 조직에 도입하여 활성화시키기 위해서는 교육을 통해 문화기반을 확보하는 것이 중요하다. 한국의 경우는 「군장병을 위한 SNS(social networking service)활용 가이드라인」(국방부, 2012)을 발간하고, 「군 장병 SNS 활용 사례집」(국방부, 2013)을 이어 발행하여 교육교재로 사용하고 있으나, 교육대상을 세분화시켜서 차별적인 교육과 학습이 이루어지지는 않고 있다.

그러나 미국의 경우 다양한 교육을 위한 안내서가 준비되어 철저한 교육이 이루어지고 있다. 안내서를 통해 소셜미디어를 장려하는 대표적인 예는 미국 공군의 핸드북(US Air Force, 2009a; 2009b), 미국 해군(US Navy, 2010) 및 육군(US Army, 2011; 2012; 2013)의 핸드북 등이 있다. 이러한 안내서는 소셜미디어에 대한 기본적인 이해를 통해 소셜미디어를 좀 더 활발하게 사용하게 하는 데 도움을 주기 위해 다양한 소셜미디어와 각 소셜미디어를 활용하기 위해 필요한 법 등을 제공한다. 미국 공군의 경우 2009년 상반기에 만든 *New Media and The Air Force*를 같은 해 11월에 *Social Media and The Air Force*로 다시 출판하였는데, 이러한 변화는 소셜미디어와 관련한 변화가 얼마나 신속하게 이루어지고 있는가를 보여주는 것이다. 미군의 경우 2010년 소셜미디어 핸드북을 발간한 후에 매년 버전을 새로이 해 출간하고 있다. 해군과 육군의 경우도 소셜미디어 핸드북을 제공하고 있는데, 해군의 경우 지휘관을 대상으로 한 핸드북이어서 대상별로 맞춤 안내서를 제공한다는 점에서 시사하는 바가 크다.

교육대상에 있어서도 미국의 경우가 한국에 비해 포괄적인 범위를 교육대상으로 삼고 있다. 대상별로 필요한 내용을 준비하여 정보를 제공하고 있다. 한국의 경우 전군을 통괄하는 지침과 사례집으로 교육하고 있는 반면에 미국은 각 군별로 차별성 있는 교육을 실시하고 있으며, 각 군에서도 구성원의 분류를 통해 세부적인 내용을 교육교재를 통해 제공하고 있다. 미 육군의 경우 군인, 인사담당자, 지휘관 등의 지위별로 소셜미디어 가이드라인을 교육하고 있으며, 특별히 *Army Social Media Handbook*의 2013년 버전에서부터 이전 버전의 핸드북과는 다르게 군인가족에 대한 언급이 나오고 있다. 공군의 경우에도 2013년 군인 가족에 대한 소셜미디어 활용 가이드를 포함시키기 시작했다(Air Force, 2013: 5).

<그림 5-3> 미육군 슬라이드쉐어 계정 화면

　　군인 본인뿐만 아니라 군인 가족들도 소셜미디어상에서 위기를 초
래할 수 있다는 점에 인식하고 이들에 대한 교육을 실시하고 있다
(US Army, 2013: 5). 해군의 경우도 사병과 지휘관, 인사담당자 별로
가이드라인과 행동지침을 제공하고 있으며(US Navy, 2010: 4-6), 해
군 리더십을 위한 별도의 핸드북도 제공하고 있다(US Navy, 2013).
　　또한 염두에 두어야 할 사항은 소셜미디어에 대한 교육에 필요한
자료와 정보제공 또한 소셜미디어를 활용해서 이루어지고 있다는
점이다. 해군과 육군 모두 Sliceshare.net의 계정을 통해 다양한 교육
자료를 슬라이드와 전자문서형식(pdf)으로 제공하고 있다.27)

---

27)　미국 해군 슬라이드쉐어넷 계정 http://www.slideshare.net/USNavySocialMedia/
　　　미국 육군 슬라이드쉐어넷 계정 http://www.slideshare.net/USArmySocialMedia/

(5) 법적 기반

소셜미디어의 긍정적인 효과를 살리고, 부정적인 요소를 최소화하기 위해서는 소셜미디어 사용자 가이드라인을 만들어 시행하는 것부터, 좀 더 포괄적인 내용을 담아 소셜미디어 정책을 제정하는 대안을 고려할 수 있다. 소셜미디어 도입기에는 비용이 적게 드는 사용자 가이드라인부터 만들어 시행하는 시차전략을 실행하는 것은 매우 실용적이다. 사용자 가이드라인은 소극적으로는 소셜미디어 재앙을 예방하고, 적극적으로는 소셜미디어를 좀 더 효과적으로 활용할 수 있는 방법을 알려주는 목적(남기범, 2010a)을 갖는다. 공무원들이 소셜미디어를 적절하게 사용하는 것을 보장하기 위해 기관이 해야 할 일을 규정하기 위한 것(Arvada, 2009: 1)으로서 소셜미디어 정책은 사용자 가이드라인을 비롯해 좀 더 다양한 내용요소를 포함한다. 포괄적으로 구성요소를 분석한 결과 사용자 가이드라인을 비롯하여, 소셜미디어 담당 부서의 책임과 역할, 기관과 부서 담당자의 역할과 지침, 수용 가능한 사용, 콘텐츠의 요건, 보안과 위험관리, 기록보존의 구성요소가 소셜미디어 정책의 핵심요소로 분류되며, 여기에 포함되지 않는 기관과 부서의 소셜미디어 도입과정과 지침, 고객(참여시민)의 행동지침, 매체별 안내와 지침 및 유용한 자료와 링크 등의 요소가 포괄적인 소셜미디어 정책의 경계에 포함된다. 한국의 경우는 사용자 가이드라인 접근법의 초기수준의 성숙도를 보이고 있는 반면에 미국의 경우는 소셜미디어 정책의 단계로 볼 수 있다. 한국의 경우 2012년과 2013년에 발표된 「군장병을 위한 SNS (social networking service)활용 가이드라인」(국방부, 2012)과 「군 장병 SNS 활용 사례집」(국방부, 2013)은 개인의 소셜미디어 활용에 대한 가이드라인을 제공하는 단계로서 전형적인 가이드라인 접근법이라고 볼 수 있다. 반면에 미국의 경우는 하위조직의 소셜미디어 계정의 기획과 설정, 운영단계 등에 대한 정부조직의 소셜미디어 정책을 수립하는 단계로 한국에 비해 성숙한 소셜미디어 법적 기반을 갖추고 있다고 평가할 수 있다.

3) 종합분석과 수준평가

위의 기준별 분석내용을 요약하면 다음의 <표 5-7>과 같다. 전략, 조직, 통합, 학습, 법제도 등의 제 기준에서 한국은 태동기, 도입기의 성숙도를 보이고 있으며, 미국의 경우는 성장기에서 성숙기로 이행하는 것으로 평가할 수 있다. 이러한 평가를 통해 볼 때 한국의 정부조직은 태동기의 소셜미디어 성숙도 수준을 성장기의 성숙도 수준으로 발전시킬 방안을 제안할 수 있다.

<표 5-7> 한국과 미국 소셜미디어 성숙도모형을 통한 국방관련 조직 비교

비교기준	한국	미국
전략	홍보중심+타 기능 활용제한 소셜미디어 플랫폼 제한적	홍보+다른 기능 활용 다양한 소셜미디어 플랫폼 활용
조직	부처 대표계정	부처 대표계정+부서별 계정 +전 구성원 계정 활용지향
통합	브랜드 통합 미인식 웹과 연동성 빈약 소셜미디어 통합 허브부재	브랜드 통합지침 웹과 연동성 확보 소셜미디어 허브 구축운영
학습	교육내용과 방식의 미분화	대상별 온오프라인 교육 활성화-장교, 사병, 가족, 담당전문가
법적 기반	법적 기반 취약 소셜미디어 정책 부재	법적 기반 확립과정 소셜미디어 정책 수립 적용

4) 성숙도모형의 비교적용을 통한 발전전략

첫째, 전략과 관련해서는 소셜미디어의 기능과 사용플랫폼의 수로 분석하였다. 한국의 정부조직은 미국 정부조직에 비해 소셜미디어 기능이 홍보에 집중되어 있고, 사용플랫폼 수도 제한적이었다. 소셜미디어의 장점을 극대화하여 다양한 기능을 활용하고, 이를 위해 각기 다른 특징을 갖는 소셜미디어 플랫폼을 이용하는 대안이 강구되어야 한다.

둘째, 조직기준 면에서는 한국의 정부조직의 소셜미디어 활용수준이 시작단계이며, 기관대표 계정으로만 제한적으로 활용되고 있는 반면에 미국의 경우는 기관의 대표계정은 물론이고, 부서별 계정을 적극 활용하고 있으며, 구성원 각자를 효과적인 최선의 메신저로 인식하여 활용하는 방향으로 변화를 추구하고 있다. 한국의 정부조직도 향후 기관대표 계정에서 각 부서별 계정으로 확대 사용하는 것을 고려해야 할 것이다. 특히 대상이 분명한 업무를 수행하는 정부기관이나 부서는 별도의 계정을 운영하는 것이 소셜미디어의 친밀한 소통특성을 이용하여 긍정적인 효과를 가져올 것이다.

셋째, 통합기준과 관련해서는 소셜미디어와 기존 웹페이지를 분리해서 운영하는 관행이 일반적이었다. 각 홈페이지에서 소셜미디어를 쉽게 진행할 수 있도록, 소셜미디어 링크와 공유버튼을 배치하는 것이 필요하다. 다양한 하위조직의 소셜미디어 계정을 통합해서 보여주는 소셜미디어 허브도 필요하다. 그리고 다양한 계정과 홈페이지에서 공통적인 로고를 사용하는 등 소셜미디어 내의 통합 이미지 구축을 통해 철저하게 대응할 필요가 있다.

넷째, 학습의 측면에서 다양한 교육대상의 존재를 인정하고, 각 대상에 맞춘 교육내용을 마련하고 관련 정보를 제공해야 한다. 미국의 경우 군인가족을 대상으로 하는 소셜미디어 교육내용을 가이드에 담고 있는 점 등을 검토하여 수용하는 방안을 강구하는 것은 시급하다고 판단된다.

마지막으로 법적인 요소의 구비가 필요하다. 현재는 가장 비용이 적게 드는 방법으로 각 기관이 소셜미디어 사용자 가이드라인을 제정하는 소셜미디어 초기단계에 해당된다. 조직의 구성원이 소셜미디어상에서 위기를 만들지 않도록 유도하는 것이 필요하다. 이러한 최소한 노력과 더불어 포괄적인 제도적 기초인 소셜미디어 정책의 도입을 고려해야 한다. 소셜미디어 정책에는 다양한 요소를 포함시켜야 한다. 하위조직들이 소셜미디어 개정을 개설하게 되는 경우의 절차와 유의사항, 구성원의 소셜미디어 지침과 활용팁 등 좀 더 다차원적인 내용이 포함되어서 작성해야 한다.

제6장

정부 소셜미디어 성숙도 전개와 활용현황-한국의 지방자치단체 사례

1. 정부 소셜미디어 성숙도 현황분석의 목적과 방법

본 장에서는 2011년과 2015년 지역정보개발원에서 조사된 한국의 지방자치단체 소셜미디어 활용에 대한 조사결과를 중심으로 소셜미디어 성숙도의 변화와 현황을 분석하고, 한국의 정부조직과 공공기관 등 공공부문 조직에서 소셜미디어를 적극적으로 활용하기 위한 과제를 도출하고자 한다.

1) 분석의 목적

앞선 장에서 살펴보았듯이 매스미디어시대의 정보제공자와 정보사용자라는 일방향적인 정보나눔의 관계를 소셜미디어가 일반화되고 확산되면서 정보사용자가 정보제공자로 동일시될 수 있는 환경하에서 정치, 행정, 경제와 기업, 시민사회의 전 분야에서 변화가 일어나고 있음을 확인하였다. 정부에서도 그러한 흐름은 정보관련 커뮤니케이션뿐만 아니라 정책과정의 참여확대, 문제해결과 공공서비스 전달의 개선, 저비용의 국제적 커뮤니케이션과 협업, 조직 내외부의 정보공유와 협업, 시민의 아이디어 제공통로와 시민생산정보의 환류통로, 재난 시 위기관리 수단 등의 분야에서 활용 가능함을 살펴보았다. 그리고 다양하게 정부 및 공공기관 등의 공공부문 조직에서 활용하기 위해서는 소셜미디어를 활용하기 위해서 전략, 조직, 콘텐츠, 제도와 통합, 교육과 분석(지식), 법적 기반 등의 여러 차원에서 발전을 이루어야 한다는 의미에서 소셜미디어 성숙도모형을 제시하였다. 본 장에서는 이러한 소셜미디어 성숙도모형을 분석틀로 2011년과 2015년 기간 동안의 한국의 정부 소셜미디어의 활용수준을 평가하고, 발전과정을 분석하고자 한다. 이러한 분석을 통해 정부 소셜미디어의 현황에 대해 정확히 인지하고, 향후 정부 소셜미디어 활용의 단계별 발전을 위한 방향과 전략을 제시하고자 한다.

2) 연구방법

연구방법은 2011년과 2015년의 설문조사 결과를 대상으로 성숙도모형에서 제시하고 있는 분석기준을 연구문제화하여 비교분석하였다.

2011년에는 「지방자치단체 소셜미디어 활용방안 연구」를 위해 광역자치단체 10개, 75개 기초자치단체의 모두 85개의 지방자치단체를 대상으로 조사하였으며, 2015년에는 「지방자치단체의 소셜미디어 활용 현황과 향후 발전방안」 연구를 위해 115개 지방자치단체를 대상[28)]으로 조사하였다. 광역자치단체 17개, 기초자치단체 98개 기관이었다. 소셜미디어 성숙도변화는 앞에서 설정했던 여섯 가지 성숙도 차원과 관련된 변수별로 2011년과 2015년간의 차이와 변화방향을 비교하였다.

3) 분석틀

성숙도와 관련된 연구문제와 분석틀을 설정하면 다음과 같다.

<표 6-1> 소셜미디어 성숙도와 관련한 연구문제와 변수

분야	연구문제	변수
전략(Strategy)	소셜미디어를 활용의 범위는 어느 정도인가?	활용플랫폼의 수
	소셜미디어를 활용해서 달성하고자 하는 기능은 다양한가?	소셜미디어의 운영목적 수
조직(Organization)	소셜미디어의 운영 조직은 갖추어져 있는가?	기존조직, 신규 전담조직, 부서별
콘텐츠(Contents)	콘텐츠를 생성하는 주체는 확장되었는가?	대표계정, 부서별 계정, 전 구성원 계정활용
제도적 지원 (Institutionalizing)/ 통합(Integration)	소셜미디어를 내재화하기 위한 제도적 지원은 확립되어 있는가?	제도적 지원과 제도화 수준
	소셜미디어활동의 웹활동과 통합되어 있는가?	소셜미디어활동과 웹활동의 통합
교육(Acqaintance) 분석(Analysis)	소셜미디어 활성화를 위해 조직 전반의 인식이 공유되어 있는가?	교육의 범위와 회수
	소셜미디어 성과에 대한 분석과 소셜 데이터 분석은 활발하게 수행되고 있는가?	소셜 데이터 분석 활용 정도
법적 기반(Law)	소셜미디어 활성화를 위한 법적 인프라는 잘 구축되어 있는가?	범정부적 사용자 지침, 활용기관의 맞춤 지침과 소셜미디어 정책, 소셜미디어 관련 법규의 완비

---

28) 광역자치단체 17개, 기초자치단체 98개 기관으로 모두 115개 지방자치단체의 담당자가 조사에 응답하였다.

2. 정부 소셜미디어 성숙도 현황분석

1) 소셜미디어 활용 전략

소셜미디어를 활용하는 전략차원의 성숙도는 '소셜미디어를 활용해서 달성하고자 하는 기능은 다양한가?', '소셜미디어 활용의 범위는 어느 정도인가?'의 연구문제를 소셜미디어의 수행기능 수와 활용 플랫폼 수를 기준으로 분석 비교하고자 한다.

<표 6-2> 소셜미디어 활용전략의 연구문제와 변수

분야	연구문제	변수
전략(Strategy)	소셜미디어를 활용의 범위는 어느 정도인가?	활용플랫폼의 수
	소셜미디어를 활용해서 달성하고자 하는 기능은 다양한가?	소셜미디어의 운영목적 수

(1) 소셜미디어의 활용플랫폼

소셜미디어를 통해 달성하고자 하는 기능을 알아보기 전에 얼마나 많은 기관이 소셜미디어를 활용하고 있는지를 살펴볼 필요가 있다. 소셜미디어를 운영하고 있는 기관수는 2011년 약 85% 수준에서 2015년 97.4%로 거의 모든 지방정부에서 소셜미디어를 활용하는 것으로 나타났다.

<표 6-3> 소셜미디어의 운영여부

운영여부	2011	2015
운영하고 있다	72(84.7%)	112(97.4%)
운영하지 않다	13(15.3%)	3(2.6%)
합계	95(100%)	115(100%)

2011년에는 소셜미디어 플랫폼을 사용하고 있는 자치단체가 가장 많이 활용한 플랫폼은 트위터였다. 사용기관 72개 중의 대부분이 트위터를 사용하였다. 기타를 제외하고 모두 7가지의 플랫폼이 사용된 것으로 나타났다.

<표 6-4> 소셜미디어 플랫폼 활용도(2011년)

플랫폼	기관수
트위터	70(97.2%)
블로그	38(52.8%)
페이스북	31(43.1%)
미투데이	5(7.04%)
유튜브	5(7.04%)
싸이월드	1(1.4%)
요즘	1(1.4%)
기타	1(1.4%)
합계	152
기관당 플랫폼 수	2.1

반면에 2015년에는 가장 많은 기관이 페이스북을 활용하고 있었으며, 전체 활용플랫폼 수는 모두 10개로 다양성이 증가한 것으로 나타났다. 그러나 기관당 소셜미디어 활용플랫폼 수는 2개 내외에서

큰 변화는 없는 것으로 나타났다. 2011년에 사용되었던 사이월드나 요즘은 사용플랫폼 목록에서 사라진 반면에 그 자리를 카카오스토리, 인스타그램, 네이버밴드, 카카오플러스 친구, 웨이보, 직원 내부 SNS 등의 새로운 플랫폼이 차지하였다. 소셜미디어 생태계가 이전의 매스미디어 시대와는 매우 다르며, 빠르게 사용자의 수요를 반영하여 변화하는 것을 확인할 수 있다. 웨이보는 주로 중국에서 사용되는 마이크로 블로그임을 생각할 때, 소셜미디어의 국제적인 활용이 점차 활발하게 시도되는 것으로 볼 수 있다. 또한 내부직원 SNS 플랫폼이 소수이긴 하지만 시도하고 있는 기관이 있다고 보고된 것은 정부기관 내부의 정보교환과 협업이 시도되는 것으로 이해할 수 있다. 따라서 활발하지는 않지만, 다양한 소셜미디어 기능이 활용되고 있음을 예시하는 것으로 해석해도 무방할 것이며 향후 그러한 다양한 소셜플랫폼의 활용정도는 증가할 것으로 예상할 수 있다.

<표 6-5> 소셜미디어 플랫폼 활용도(2015년)

채널	빈도
페이스북	99(88.4%)
블로그	54(48.2%)
트위터	42(37.5%)
카카오스토리	23(20.5%)
유튜브	5(4.5%)
인스타그램	2(1.8%)
네이버밴드	1(0.9%)
카카오톡 플러스친구	1(0.9%)
웨이보	1(0.9%)
내부직원 전용 SNS	1(0.9%)
합계	229
기관당 플랫폼 수	2.04

(2) 소셜미디어의 활용 목적

소셜미디어의 달성기능 수는 플랫폼별로 설문하였는데 결과를 보면 기능의 다양성이 대폭 증가한 것을 알 수 있다.

지방자치단체에서 왜 소셜미디어를 활용하는지 그 운영목적을 살펴보았다. 2011년에는 홍보형 119건, 정보제공형 110건, 대화형 56건 등의 커뮤니케이션의 목적에 많이 집중하고 있다. 민원처리용은 20건의 사례만이 보고되었다. 홍보와 커뮤니케이션 목적에 집중하는 경향이 강하다.

<표 6-6> 소셜미디어 운영목적(2011년)

소셜미디어 채널명	운 영 목 적			
	홍보용	정보제공형	대화형	민원처리용
트위터	59	50	30	14
페이스북	25	26	16	4
유튜브	5	4	0	1
블로그	29	29	10	1
기타	1	1		

2015년에는 소셜미디어 채널에 상관없이 홍보용과 정보제공용으로 가장 많이 활용하고 있는 것으로 나타났다. 하지만 2011년에 비해 소셜미디어를 단순히 홍보 및 정보제공 차원이 아니라 민원처리는 물론 내부 협업이나 외부 의견교환용으로까지 확대해서 사용하고 있는 기관이 많아진 것을 분석할 수 있다.

그러나 전반적인 성숙도 수준을 평가하는 경우 아직도 내부협업용, 외부의견교환용이나 민원처리용의 활용목적은 적은 수준으로 판단할 수 있다.

<표 6-7> 소셜미디어 운영목적(2015년)

| 소셜미디어 채널명 | 운 영 목 적 | | | | 민원처리용 |
| | 일방향 | | 쌍방향 | | |
	홍보용	정보제공형	내부 협업용	외부 의견교환용	
블로그	61	61	2	15	4
페이스북	86	63	4	41	16
트위터	77	59	2	27	14
유튜브	28	14	1	4	1
기타	14	14	0	9	3
	266	211	9	96	38

2011년 설문분석 결과, 지방자치단체에서 소셜미디어의 활용을 통해 달성하고자 하는 목적으로는 각종 시책의 효과적인 홍보가 가장 많았으며, 다음으로는 지역주민들과의 소통과 지역주민들의 다양한 의견수렴을 위한 것으로 나타났다.

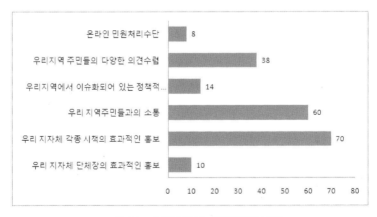

<그림 6-1> 소셜미디어의 활용목적(2011년)

2015년 설문조사에서는 사전조사를 통해 더 많은 활용목적을 추가하여 조사하였다. 지역소득 창출을 위한 마케팅, 특수행사(국제행사 포함) 시 일시적 운영, 해외홍보(외국인 관광객 대상), 소셜 데이터 분석, 출향민 및 재외농포 연계, 부서 간 협업, 국제협력(자매도시 등) 등의 목적이 추가되었다.

분석결과, 지방자치단체의 소셜미디어 활용 목적에 대해 살펴보면, 많은 지방자치단체에서 각종 시책을 효과적으로 홍보하고 지역주민들과의 원활한 소통을 하기 위해 소셜미디어를 활용하는 것으로 나타났다. 이를 통해 볼 때, 지방자치단체의 소셜미디어 도입 초기와 다름없이 2015년에도 지방자치단체에서는 각종 시책을 홍보하고 지역주민들과 소통하면서 다양한 의견을 수렴하는 목적으로 소셜미디어를 활용하고 있음을 알 수 있다.

<표 6-8> 소셜미디어의 활용목적(2015년)

구분	빈도
지자체 각종 시책의 효과적인 홍보	105
지역 주민들과의 소통	100
지역 주민들의 다양한 의견수렴(정책 아이디어 포함)	51
재난·재해 대응 예방 및 전파용	49
지역에 이슈화되어 있는 정책적 문제에 대한 설명 수단	39
지역 소득 창출을 위한 마케팅	33
온라인 민원처리 수단	30
지자체 단체장의 효과적인 홍보	25
특수행사(국제행사 포함) 시 일시적 운영	20
해외홍보(외국인 관광객 대상)	19
소셜 데이터 분석	13
출향민 및 재외동포 연계	8
부서 간 협업	5
국제협력(자매도시 등)	4
기타	1

다음으로 재난과 재해를 예방하고 대응 및 전파하기 위한 목적으로도 소셜미디어를 활용하고 있는 것으로 나타났으며, 지역 주민들의 다양한 의견을 수렴하고 이슈를 설명하는 수단으로 활용하는 것은 물론 소득 창출을 위한 마케팅 수단으로도 활용하는 것으로 나타났다.

이외에도 온라인 민원처리, 단체장 홍보, 특수행사 시 일시적 운영, 외국인 관광객을 대상으로 한 해외홍보, 소셜 데이터 분석 등 다양한 목적으로 소셜미디어를 활용하는 것으로 나타났다.

(3) 소셜미디어의 주요 타깃대상

2011년의 조사결과 지역에 관계없이 소셜미디어에 익숙한 불특정 다수를 대상으로 하고 있는 경우가 가장 많았으며, 다음으로는 지역 주민 전체를 대상으로 한다는 답변이 많아 의외로 소셜미디어에 익숙한 젊은 층을 겨냥하여 소셜미디어를 활용하는 것은 아닌 것으로 해석할 수 있다.

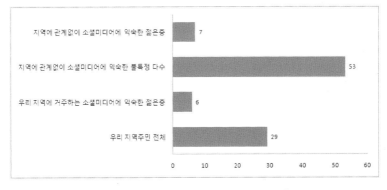

<그림 6-2> 소셜미디어의 주요 대상(2011년)

소셜미디어를 활용하여 목적을 달성하고자 하는 주요 대상에 대해 2015년 설문분석 결과도 동일하게 나타났다. 소셜미디어를 활용하여 목적을 달성하고자 하는 주요 대상은 소셜미디어 채널과 크게 관련이 없었다. 전반적으로 지역에 관계없이 소셜미디어에 익숙한 불특정 다수를 대상으로 하고 있는 경우가 가장 많았으며, 다음으로는 지역주민 전체를 대상으로 한다는 답변이 많은 것으로 나타났다. 소셜미디어에 익숙한 불특정 다수를 대상으로 하는 것은 아직은 주로 홍보기능에 주력하는 경향이 일반적인 것이 이러한 현상의 원인으로 판단된다. 지역 주민이나 지역의 특정한 대상에 맞춘 소셜미디어 서비스가 제공되는 것은 제한적으로 보인다.

<표 6-9> 소셜미디어 채널별 주요 대상(2015년)

구분	블로그	페이스북	트위터	유튜브	합계
지역 주민 전체	24	28	26	6	84
지역에 거주하는 소셜미디어에 익숙한 젊은층	1	3	3	1	8
지역에 관계없이 소셜미디어에 익숙한 불특정 다수	54	63	63	29	209
지역에 관계없이 소셜미디어에 익숙한 젊은층	4	7	4	1	16

2) 소셜미디어 활용을 위한 조직

소셜미디어를 활용하는 조직차원의 성숙도는 '소셜미디어의 운영조직은 갖추어져 있는가'의 연구문제를 기존조직을 활용하는가, 신규전담조직을 활용하는가의 기준으로 분석 비교하였다. 소셜미디어의 다양한 목적을 달성하고, 다양한 대상에 대해 맞춤의 서비스와 정보를 제공하기 위해서는 기존의 조직틀 안에서보다는 새로운 전담조직이 적합하기 때문이다.

<표 6-10> 소셜미디어 운영조직의 연구문제와 변수

분야	연구문제	변수
조직(Organization)	소셜미디어의 운영조직은 갖추어져 있는가?	기존조직, 신규 전담조직

소셜미디어의 운영 및 관리주체를 보면, 응답한 70개 기관을 대상으로 소셜미디어 채널별로 약간의 차이를 보이고 있다.

<표 6-11> 소셜미디어 운영조직(2011년)

소셜미디어 채널명	운영 및 관리주체			
	자체전담조직	기존조직	위탁운영	기타
트위터	19	45	3	2
페이스북	10	18	1	1
유튜브	2	4		
블로그	8	19	6	3

구분	빈도	퍼센트	유효 퍼센트	누적퍼센트
자체전담조직	15	17.6	21.4	21.4
기존조직	40	47.1	57.1	78.6
위탁운영	3	3.5	4.3	82.9
복합적으로 운영	12	14.1	17.1	100.0
합계	70	82.4	100.0	

대부분의 기관에서 기존조직을 통해 트위터, 페이스북, 유튜브, 블로그 등을 운영하고 있으며, 트위터의 경우 19개 기관, 페이스북은 10개, 그리고 유튜브와 블로그는 각각 2개와 8개 기관에서 자체적으

로 소셜미디어 활용을 위한 전담조직을 따로 만들어 운영하고 있는 것으로 나타났다. 또한 주목할 사실은 3개의 기관에서 트위터를 외부에 위탁하여 운영하고 있으며, 1개 기관은 페이스북을, 그리고 6개 기관에서 블로그를 외부에 위탁하여 운영하고 있다는 점이다.

전반적으로 볼 때 기존조직을 활용하여 운영한 사례가 6할에 가깝고, 전담조직을 통해 운영한 사례가 2할 정도이어서 운영조직차원에서 성숙도는 낮은 수준으로 평가할 수 있다.

<표 6-12> 소셜미디어 운영조직(2015년)

소셜미디어 채널명	운영주체			
	신규 전담조직	기존조직	위탁운영	복합 (내부+외부)
블로그	7	42	18	17
페이스북	11	73	11	12
트위터	11	68	11	8
유튜브	7	20	2	5
기타	7	10	3	1
합계	43	213	45	43
비율	12.5	62.0	13.1	12.5

2015년의 경우 소셜미디어의 운영 및 관리주체를 보면, 응답한 115개 기관을 대상으로 소셜미디어 채널별로 약간의 차이를 보이고 있다. 대부분의 기관에서 기존조직을 통해 페이스북, 트위터, 블로그, 유튜브 등을 운영하고 있으며, 페이스북과 트위터의 경우에는 각각 11개 기관, 그리고 블로그와 유튜브는 각각 7개 기관에서 자체적으로 소셜미디어 활용을 위한 신규 전담조직을 별도로 만들어 운영하고 있는 것으로 나타났다. 그리고 18개의 기관에서 블로그를 외

부에 위탁하여 운영하고 있으며, 페이스북과 트위터는 각각 11개 기관에서 외부에 위탁하여 운영하고 있는 것으로 나타났다. 또한 주목할 사실은 블로그는 17개 기관, 페이스북과 트위터는 각 12개 기관과 8개 기관에서 내·외부가 복합적으로 운영하고 있는 것으로 나타났다. 기존조직에 대한 의존은 여전한 데 비해, 신규조직보다는 외부 위탁운영을 통해 소셜미디어 서비스를 제공하는 경향이 나타나고 있는 것으로 판단된다. 2011년, 2015년 모두 전담조직의 신설에는 소극적으로 나타나 성숙도 면에서 도입기 수준에 남아 있는 것으로 판단된다.

3) 소셜미디어 콘텐츠 차원

소셜미디어 콘텐츠 차원의 성숙도는 '콘텐츠를 생성하는 주체는 확장되었는가?'를 기준으로 운용계정의 범위를 분석 비교하였다. 운용계정이 초기에는 기관대표 계정만 운영하다가, 점차 부서별 혹은 분야별 계정을 대표계정 외의 공식계정으로 인식해서 다양한 채널을 운영하는 단계로 진행한다. 최종적으로는 정부기관 구성원 전체가 정부기관의 정보를 고객과 시민에게 적극적으로 제공하고, 대화하는 시기까지 진행하게 된다.

<표 6-13> 소셜미디어 콘텐츠 관련 연구문제와 변수

분야	연구문제	변수
콘텐츠(Contents)	콘텐츠를 생성하는 주체는 확장되었는가?	대표계정, 부서별 계정, 전 구성원 계정 활용

2011년의 소셜미디어 운영 및 관리방식을 보면, 69.4%인 59개 기관에서 기관 대표계정을 운영하고 있으며, 나머지 18.1%인 13개 기관은 기관대표 소셜미디어뿐만 아니라 부서별 혹은 개인별로 다양하게 활용하고 있는 것으로 나타났다.

<표 6-14> 소셜미디어 콘텐츠의 다양화 수준(2011년)

소셜미디어 채널명	운영 및 관리주체		
	기관 대표 소셜미디어	부서별 대표 소셜미디어	개인별 소셜미디어
트위터	65	3	
페이스북	30	1	1
유튜브	5	1	6
블로그	33	3	1
기타	3		

구분	빈도	퍼센트	유효퍼센트	누적포센트
기관 대표 소셜미디어	59	69.4	81.9	81.9
복합적으로 운영	13	15.3	18.1	100.0
합계	72	84.7	100.0	

소셜미디어 채널별로 보면, 부서별 수준으로 소셜미디어를 활용하는 경우가 트위터와 블로그는 각각 3개 기관, 페이스북과 유튜브는 각각 1개 기관으로 나타났으며, 페이스북, 유튜브, 블로그 등에서 개인별 수준으로 활용하고 있는 것으로 나타났다. 그러나 개인별 수준에서 활용하고 있다고 응답한 경우를 보면 개인별 소셜미디어가 해당 공공기관의 특성을 반영하고 있는지에 대한 확인이 필요한 것으로 보인다. 2011년의 경우 지방자치단체에서 기관대표 소셜미디어의 콘텐츠에서 부서별로 소셜미디어 콘텐츠를 생산하고 제공하는

단계로 진행하고 있음을 보여주고 있다는 점에서 의미를 부여할 수 있다.

<표 6-15> 소셜미디어 콘텐츠의 다양화 수준(2015년)

소셜미디어 채널명	기관 대표 소셜미디어	부서별 대표 소셜미디어	개인별 소셜미디어	
			기관장	직원
블로그	80	6	12	9
페이스북	102	12	25	17
트위터	94	9	11	11
유튜브	34	2	3	2
기타	20	3	3	3

2015년의 경우, 소셜미디어 채널별로 기관대표 소셜미디어의 활용이 가장 많은 것으로 나타났으며 부서별 수준으로 소셜미디어를 활용하는 경우가 페이스북은 12개 기관, 트위터와 블로그는 각각 9개 기관과 6개 기관인 것으로 나타났다. 그리고 페이스북, 트위터, 블로그, 유튜브 등에서 기관장이나 직원 개인 차원의 개인별 수준으로 활용하고 있는 것으로 나타났다. 그러나 개인별 수준에서 활용하고 있다고 응답한 경우를 보면 개인별 소셜미디어가 해당 공공기관의 특성을 반영하고 있는지에 대한 확인이 필요한 것으로 보인다. 여기서는 현재 지방자치단체에서 기관대표 소셜미디어를 활용하는 수준에서 부서별로 소셜미디어뿐만 아니라 개인별 소셜미디어의 활용을 권장하고 있는 단계를 보여주고 있다는 점에서 의미를 부여할 수 있다.

4) 소셜미디어 활용을 위한 제도적 지원·통합차원

소셜미디어 활용을 위한 제도적 지원·통합차원의 성숙도는 '소셜미디어를 내재화하기 위한 제도적 지원은 확립되어 있는가', '소셜미디어 활동의 웹활동과 통합되어 있는가'를 기준으로 제도적 지원수준과 웹활동과의 통합성을 중심으로 분석하였다. 제도적 지원과 통합부문 성숙도는 각 지방자치단체에서 소셜미디어를 활용하기 위한 제도적인 지원을 얼마나 활발하게 하고 있는가를 묻는 문항과 자치단체 소셜미디어 계정을 통합 운영하는 센터나 허브를 구축하였는가의 여부를 묻는 문항을 활용하였다. 통합 센터나 허브 형태로 운영하고, 예산추가 배정, 조직신설, 직제개편, 인력충원의 제도화 수준을 분석하였다.

<표 6-16> 소셜미디어 활용을 위한 제도적 지원 통합차원관련 연구문제와 변수

분야	연구문제	변수
제도적 지원 (Institutionalizing)/ 통합(Integration)	소셜미디어를 내재화하기 위한 제도적 지원은 확립되어 있는가?	제도적 지원 수준
	소셜미디어활동의 웹활동과 통합되어 있는가?	소셜미디어 활동과 웹활동의 통합

소셜미디어를 운영하는 112개 기관에서도 기존 홈페이지에 소셜미디어를 센터(경기도의 [소셜 허브], 서울시의 [소셜미디어 센터] 등) 형태로 통합하여 운영하고 있는지의 여부를 알아본 결과, 13.9%인 16개 기관에서는 통합하여 운영하고 있는 반면, 80.9%인 93개 기관에서는 기존 홈페이지와 별도로 소셜미디어를 운영하고 있음을 알 수 있다.

<표 6-17> 소셜미디어 통합운영 여부

운영방식	빈도
통합운영	16(13.9%)
개별운영	93(80.9%)
미운영	3(2.6%)
합계	112(100%)

<표 6-18> 소셜미디어 활성화 관련 제도적 지원 여부(2015년)

제도적 지원내용	있다	없다
예산 추가 배정	29	66
인력 충원	23	72
조직 신설	17	73
직제 개편	7	77
합계	76	288

2015년 조사의 경우 소셜미디어 활성화를 위해 예산을 추가로 배정받은 지방자치단체가 가장 많은 것으로 나타났으며 다음으로 인력 충원, 조직 신설, 직제 개편 순으로 제도적 지원을 받은 것으로 나타났다.

그러나 소셜미디어를 활용하고 있는 분석 대상기관 112개 기관 대부분이 예산, 조직, 인력 등의 제도적인 지원이 전혀 없는 것으로 나타났다. 제도적 지원과 통합부문 성숙도는 각 지방자치단체에서 소셜미디어를 활용하기 위한 제도적인 지원을 얼마나 활발하게 하고 있는가를 측정하였는데, 분석결과 제도적 지원이 활발한 지방자치단체보다는 미온적이거나 중립적인 지방자치단체가 많았다.

제도적 지원과 더불어 기존 웹페이지와의 연동과 통합성에 대한 분석의 일부로 통합 소셜미디어 센터나 허브를 제공하는가를 함께 측정하였는데, 제도적 지원과 유사한 결과를 보였다.

5) 소셜미디어 활용을 위한 교육·분석차원

소셜미디어 활용을 위한 교육·분석차원의 성숙도는 '소셜미디어 활성화를 위해 조직전반의 인식이 공유되어 있는가'와 '소셜미디어 성과에 대한 분석과 소셜 데이터 분석은 활발하게 수행되고 있는가' 를 기준으로 교육의 범위와 소셜미디어 성과분석과 모니터링 실시 여부를 분석 비교하였다. 소셜미디어 활용주체가 많아지고 다양화하면 생산, 제공되는 콘텐츠도 다양화되고, 다양한 사람과 집단을 대상으로 다양한 목적을 달성하는 데 소셜미디어를 활용할 수 있을 것이라는 전제에 근거한 것이다. 운용계정이 초기에는 기관대표 계정만 운영하다가, 점차 부서별 혹은 분야별 계정을 대표계정 외의 공식계정으로 인식해서 다양한 채널을 운영하는 단계로 진행한다. 최종적으로는 정부기관 구성원 전체가 정부기관의 정보를 고객과 시민에게 적극적으로 제공하고, 대화하는 상황까지 성숙하게 된다.

<표 6-19> 소셜미디어 콘텐츠 관련 연구문제와 변수

분야	연구문제	변수
교육(Acqaintance) 분석(Analysis)	소셜미디어 활성화를 위해 조직전반의 인식이 공유되어 있는가?	교육의 범위
	소셜미디어 성과에 대한 분석과 소셜 데이터 분석은 활발하게 수행되고 있는가?	소셜미디어 성과분석, 소셜 데이터 분석 활용 정도

(1) 소셜미디어 교육

2011년 설문분석 결과, 소셜미디어 담당부서의 구성원, 혹은 소셜미디어 담당자에 대한 교육이 전혀 없는 경우가 절반(55.6%)이 넘는 것으로 나타났다.

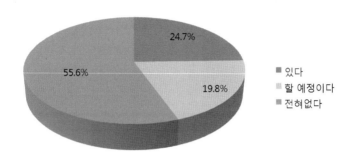

24.7%

55.6%

19.8%

■ 있다
▨ 할 예정이다
■ 전혀없다

<그림 6-3> 소셜미디어 담당 공무원 대상 교육 여부(2011년)

<표 6-20> 소셜미디어 활성화 관련 교육(2015년)

구 분	있다	할 예정	전혀 없다
소셜미디어 담당 직원 대상 내·외부 교육	40	27	42
조직구성원 대상 소셜미디어 사용자 지침 및 활용에 관한 교육	30	28	50
소셜미디어 활용 시 발생 가능한 프라이버시 및 데이터 보안상의 문제에 대한 교육	23	27	59
합계	93	82	151

2015년 현재에도 소셜미디어에 대한 교육은 미미한 실정이다. 또한 부서별 소셜미디어 계정을 확대 운영하는 경우를 생각한다면 각 부서별 소셜미디어 담당자에 대한 교육이 필요하며 각각의 대상별로 교육수요를 파악하여, 맞춤형의 교육이 이루어져야 할 것이다.

<표 6-21> 소셜미디어 활성화 방안(2015년)

구분	빈도
내부 직원을 대상으로 한 권장 및 독려, 교육 등 진행	68
시민 서포터즈 활용	56
지역 주민을 대상으로 한 이벤트 실시	49
소셜미디어 담당자 교육	45
시민 대상 소셜미디어 교육(예: 경기도 소셜미디어 전문가 이해과정)	21
소셜 전용 마스코트(예: 고양시의 '고양', 부천시의 '핸썹' 등)	15
홍보대사 활용	12
브랜드 통합(예: 서울시 응답소, 대구 톡톡 등)	7

그러나 소셜미디어 활용의 활성화를 위한 방안으로 선택한 대안 중에 교육과 관련한 대안이 많은 빈도를 차지한 것으로 보면 이 교육차원에서의 성숙도는 크게 개선될 것으로 예측된다. 내부직원들에 대한 인식개선과 활용교육, 소셜미디어 담당공무원 교육과 더불어 시민대상 교육까지 시행하고 있어 향후 소셜미디어의 조직내부 활용도를 제고하기 위해서는 간부급인 국실장을 대상으로 한 교육의 실시에 대해서 적극적으로 고려해야 한다.

(2) 소셜미디어 성과분석

2015년 설문분석 결과, 소셜미디어 평가체계에 대해 소셜미디어를 활용하고 있는 분석 대상기관 112개 기관 중 88개 기관에서 소셜미디어 이용자들의 의견을 상시적으로 모니터링하고 있는 것으로 나타났으며, 66개 기관에서는 모니터링 결과를 소셜미디어 개선에 활용하고 있는 것으로 나타났다. 그러나 소셜미디어 활용과 관련한 평가위원회나 자문위원회 등과 같은 제도적인 장치는 대부분 마련되어 있지 않은 것으로 나타났다.

<표 6-22> 소셜미디어 평가 관련 체계(2015년)

구분	있다	없다
소셜미디어 이용자 의견 상시 모니터링 여부	88	23
모니터링 결과의 소셜미디어 개선 활용 여부	66	44
제도적 장치(평가위원회, 자문위원회 등) 여부	6	103

2011년 설문분석 결과, 소셜미디어에 대한 분석 및 평가에 대해 계획이 전혀 없다는 지방자치단체가 60% 이상으로 많은 비율을 차지하고 있다. 이는 소셜미디어의 장점 중 하나인 실시간 모니터링을 통해 그 결과를 측정하고, 이를 소셜미디어 개선에 활용하는 체계가 아직 많이 부족하다는 것을 단적으로 보여주는 것이다. 또한 향후 평가위원회와 자문위원회와 같은 제도적인 장치를 마련하여 소셜미디어의 활용을 보다 효율적으로 지원하고 관리할 필요가 있다.

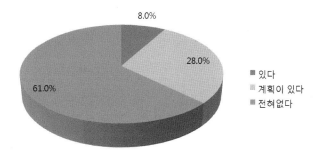

<그림 6-4> 소셜미디어 운영에 대한 분석 및 평가 여부(2011년)

6) 소셜미디어 활용을 위한 법적 기반

소셜미디어 활용을 위한 법적 기반차원의 성숙도는 '콘텐츠를 생성하는 주체는 확장되었는가'를 기준으로 운용계정의 범위를 분석 비교하였다. 운용계정이 초기에는 기관대표 계정만 운영하다가, 점차 부서별 혹은 분야별 계정을 대표계정 외의 공식계정으로 인식해서 다양한 채널을 운영하는 단계로 진행한다. 최종적으로는 정부기관 구성원 전체가 정부기관의 정보를 고객과 시민에게 적극적으로 제공하고, 대화하는 시기까지 진행하게 된다.

<표 6-23> 소셜미디어 법적 기반관련 연구문제와 변수

분야	연구문제	변수
법적 기반(Law)	소셜미디어 활성화를 위한 법적 인프라는 잘 구축되어 있는가?	범정부적 사용자 지침, 활용기관의 맞춤 지침과 소셜미디어 정책, 소셜미디어 관련 법규의 완비

(1) 소셜미디어 관련 정책 및 지침

2011년 설문분석 결과, 소셜미디어를 운영하고 있는 대부분의 지방자치단체에서 이용자 지침 없이 운영되고 있는 것으로 나타났다.

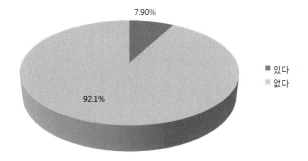

7.90%

92.1%

■ 있다
▥ 없다

<그림 6-5> 소셜미디어 관련 이용자 지침이 있는가의 여부(2011년)

그러나 4년이 지난 2015년에도 17% 정도의 기관에서만 지침이 마련되어 있는 것으로 나타나 우리나라 지방자치단체의 경우 이러한 노력이 매우 부족하다고 평가할 수 있다. 2015년 조사에서는 사전조사에서 지침 외에 조례와 정보화 기본계획에 포함되어 있다는 사례가 발견되어 설문을 확장하여, 다른 법적인 기반에 대한 조사도 추가하여 실시하였다.

첫째, 소셜미디어를 운영하고 있는 112개 기관 중 소셜미디어와 관련한 전반적인 정책이 마련되어 있는 지방자치단체는 34개 기관인 것으로 나타났다. 전체 중 35% 기관이 소셜미디어 정책을 마련하고 있다고 응답한 것이다.

둘째, 소셜미디어 관련 내용이 정보화 기본계획에 반영되어 있는 지방자치단체는 32개 기관(29.6%)인 것으로 나타났다.

셋째, 조례나 규칙이 제정되어 있는 지방자치단체는 19개 기관 (17.6%)으로 나타났다.

넷째, 기관 내부 컴퓨터에서 소셜미디어를 이용할 때 고려할 사항 등과 관련한 지침이 있는 지방자치단체는 18개 기관(16.5%)에 불과한 것으로 나타났다.

결과적으로 현재 지방자치단체별로 개설되어 운영하고 있는 소셜미디어 채널수에 비해 관련 정책이나 지침의 마련은 전반적으로 미흡한 실정이다.

<표 6-24> 정책 및 지침 마련 여부(2015년)

구분	정책	지침	기본계획	조례, 규칙
있다	34(30.9%)	18(16.5%)	32(29.6%)	19(17.6%)
없다	76	91	76	89
합계	110	109	108	108

(2) 위기대응 매뉴얼

소셜미디어를 사용하면서 나타날 수 있는 위험 및 위기대응 매뉴
얼을 보유하고 있는 지방자치단체를 조사하였다.

2011년 설문분석 결과, 거의 모든 지방자치단체에서 보안에 대해
체계적으로 대응하기 어려운 환경에 처해 있는 것으로 나타났다.

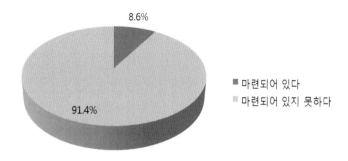

8.6%

91.4%

■ 마련되어 있다
▒ 마련되어 있지 못하다

<그림 6-6> 내부 보안 절차 등 지침 마련 여부(2011년)

소셜미디어는 정부 조직 외부의 민간 기업에 의해 제공되는 서비
스 플랫폼을 활용하는 경우가 대부분이다. 이런 경우 이전의 정부 내
보안문제와는 다른 온라인 피싱, 사회공학적 해킹 등의 위험이 커지
기 때문에 이러한 보안위험에 대비할 필요성이 제기된다. 하지만 앞
에서 살펴본 2015년 분석결과를 볼 때 우리나라의 경우 여전히 이에
대해 매우 미온적인 대응을 하고 있는 실정인 것으로 나타났다.

2015년 조사의 경우에도 위기대응 매뉴얼을 보유하고 있는 기관
은 12개 기관에 불과하며 계획이 있는 지방자치단체는 25개 기관에
그치고 있어 소셜미디어를 활용 중인 112개 기관 중 절반이 넘는 73

개 기관이 아직 지침이나 가이드라인 등의 매뉴얼이 준비되어 있지
않은 것으로 나타났다.

<표 6-25> 소셜미디어 활용 시 위기대응 매뉴얼 보유(2015년)

구분	있다	계획 있음	없다	합계
매뉴얼 (지침, 가이드라인 등)	12	25	73	110

소셜미디어 활용 시 장애요소에 대한 2015년 설문분석 결과 운영
인력의 부족, 제도 및 예산 등의 지원 미흡 등의 제도적 지원 미흡,
내부 구성원들의 마인드나 운영기술 부족과 그리고 소셜미디어 필
요성에 대한 인식부족 등의 소셜미디어 문화의 제약이 주요 장애요
인으로 분석되었으나, 법·제도적인 뒷받침과 구체적인 사용지침의
미흡 등 법적 기반의 취약성도 작용하고 있는 것을 알 수 있다.

<표 6-26> 소셜미디어 활용 시 장애요소 및 상충요소(2015년)

구분	빈도
제도를 운영할 수 있는 인력부족	79
지자체 수준의 제도·예산 등의 지원 미흡	58
내부 구성원들의 마인드나 이용기술 부족	48
소셜미디어 활용에 대한 필요성 인식 부족	45
운영자들의 전문성 부족	44
중앙정부 수준(선거법 등)의 법·제도적인 뒷받침 미흡	35
구체적인 사용지침 미흡	31
외부 이용자들의 마인드나 이용기술 부족	11
단체장의 마인드 부족	10

3. 성숙도 측정과 해석

1) 성숙도 측정을 위한 조작적 정의

앞에서 지방자치단체의 성숙도를 측정·비교하기 위해서 성숙도 모형을 제시하였다. 개념모형에 기초하여 성숙도를 측정하기 위해서는 변수를 선정하는 것이 필요하다. 이러한 변수는 조사된 설문지의 변수와 연결시키면 다음 <표 6-27>과 같다.

<표 6-27> 소셜미디어 성숙도 측정을 위한 변수 및 척도

분야	변수	척도	측정
전략(Strategy)	소셜미디어의 운영목적	등간	운영목적의 다양성
		등간	활용플랫폼의 다양성
조직(Organization)	소셜미디어의 운영주체	명목	기존-아웃소싱-신규전담조직
콘텐츠(Contents) 문화(Culture)	권장 소셜미디어 활용범위	명목	대표-부서-개인
제도적 지원 (Institutionalizing)	소셜미디어 지원 소셜미디어 통합운영	명목	미통합-통합 지원노력의 다양성
학습(Acquaintance) 분석(Analysis)	학습 분석	등간	교육범위와 다양성 분석노력의 다양성
법적 기반(Law)	소셜미디어 정책, 사용지침, 정보화기본계획, 조례·규칙제정	등간	법적 기반의 다양성

(1) 전략(Strategy)

전략은 소셜미디어를 얼마나 다양하게 활용하는가를 측정하기 위하여 두 개의 변수를 선택하였다. '소셜미디어의 채널별 운영목적 변수'와 '기대하는 활용목적 변수'를 측정하였다.

'소셜미디어의 채널별 운영목적' 관련 문항의 응답에 대해 기타를 제외한 4개 채널의 목적을 각각 1-5까지 합산하여 총점 20을 만점으로 측정하였다.

'소셜미디어의 활용을 통해 기대하는 목적'을 묻는 설문문항은 기타를 제외한 14개의 목적을 등간척도로 12점 만점으로 측정하였다.

이해하기 쉬운 점수로 만들기 위해 각각의 두 변수는 50점 만점으로 환산하여 100점 척도로 전략부문 점수를 생성하였다.

(2) 조직(Organization)

조직부문 성숙도 점수는 소셜미디어를 수행하는 조직을 어떻게 구축하였는지를 측정하기 위하여 '소셜미디어 운영주체' 변수를 선택하였다.

소셜미디어 운영주체 관련 문항의 응답은 기존조직을 1로, 위탁운영기관과 복합운영을 2로, 신규전담기관을 3으로 코딩하여 각 채널별 응답값을 합산하여 12점 만점으로 측정하였다.

조직부문 성숙도 점수는 12점 만점을 100점 만점으로 환산하여 생성하였다.

(3) 콘텐츠(Contents)와 문화(culture)

콘텐츠부문 성숙도는 각 지방자치단체에서 권장하고 있는 '소셜미디어 활용범위' 변수를 활용하였다.

'소셜미디어 활용범위'의 응답은 '기관 대표 소셜미디어'를 1로, '부서별 대표 소셜미디어'를 2로, '개인별 소셜미디어'를 권장하는 경우는 3으로 코딩하여, 블로그, 페이스북, 트위터, 유튜브의 각 채널별 응답값을 합산하여 12점 만점으로 측정하였다.

콘텐츠부문 성숙도 점수는 12점 만점을 100점 만점으로 환산하였다.

(4) 제도적 지원(Institutional Support)과 통합(Integration)

제도적 지원과 통합부문 성숙도는 '각 지방자치단체에서 소셜미디어를 활용하기 위한 제도적인 지원을 얼마나 활발하게 하고 있는가'를 묻는 문항과 '자치단체 소셜미디어 계정을 통합 운영하는 센터나 허브를 구축하였는가'의 여부를 묻는 설문문항을 활용하였다.

두 문항의 응답은 모두 지원이 있는가, 통합 운영하고 있는가 등의 명목척도이므로 이를 지원하고 있거나 통합운영하고 있는 경우는 1로 코딩하였다. 이러한 경우 통합 센터나 허브형태로 운영하고, 예산추가 배정, 조직 신설, 직제 개편, 인력 충원 등의 지원이 모두 있는 경우는 5점 만점으로 측정하였다.

제도적 지원과 통합부문 성숙도 점수는 5점 만점을 100점 만점으로 환산하였다.

(5) 교육(Acquaintance)과 분석(Analysis)

교육과 분석부문 성숙도는 소셜미디어 관련 교육인 담당직원 내·외부 교육, 조직구성원 사용자 지침 및 활용교육, 소셜미디어 프라이버시 및 보안교육 실시 여부를 묻는 문항과 분석과 관련된 평가 및 환류 문항을 활용하였다.

각 문항의 응답은 수행하고 있으면 1로 코딩하여 6점 만점으로 환산된다.

교육과 분석부문 성숙도 점수는 6점 만점을 100점 만점으로 환산하여 생성하였다.

(6) 법적 기반(Law)

법적 기반부문 성숙도는 소셜미디어 관련 지침, 조례, 규칙, 계획의 작성여부를 묻는 문항을 활용하였다.

소셜미디어 관련 정책 마련, 소셜미디어 사용자 지침 작성, 정보화 기본계획에 소셜미디어 부문 포함, 소셜미디어 관련 조례규칙 제정 있으면 1로 코딩하여 모두 4점 만점으로 측정하였다.

법적 기반부문 성숙도 점수는 4점 만점을 100점 만점으로 환산하여 다른 차원의 성숙도 점수와 비교가 용이하게 하였다.

2) 분석결과와 해석

(1) 전체적인 경향

지방자치단체의 소셜미디어 성숙도에 대한 탐색적 분석을 시도하기 위해서 본 연구는 앞에서 성숙도모형을 설정하고, 각 부문별로 성숙도 점수를 측정하기 위해 설문변수를 활용하여 분석하였다.

단 해석상에 부문별 만점 점수가 유동적이라는 점, 그리고 부문별 가중치가 조정되어 있지 않다는 점에서 총점 간의 비교는 의미가 없다고 판단된다. 단 부분별로 상대적인 평가는 가능하다는 점에서 탐색적인 연구로 이해해야 할 것이다.

<표 6-28> 성숙도모형 점수의 부문별 평균

	N	최소값	최대값	평균	표준편차
전략	112	9	78	29.08	13.361
조직	112	0	100	48.98	20.053
콘텐츠	112	0	100	34.98	23.302
제도적 지원과 통합	112	0	80	16.25	22.062
교육과 분석	112	0	84	37.72	24.835
법적 기반	112	0	100	22.99	30.782
유효수(목록별)	112				

성숙도모형의 기초자치단체와 광역자치단체 간의 차이는 다음 <표 6-29>에서 보이는 바와 같다. 전 부문에서 예상대로 기초자치단체보다 광역자치단체에서 평균이 높은 것으로 나타나, 성숙도모형의 타당성을 보여주는 증거로도 이해할 수 있다.

<표 6-29> 성숙도모형 점수의 광역, 기초자치단체 비교

	광역/기초	N	평균	표준편차	평균의 표준오차
전략	광역	17	40.06	13.108	3.179
	기초	95	27.12	12.484	1.281
조직	광역	17	61.03	19.890	4.824
	기초	95	46.83	19.405	1.991
콘텐츠	광역	17	48.82	23.819	5.777
	기초	95	32.50	22.444	2.303
제도적 지원과 통합	광역	17	37.65	24.375	5.912
	기초	95	12.42	19.390	1.989
교육과 분석	광역	17	50.10	20.453	4.961
	기초	95	35.51	24.990	2.564
법적 기반	광역	17	30.88	28.681	6.956
	기초	95	21.58	31.074	3.188

(2) 부문별 현황

가. 전략(Strategy)

소셜미디어를 얼마나 다양하게 활용하는가를 측정한 결과는 소셜미디어를 활용하는 전략 면에서 매우 제한적인 시각으로 접근하는 지방자치단체가 많다는 것을 확인할 수 있다. 특히 홍보와 정보제공 등의 커뮤니케이션 미디어로 활용하는 사례가 많았고, 협업 등의 적극적인 상호작용 채널로 활용하는 사례는 적게 보고되었다. 이러한 현상은 담당조직을 홍보나 소통담당부서로 운영하는 현상과도 연결된다고 볼 수 있다.

나. 조직(Organization)

소셜미디어를 수행하는 조직을 어떻게 구축하였는가를 측정한 조직부문 점수를 살펴보면 기존조직에서 전담하는 것에서 외부 전문기관위탁이나, 전담조직의 신설경향이 늘어나고 있다. 이러한 현상은 기초자치단체보다 광역자치단체에서 더욱 뚜렷하게 나타나고 있다.

면접결과에 따르면, 전담조직을 중요기능을 중심으로 재편하는 경우는 오히려 협업이 제한되는 경우가 발생하는 사례를 발견할 수 있었다. 그리고 외부기관에 아웃소싱하는 경우는 책임문제와 내부 담당자와의 소통이 성공에 매우 중요하다는 사실을 확인할 수 있었다.

다. 콘텐츠(Contents)와 문화(culture)

각 지방자치단체에서 권장하고 있는 소셜미디어 활용범위를 통해 측정한 콘텐츠부문 점수를 보면 대표기관 계정과 부서별 계정을 통해 제한적인 운영을 하는 자치단체가 많았다. 예상대로 광역자치단체보다 기초자치단체의 경우 더욱 그렇다. 다양한 고객관계를 구축하고, 다양한 결점을 확보해서 네트워크 기능을 강화하여 다양한 소셜미디어의 순기능을 활용하기 위해서는 활용계정의 확장과 이를 통한 콘텐츠의 확보가 매우 필요하다. 이를 위해서는 소셜미디어 활용에 대한 긍정적 효과에 대한 인식이 무엇보다도 필요하며, 이를 위해 소셜미디어의 순기능과 역기능, 순기능을 확보하고, 역기능을 제한하기 위한 방법 등에 대한 구성원 전체에 대한 교육이 필수적이다.

라. 제도적 지원(Institutional Support)과 통합(Integration)

제도적 지원과 통합부문 성숙도는 각 지방자치단체에서 소셜미디어를 활용하기 위한 제도적인 지원을 얼마나 활발하게 하고 있는가를 측정하였는데, 분석결과 제도적 지원이 활발한 지방자치단체보다는 미온적이거나 중립적인 지방자치단체가 많았다.

제도적 지원과 더불어 기존 웹페이지와의 연동과 통합성에 대한 분석의 일부로 통합 소셜미디어 센터나 허브를 제공하는가를 함께 측정하였는데, 제도적 지원과 유사한 결과를 보였다.

역시 광역자치단체보다는 기초자치단체에서 미흡한 결과를 보였다. 고객과 더욱더 밀접한 관계를 형성할 수 있는 기초자치단체에서 소셜미디어를 활용하는 경우 효과가 더 클 수 있다는 점에서 아쉬운 현상이라고 판단된다.

마. 교육(Acquaintance)과 분석(Analysis)

교육과 분석 부문 성숙도는 교육부문에서는 관련교육의 다양성을 측정하고, 분석부문에서는 분석과 환류활동과 조직구성 여부를 포함하여 측정하였다.

측정결과를 보면 교육과 분석활동 여섯 가지 중에서 기초자치단체는 평균 2개 정도, 광역자치단체는 3개 정도를 활용하고 있는 것으로 나타났다.

소셜미디어를 사용하기 쉽다는 점에서 접근도는 높지만, 잘못된 사용으로 의한 위험을 크게 인식하는 경우 공공부문에서 활발하게 활용되는 데 장애가 되는 만큼 이러한 내용에 대한 조직 구성원에 대한 교육을 시행하는 것이 매우 필요하다.

특히 빅데이터에 대한 관심과 함께 소셜데이터에 대한 분석과 활용에 대한 적극적인 인식개선이 필요하고, 조직 간 협업을 통해 소셜 데이터 분석을 통해 얻은 정보를 현장에서 활용할 수 있는 플랫폼의 구축과 운영까지 관심을 가져야 할 것이다.

바. 법적 기반(Law)

소셜미디어 사용자 지침, 소셜미디어 정책, 소셜미디어 관련 조례 및 규칙, 정보화 기본계획 네 가지의 법적 기반의 마련 여부를 통해 측정한 법적 기반 부문 성숙도 점수를 특정하였다.

네 가지 법적 기반과 관련된 노력 중에서 1개 내외의 장치를 마련하고 있는 것으로 나타나 매우 법적인 기반이 취약한 것으로 나타났다. 법적 기반이 낮아 문제가 발생하는 경우 대응방법이나, 원칙 등이 마련되어 있지 않기 때문에 활성화는 물론 문제발생 시의 신속 대응이 어려운 상황으로 볼 수 있다.

특히 소셜미디어 각 채널상의 콘텐츠에 대한 공공기록으로서의 가치부여 및 공공기록으로서의 보존 등에 대한 대책 등을 포함해서 논의하면 문제는 더욱 심각하다고 판단된다.

소셜미디어와 관련된 지침이나 정책, 조례와 규칙 등의 필요성은 있으나 개별 자치단체수준에서 이를 제정하는 데 들어가는 부담을 고려하여 관련 상급기관에서 사용자 지침이나 소셜미디어 정책과 관련 조례규칙 등의 표준 제정안을 마련하여 제공하는 요청에 대해 귀 기울일 필요가 있다.

4. 정부 소셜미디어 활용현황 분석의 함의

1) 성숙도모형 분석에 따른 정부 소셜미디어 발전과제

정부 소셜미디어 성숙도모형은 정부기관이 소셜미디어를 발전적으로 활용하기 위한 전략을 제시하는 기능을 수행한다. 우리나라 전체 지방자치단체를 대상으로 소셜미디어를 효과적으로 도입 적용하기 위한 부문별 전략을 제시하는 데 준거가 될 수 있다. 따라서 여기에서는 부문별 현황에 기초하여, 부문별 소셜미디어 발전전략을 제시하고자 한다.

be-SOCIAL 성숙도모형의 부문별 현황과 지향점을 요약하면 다음 표와 같다.

<표 6-30> be-SOCIAL 성숙도모형의 부문별 현황과 지향점

비교기준	현재(AS-IS)	목표(To-Be)
전략 S	• 홍보중심+타 기능 활용 제한 • 소셜미디어 플랫폼 제한적	• 홍보+다른 기능 활용 • 다양한 소셜미디어 플랫폼 활용
조직 O	• 기존조직, 외부위탁, 전담조직의 혼재	• 소셜미디어 활용목적달성을 위한 다양한 조직생태계
콘텐츠와 문화 C	• 부처 대표계정 • 공식적 콘텐츠	• 부처 대표계정+부서별 계정+전 구성원 계정활용지향 • 다양한 계정의 풍부한 콘텐츠 확장
제도적 지원과 통합 I	• 브랜드 통합 미인식 • 웹과 연동성 빈약 • 소셜미디어 통합 허브부재 • 제도적 지원의 취약	• 브랜드 통합지침 • 웹과 연동성 확보 • 소셜미디어 허브 구축운영 • 제도적 지원의 정착
교육과 분석 A	• 교육내용과 방식의 미분화 • 수동적인 데이터 수집과 분석 • 소셜 데이터 활용인식 부족	• 대상별 온오프라인 교육 활성화-얼리어댑터, 얼리머저리티, 전 구성원, 조직외부 고객 • 능동적, 적극적 데이터수집과 분석 • 소셜데이터에 대한 빅데이터 접근
법, 제도화 L	• 법적 기반 취약-기존 인터넷 조례 등 적용 • 소셜미디어 정책 부재	• 법적 기반 확립과정 • 소셜미디어 정책 수립적용

2) 부문별 발전 목표와 과제

(1) 전략: '활용목적 다원화'와 '활용플랫폼 다양화' 과제

현재(AS-IS)	목표(To-Be)
● 홍보중심+타 기능 활용제한 ● 소셜미디어 플랫폼 제한적	● 홍보+다른 기능 활용 ● 다양한 소셜미디어 플랫폼 활용

⇨

'소셜미디어를 얼마나 다양하게 활용하는가'를 측정한 결과, 소셜미디어를 활용하는 전략 면에서 매우 제한적인 시각으로 접근하는 지방자치단체가 많았다. 특히 홍보와 정보제공 등의 커뮤니케이션 미디어로 활용하는 사례가 많았고, 협업 등의 적극적인 상호작용채널로 활용하는 사례는 적게 보고되었다. 소셜미디어라는 용어보다 SNS를 용어로 사용하는 경우에 이러한 경향이 강하게 나타났다.

소셜미디어는 기존의 미디어채널과는 다르게 일방향소통이 아닌 쌍방향소통의 도구이기도 하지만 협업도구로서도 매우 효과적이다. 최근 소셜미디어의 인트라넷 버전인 '엔터프라이즈 소셜'의 개념이 대두되고 있는 것은 이러한 필요성 때문일 것이다.

이렇기 때문에 소셜미디어는 현재도 많이 사용되고 있는 커뮤니케이션 중심에서 협업(콜레보레이션)의 도구로 활용하는 방안을 적극 모색해야 한다. 소셜미디어를 활용하는 양대 분야는 소통과 협업 분야이다. 소셜미디어를 활용하여 소통의 소셜화를 통해 전달하고자 하는 메시지를 전달하고자 하는 대상에게 효율적으로 전달하는 PR 접근이 일반적이었다.

그러나 소셜미디어는 소통뿐만 아니라 아이디어의 수집 및 생산(크라우드소싱), 데이터분석을 통한 합리적인 의사결정(소셜 데이터 분석), 협업을 통한 스마트한 업무처리 도구로서의 가치도 크다고 판단할 수 있다.

이제 후자의 효용에 대해 좀 더 적극적으로 인식하고 활용방안을 제시할 필요가 있다. 소셜미디어의 장점을 극대화하여 다양한 기능을 활용하고, 이를 위해 각기 다른 특징을 갖는 소셜미디어 플랫폼을 이용하는 대안이 강구되어야 한다. 다양한 소셜미디어 플랫폼을 이해하는 데는 2장에서 설명한 바 있는 FredCavazza.net의 소셜미디어 랜드스케이프라는 소셜 인포그래픽이 이해를 도울 수 있을 것이다. 페이스북과 트위터, 블로그 등의 허브 플랫폼 이외에도 활용할 수 있는 다양한 형식의 소셜플랫폼이 많이 있음을 이해하고, 다양한 목적과 대상별로 다양한 플랫폼을 사용하는 전략적인 선택이 필요하다.

(2) 조직(Organization): '소셜미디어 조직 전문화' 과제

현재(AS-IS)	목표(To-Be)
● 기존조직, 외부위탁, 전담조직의 혼재	● 소셜미디어 활용 목적달성을 위한 다양한 조직생태계

소셜미디어를 수행하는 조직과 관련해서는 기존조직에서 전담하는 것에서부터 외부 전문기관 위탁이나, 전담조직의 신설 경향이 늘어나고 있다. 이러한 현상은 기초자치단체보다 광역자치단체에서 더욱 뚜렷하게 나타나고 있다. 그러나 기존조직이나, 신규전담조직을 통해 소셜미디어 담당 업무를 수행한다고 해도 소셜미디어의 특성에 부합한 업무수행방식과 조직운영방식이 아니어서 소셜미디어의 특성을 극대화하여 순기능을 끌어내는 데 한계가 있는 상황이다. 이를 개선하기 위해서는 소셜미디어를 플랫폼으로 인식하고, 소셜미디어 업무를 수행하는 전담부서가 타 부서 소셜미디어를 업무에 적용하고자 할 때 조정자 및 안내자 역할을 수행하는 방식으로 진행하는

것이 바람직하다. 이를 위해서는 과거의 부서할거주의를 의미하는 사일로방식의 조직운영은 지양해야 한다.

(3) 콘텐츠와 문화: 콘텐츠 다양화 과제

현재(AS-IS)		목표(To-Be)
● 부처 대표계정 ● 공식적 콘텐츠	⇨	● 부처 대표계정+부서별 계정+전 구성원 계정 활용지향 ● 다양한 계정의 풍부한 콘텐츠확장

각 지방자치단체에서 권장하고 있는 소셜미디어 활용범위를 통해 측정한 콘텐츠부문 점수를 보면 대표기관 계정과 부서별 계정을 통해 제한적인 운영을 하는 자치단체가 많았다.

다양한 고객관계를 구축하고, 다양한 결점을 확보해서 네트워크 기능을 강화하여 다양한 소셜미디어의 순기능을 활용하기 위해서는 활용계정의 확장과 이를 통한 콘텐츠의 확보가 매우 필요하다.

미국 공군의 경우, 개인사용자 통계를 살펴보면 70%가 유튜브를 사용하고 있으며, 50%가 페이스북을, 75%가 마이스페이스를 사용한다고 대답(US Air force, 2009a)하고 있어, 개별 사용자들의 영향력이 더욱 커질 것임을 알 수 있다.

이러한 중요성을 인식한 미국 공군은 "미국 공군이 자신의 이야기를 하지 않는다면, 다른 주체들이 할 것(If the Air Force does not tell its own story, someone else will)"이라고 해서 적극적인 소셜미디어의 참여가 필요하다고 주장하고 있다(US Air Force, 2009b).

또한 소셜미디어가 이전의 미디어에 비해 초기에 의도했던 영역보다 더 넓게 메시지를 전달하게 해준다고 하고 있다. 이렇게 정보전달의 매체의 입장에서 본다면 다양한 매체를 함께 활용하는 것이 정보를 효율적으로 전달하고, 오류 없이 확실하게 전달할 수 있다는 점에서도 소셜미디어의 가치가 있다고 판단된다.

이를 위해서는 소셜미디어 활용에 대한 긍정적 효과에 대한 인식이 무엇보다도 필요하며, 이를 위해 소셜미디어의 순기능과 역기능, 순기능을 확보하고, 역기능을 제한하기 위한 방법 등에 대한 구성원 전체에 대한 교육이 필수적이다.

서울 영등포구의 경우 밴드를 부서별 특성을 활용하여 운영하고 있는 사례이다. 영등포구 풍수해대책본부는 영등포구 전 간부, 풍수해대책 본부요원, 위기관리 실무부서 요원, 동주민센터 풍수해담당 등이 가입한 밴드운영을 통해 여름철 풍수해대책과 관련하여 신속한 재난상황 및 기상상황 전파, 직원 간 정보교환을 통해 풍수해 대응 능력을 높이고 있다. 또한 감사담당관실에서는 총괄·부서 담당자 밴드, 부서별 밴드를 운영하여 일상 속 청렴문화 접촉을 통한 청렴 내재화와 실시간 정보공유 및 청렴 인식 확산 및 소통 강화 시도하고 있다. 자치행정과에서는 마을공동체 소통방 밴드를 통해 직원간 마을공동체 관련 정보를 실시간으로 공유하여 마을공동체 인식확인 및 활성화를 위한 노력을 효과적으로 수행하고 있다.

오산시의 시민감사관제도는 부서별로 소셜미디어 계정을 활용하는 것이 대표계정에 의한 성과에 비해 구체적이고 현실적인 성과를 보여줄 수 있음을 예시하고 있다.

경주시에서는 콘텐츠의 확보와 소셜미디어 마인드 및 인식제고를 위해 2014년 10월부터 "경주시SNS기자단"이라고 하여 시민 기자단을 운영하고 있다. 구성원은 경주에 거주하는 일반 시민으로, 매월 기사 작성에 대한 대가로 원고료를 소량 지급받고 있다. 경주를 사랑하는 시민의 자발적인 참여로 운영하고 있으며, 소셜미디어에 배정된 예산이 제한되어 있고 운영하는 인원도 부족하다보니 기자단의 활동이 큰 비중을 차지하고 있다. 기자단 구성원이 특정 분야의 경주 전문가라고 할 수 있기 때문에 작성하는 기사는 새로운 정보가 많아 경주를 방문하는 관광객들에게 유용한 것으로 평가되고 있다. 경주시에서는 2015년까지 1기 운영이 끝나고, 2기 기자단을 새로이 구성하여 앞으로 더 운영을 활성화할 계획을 갖고 있다.

충북 증평의 경우 기자단도 운영하고 있을 뿐만 아니라, 반기별 부서 평가를 통해 부서장의 소셜미디어에 대한 적극적인 관심을 유도하고 있다. 부서별 콘텐츠의 확보가 쉬워질 가능성을 확보하고 있다.

많은 자치단체에서 콘텐츠확보와 친소셜미디어 문화를 조성하기 위해서는 내·외부 서포터즈나 전문가를 조직화하는 방법이 추진되고 있다.

(4) 제도적 지원과 통합: 제도적 지원강화 과제

현재(AS-IS)		목표(To-Be)
● 브랜드 통합 미인식 ● 웹과 연동성 빈약 ● 소셜미디어 통합 허브부재 ● 제도적 지원의 취약	⇨	● 브랜드 통합지침 ● 웹과 연동성 확보 ● 소셜미디어 허브 구축운영 ● 제도적 지원의 정착

제도적 지원과 통합부문 성숙도는 각 지방자치단체에서 소셜미디어를 활용하기 위한 제도적인 지원을 얼마나 활발하게 하고 있는가를 측정하였는데, 분석결과 제도적 지원이 활발한 지방자치단체보다는 미온적이거나 중립적인 지방자치단체가 많았다.

설문조사결과 많은 기초자치단체에서 재정적인 지원, 인사상의 인력확보, 조직사의 직제 개편 및 신규조직 신설 등의 요구가 제시된 점은 아직도 지방자치단체에서 소셜미디어 관련하여 제도적인 지원이 매우 미흡한 것으로 평가할 수 있다.

소셜미디어와 기존 웹페이지를 분리해서 운영하는 관행이 일반적이었다. 각 홈페이지에서 소셜미디어를 쉽게 진행할 수 있도록, 소셜미디어 링크와 공유버튼을 배치하는 것이 필요하다.

다양한 하위조직의 소셜미디어 계정을 통합해서 보여주는 소셜미디어 허브도 필요하다. 그리고 다양한 계정과 홈페이지에서 공통적인 로고를 사용하는 등 소셜미디어 내의 통합 이미지 구축을 통해 철저하게 대응할 필요가 있다.

경기도의 경우 전형적인 소셜미디어 허브를 제공하고 있다. 소셜미디어 허브는 사용자인 도민 입장에서 다양한 경기도 정부 및 공공기관, 각 개별부서의 공식 소셜 계정을 의심 없이, 쉽게 접근할 수 있는 통로로서 제공된다.

또한 각 개별 산하기관이나 부서별로 다른 기관이나 부서의 소셜미디어 활용에 대해 상호 학습하는 기회로 활용될 가능성도 크다.

전남 진도의 경우 인터넷뉴스(news.jindo.go.kr) 사이트에 게시물을 등록하면, SNS에도 자동 연계되어 각 SNS별로 게시물이 자동으로 연동하여 등록되게 하고 있다. 이러한 경우 웹과 소셜미디어의 통합효과를 기대할 수 있을 것이다.

(5) 교육(Acquaintance)과 분석(Analysis): 소셜미디어 수용성 향상 과제

현재(AS-IS)		목표(To-Be)
● 교육내용과 방식의 미분화 ● 수동적인 데이터 수집과 분석 ● 소셜 데이터 활용인식 부족	⇨	● 대상별 온라인, 오프라인 교육 활성화-얼리어댑터, 얼리머저리티, 전 구성원, 조직외부 고객 ● 적극적인 소셜 데이터 수집 분석 ● 소셜빅데이터의 분석과 행정현장 활용

교육과 분석 부문 성숙도는 교육부문에서는 관련교육의 다양성을 측정하고, 분석부문에서는 분석과 환류활동과 조직구성 여부를 포함하여 측정하였다.

측정결과를 보면 교육의 필요성은 인식하고 있으나, 형식적이고 기초적인 소개교육에서 진전이 이루어지고 있지 않다. 소셜미디어에 대한 이해도와 관심이 각각 다른 대상들에게 맞춤내용을 준비하여 교육하는 교육내용의 세분화가 필요하다.

교육과 관련해서는 오프라인 교육뿐만 아니라 다양한 소셜미디어 채널을 통한 온라인 교육채널도 활용하는 것이 바람직할 것이다. 미국 육군은 슬라이드웨어 사이트에 소셜미디어 교육자료와 동영상자료를 제공하여 소셜미디어 교육을 온라인으로 활발하게 제공하고 있다.

교육 내용과 관련해서는 다른 지방자치단체의 모범적인 운영 사례를 보고 배울 수 있는 체험학습이 필요하고, 우수 지방자치단체의 소셜미디어 운영 노하우 전수를 위한 사례집 발간을 제안한 사례도 매우 주목해야 한다.

분석의 측면에서는 이전 현황조사연구와의 비교연구를 위해 설계한 설문지의 한계상 수동적으로 수집된 자료의 활용에 대해서만 질문하였는데도 불구하고 분석활용과 활용을 위한 조직 구성에서 매우 초보적인 수준으로 판단된다.

소셜 데이터에 대한 적극적인 수집과 능동적인 분석이 필요하다. 이러한 소셜 데이터에 대한 분석과 이러한 분석결과를 현장 행정에 적용하는 것은 소셜미디어의 장점을 가장 잘 활용하는 전략으로 판단된다.

(6) 법적 기반(Law): 법적 기반 강화과제

현재(AS-IS)	목표(To-Be)
● 법적 기반 취약-기존 인터넷 조례 등 적용 ● 소셜미디어 정책 부재	● 법적 기반 확립 ● 소셜미디어 정책 수립 적용

소셜미디어 사용자 지침, 소셜미디어 정책, 소셜미디어 관련 조례 및 규칙, 정보화 기본계획 네 가지의 법적 기반의 마련 여부를 통해 측정한 결과 앞서 분석하였듯이 매우 취약한 것으로 나타났다.

소셜미디어 사용자 지침은 가장 초보적인 법적 기반 구축활동이다. 소셜미디어 사용자 지침은 소셜미디어를 사용하는 기준을 제시함으로써 적극적으로는 경쟁력의 근원이 될 수 있으며, 소극적으로는 부정적인 사용을 예방할 수 있다(남기범, 2010a: 50-51).

소셜미디어 정책은 소셜미디어 사용자 지침보다 포괄적인 내용을 담는다. 전반적인 소셜미디어 도입절차, 관리자 지침(정부대표 계정, 부서 및 기관 계정관리자), 사용자 지침(공무원 행동 지침), 시민행동 지침, 콘텐츠 지침, 공공기록법 등의 법적인 문제, 보안 등을 포함한 표준, 공무원 접속문제, 사용의 허용범위와 관련된 공무원 인터넷 사용정책 등을 공통요소로 포함하고 있다.

위와 같은 지침이나 정책보다 공식성이나 강제성을 확보하고자 할 때는 조례와 규칙으로 제정하는 것이 필요하다. 가장 강력한 법적 인프라의 구축이라고 볼 수 있다.

이러한 법적 인프라와 관련해서 가장 취약한 점은 공공기록으로서의 소셜미디어 콘텐츠에 대한 제도도입이 전혀 이루어지지 못하고 있다는 점이다. 소셜미디어는 제3자 제공자가 플랫폼을 제공하는 경우가 일반적이기 때문에 더욱 엄격한 공공기록 보존 노력이 필요한 데 이러한 문제에 대해 구체적으로 인식한 사례는 많지 않은 것으로 보인다. 미국의 경우 공공기록법, 공공기록보존법 등 규정을 소셜미디어 콘텐츠에도 적용하여 접근하고 있다.

소셜미디어 담당공무원 면접 시 요청한 바와 같이 소셜미디어와 관련된 지침이나 정책, 조례와 규칙 등의 필요성은 있으나 개별 자치단체수준에서 이를 제정하는 데 들어가는 부담을 고려하여 관련 상급기관에서 사용자 지침이나 소셜미디어 정책과 관련 조례·규칙 등의 표준 제정안을 마련하여 제공해야 한다(2015년 7월 9일 D시 담당공무원과의 면접).

선거법과의 마찰로 인해 소셜미디어 이벤트 등이 위축되는 문제와 관련하여 일관된 법제정과 관련 조례의 제정이 필요하다는 제언도 반영할 필요가 있다.

PART

3

제3편 정부 소셜미디어 활용 성숙도 향상 전략

제7장

정부 소셜미디어의 활용목적 다원화 전략

1. 소셜미디어 활용목적의 다원화란?

소셜미디어는 소통뿐만 아니라 아이디어의 수집 및 생산(크라우드소싱), 데이터분석을 통한 합리적인 의사결정(소셜 데이터 분석), 협업을 통한 스마트한 업무처리 도구로서 활용될 수 있다. 그러나 정부 소셜미디어는 아직도 홍보와 커뮤니케이션 중심의 목적에 너무 제한적으로 활용되고 있는 현실이다. 따라서 향후 정부 소셜미디어의 활용에 따른 실익을 극대화하기 위해서는 다양한 분야에서 다양한 목적을 달성할 수 있도록 소셜미디어 전략을 구성해야 한다. 이곳에서는 다양한 분야에서 다양한 소셜미디어의 목적을 성공적으로 달성하고 있는 사례를 제시하고자 한다.

2. 소셜마케팅 사례: 강원도청 지역특산물 판매지원

1) 사례 개요

강원도청은 판로에 어려움을 겪고 있는 도내 생산자에게 판로를 열어주고, 직접적인 소득 창출을 위해 소셜미디어를 활용한 소셜마케팅을 시도하였다. 네티즌의 기호에 맞는 홍보물 및 UCC 제작과 강원도지사 및 강원도청의 공식 트위터와 페이스북 등을 활용하여 유기적인 홍보로 도내 특산물의 판로 창구를 확대하였다.

2) 소셜미디어 활용

시민들의 참여를 기반으로 하여 공개적으로 진행하였고, 기존 전통적인 매체와 함께 온·오프라인으로 유기적으로 연결하여 홍보하였다. 강원도지사 및 도청 공식 트위터, 페이스북, 유튜브를 활용하였고, UCC 제작과 도지사 패러디 시리즈 등으로 네티즌 참여 확산을 유도하였다. TV, 전국 및 지역 일간지, 인터넷 등 각종 언론매체에 보도되면서 온·오프라인과 전통매체와의 유기적 홍보를 진행하였다.

<표 7-1> 강원도의 소셜미디어 플랫폼

플랫폼	주소	지표
페이스북	https://www.facebook.com/gwdoraeyo/	좋아요: 83,693
트위터	https://twitter.com/happygangwon	팔로워: 50,466
유튜브	https://www.youtube.com/user/BanBraeyo	
블로그	http://blog.naver.com/gwdoraeyo/	

<그림 7-1> 강원도 공식 페이스북 판매지원 이벤트

페이스북과 함께 강원도청 공식 트위터를 통해서도 감자판매 지원 이벤트를 진행하였다. 아래 그림에서 볼 수 있듯이 강원도 거주 이외수 씨가 트위터를 통해 판매지원 이벤트에 참여해주었다.

공식 유튜브 계정도 활용하였는데, 도루묵송 같은 패러디송 등 다양한 제작물들을 게시하였다. 강원도 관광홍보대사인 가수 에이프린스가 요리와 도루묵송 등 노래에 참여하여 홍보효과를 높였다.

3) 성과

지역주민의 일자리, 부자재 납품업체, 택배업체 등에서 나비효과를 창출하였다. 2013년 4월부터 2014년 4월까지 판매에 어려움을 겪은 도내 생산자들의 도루묵과 감자, 닭갈비의 판매촉진을 지원하였다. 판매품목별 SNS 소셜마케팅 추진성과는 다음의 <표 7-2>와 같다.

<표 7-2> 강원도 소셜마케팅 추진성과

품 목	기간	판매량	판매금액	비 고
냉동도루묵	'13.4.1~5.31	54,793상자	986,274천 원	환동해본부 통계
생물도루묵	'13.11.12~12.5	7,738상자	140,000천 원	경제적 파급효과 1,217억 원(환동해본부 추계)
감자	'14.1.3~3.31	37,900상자	437,000천 원	
닭갈비	'14.3.17~4.30	950세트	17,100천 원	

출처: 강원도청(2014), SNS 소셜마케팅 추진결과 및 향후 추진계획 자료.

향후에도 지금까지 경험과 성과를 토대로 사회적 이슈, 기후변화, 생산량 등의 변화 요인으로 판로 등 어려움에 처한 물품을 선정하되 특히, 사회적 기업·풀뿌리기업·여성기업 등 제품 및 장애인생산품과 농수축산물 중 단기간 홍보가 필요한 물품 등을 선정할 예정이다.

강원도 공식 SNS를 중심으로 각종 홍보매체, 유관기관·단체 및 전국 파워유저들과 긴밀한 협업체계 구축하여 '최단기간 최대판매' 거양을 목표로 추진할 예정이다. 주 상품의 주변 여행지 동시 홍보로 지역경제 활성화 촉진을 유도할 계획이다.

강원도청의 소셜마케팅 사례가 성공사례로 소개되면서 강원도 위상 및 긍정적 이미지를 제고하였다. 또한 물품 선정, 홍보, 판매를 진행하는 과정에서 부서 간 벽허물기에 앞장섰으며, 판매자+협찬자+네티즌이 주최자가 되는 소셜마케팅 문화를 유도하였다. 소셜마케팅을 통해 생산자는 생산에만 집중할 수 있는 시스템 정착을 유도하고 판로 확보가 어려운 생산자에게 직접적인 이익 창출기회를 제공하여 농수특산품의 지속적인 거래처 확보 및 도농 교류의 매개 역할을 담당하였다.

3. 소셜미디어를 통한 국제화 사례

1) 소셜미디어를 통한 국제적 업무 가능성

소셜미디어의 상호작용은 국경이나 거리의 장벽을 쉽게 넘어설 수 있게 해준다. 따라서 가능성만을 본다면 아주 적은 비용으로 국제적인 소통과 협업을 가능하게 할 수 있다. 지방자치단체의 소셜미디어 활용목적에 대한 조사에서도 특수행사 시의 일시적 운영, 해외 홍보(외국인 관광객 대상), 출향민 및 재외동포 연계, 국제협력(자매도시 등)의 사례가 보고되었다.

<표 7-3> 소셜미디어를 통한 국제적 접근의 현황

목적	기관수
특수행사(국제행사 포함) 시 일시적 운영	20
해외 홍보(외국인 관광객 대상)	19
출향민 및 재외동포 연계	8
국제협력(자매도시 등)	4

2) 소셜미디어를 통한 관광객 유치

(1) 일본정부관광국(JNTO)의 사례

어행 분야에서 소셜미디어를 통한 정보 공유는 이전에 비해 활용 범위가 확대되고 있다. JNTO는 13개 언어의 웹사이트에서 일본여행 정보를 제공하고 있지만, 사용자 간의 교류를 통해 방일 여행에 대한 흥미를 높이기 위하여 해외 주요 소셜미디어를 활용하고 있다 (日本政府觀光局 經營戰略部, 2012). 2017년 6월 현재 JNTO가 운영하는 페이스북 페이지는 13개 도시와 글로벌 버전의 14페이지를 현지 언어로 운영하고 있으며, Facebook을 사용할 수 없는 중국, 베이징·상하이 사무소가 Weibo에서 관광정보 및 관광분야의 뉴스 등을 제공하고 있다.

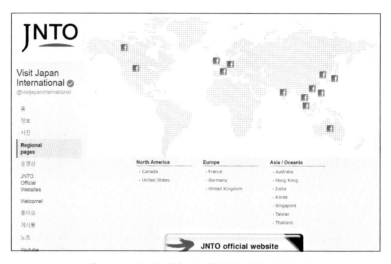

<그림 7-2> JNTO의 페이스북 페이지와 해외 페이지 링크

(2) 후쿠시마 현의 웨이보 사례

후쿠시마 현에서 웨이보를 개설한 것은 2011년 2월 23일이다. 동일본 대지진이 발생한 후에 웨이보는 재일 중국인도 이용하고 있기 때문에 후쿠시마 현 지진으로 인한 피해 상황, 라이프 라인 정보 등 후쿠시마 현 상황을 웨이보를 통해 제공했다. 이후 팔로워가 폭발적으로 증가하고 3만 명을 돌파했다. 2011년 3월 14일에는 공식 웨이보 계정으로 인증되었다. 지진 후 2개월 후부터는 구체적인 피해 상황 등을 전하는 채널에서 웨이보를 활용한 관광객 유치 도구로 방향을 잡았다.

3) 소셜미디어를 활용한 국제교류

일본 국제교류센터는 2010년 2월에 미일 간 자매도시 교류의 실태를 조사하기 위해 미국에 자매도시를 가진 387의 지자체 모두에게 설문조사를 실시했다. 그 결과, 65%가 넘는 253지자체에서 답변을 얻었다. 이 설문조사는 IT의 이용에 대해서 다음과 같은 결과가 분석되었다. '자매도시 교류에서 어떤 인터넷 도구를 도입하고 있습니까? (복수 응답)'의 설문에 대해, 특히 '도입하고 있지 않다'가 48%로 가장 높고, '홈페이지에서 정보제공(열람만 가능, 쓰기 기능 없음)'가 46%로 이어 '인터넷에서 상호 쓰기 및 의견교환이 가능한 기능' 사용은 11건으로 4%, 블로그 1건, 페이스북 1건이라는 결과가 나타났다. 예상외로 IT의 활용이 지지부진하고 있는 실태가 밝혀졌다. 이어 '앞으로 인터넷을 적극적으로 도입하고 싶습니까'라는 질문에 대해 '예'가 90건(전체의 35%)으로 '아니오' 12건(5%)보다 압도적으로 많았다. 즉, 국제 교류의 IT 이용에 관심이 있지만, 어떻게 활용할 수 있는지 이용 방법을 알 수 없다는 의견이 많다는 것이다. 이러한 필요에 대응하여 유튜브의 활용방식을 제시했다(毛受敏浩, 2012).

(1) 유튜브 활용 국제교류

도시바 국제교류 재단이 실시하는 도시바 지구 미래 회의에서는 일본, 미국, 태국, 폴란드의 고등학생들이 한자리에 모여 환경문제에 대해 토론을 실시하는데, 회의 전에 참가 학생은 사전 과제로 지역 환경을 테마로 휴대전화로 동영상을 촬영하는 것이 요구된다. 고등학생은 촬영한 동영상을 유튜브에 업로드하고, 해당 동영상은 참가자들 사이에서 공유되고, 회의 전에 자국에 있으면서 다른 나라의 참가자의 모습과 생활상을 알 수 있게 기획, 활용되었다.

(2) 페이스북 활용 국제교류

돗토리 현 국제교류 재단은 1990년에 설립해 돗토리 현의 민간 국제교류 단체 조성, 다양한 형태의 국제교류의 촉진·지원을 하고 있는 공익 재단법인으로 전환했다. 주요 사업은 거주 외국인과 현민이 자국의 문화를 소개하고 함께 체험할 수 있는 이벤트의 실시와 국제교류 자원 봉사자의 등록·소개, 거주 외국인 지원 사업으로 일본어 교실의 운영, 일본어 자원 봉사자의 양성, 의료 통역 자원 봉사자의 파견 등이다.

돗토리 현의 고교생을 미국 버몬트에 파견하는 사업으로, 현지 NPO 단체 GreenAcross the Pacific(이하 GATP)의 프로그램을 통해 학생들은 현지의 수용 고등학교 학생들과 짝을 이루어 공동으로 연수 과제를 수행하기 위해 다양한 시찰 대상으로 동행하여 교류하는 심화 내용이다. 1주일여의 체류 기간 동안 파트너의 가정에 홈스테이를 하기 때문에 미국의 일상생활을 체험할 수 있다. 2009~2010년도는 돗토리 현이 실시하고 2011년도에 재단으로 이관되어 3년째를 맞이한 사업이다.

학생들의 교류는 파견기간 동안에만 이루어지는 것은 아니다. 파견 전에 학생들은 GATP이 교류 사업을 위해 만든 블로그에 가입하고 자기소개나 정보교환을 시작했던 것이다. 블로그이므로 등록한 학생이라면 누구나 글과 사진을 게재할 수 있고, 그것을 모두가 공유할 수 있었다.

귀국 후에도 즉시 이메일 등으로 파트너와 연락을 계속했지만, 가장 효과적인 만남은 페이스북에서 지속되었다. 또한 돗토리 학생들에게 이 교류 사업이 좋았던 점은 버몬트 학생들과의 만남뿐만 아니라, 현 내의 다른 학교 고등학생과 친구가 될 수 있었던 것도 있었다. 과거의 파견 학생들은 별도로 페이스북에 '버몬트 청소년 교류 사업'의 그룹을 만들었다.

버몬트 숙박 1주일여의 짧은 체류 기간이지만 이러한 소셜미디어의 활용으로 파견 학생들이 자신도 교류를 계속할 수 있었다. 학생들은 다양한 꿈과 희망을 가지고 파견을 무시하고 현지에서 다양한 일본 문화의 차이점과 공통점을 발견하면서, 귀국 후에도 친구의 고리를 펼치고 있다. 몇 년이 지나도 그 고리는 더욱 확산되고 있는 것이다.

4) 지역축제의 국제화

2017 금산세계인삼엑스포를 위해서 기존의 소셜미디어에 추가로

웨이보를 운영하기로 하고 외부 위탁운영자를 공모하기도 하였다.

<표 7-4> 2017 금산세계인삼엑스포의 소셜미디어

매 체	수 소
블로그	http://blog.naver.com/2017worldginsengexpo
페이스북	https://www.facebook.com/2017금산세계인삼엑스포-1009926445757506/
카카오스토리	https://story.kakao.com/_ILPrK9
인스타그램	https://www.instagram.com/2017worldginsengexpo/
트위터	https://twitter.com/2017worldginsen
웨이보	2017년 새로 시도

4. 동두천시, 인천 남동구의 소셜미디어 활용을 위한 입법 사례

동두천시와 인천시 남동구의 경우 소셜미디어 관리 및 운영조례를 2013년 8월 8일 제정하였는데, 다양한 소셜미디어의 활용이 가능할 수 있도록 조례에 포함시켜 제정하였다. 이러한 다양한 활용가능분야에 대한 규정은 중앙정부 및 지방자치단체의 다른 정부기관에도 참조가 될 만하다고 판단된다.

1) 소셜 주민 행정참여

동두천시와 인천시 남동구는 조례 10조에서 주민을 대상으로 하는 통계조사, 민원처리에 대한 만족도 조사, 설문, 모니터요원 및 각종 위원회 운영 등 주민의 의견과 참여를 기반으로 하는 행정업무 추진 시 소셜미디어를 활용하는 방안을 적극적으로 강구할 책무를 시장에게 부여하고 있다.

2) 주민 상호간 협업에 대한 지원

동두천시와 인천시 남동구는 11조에서는 주민 상호간에 자유롭게 의견을 교환할 수 있도록 소셜미디어에 주민 연대를 위한 소통공간의 개설 및 운영을 지원하고, 주민이 이를 활용할 수 있는 방안을 시장이 마련하여야 한다고 규정하고 있다. 그리고 주민 소셜공간 활성화를 위하여 다음 각 호의 사업을 예산범위 안에서 지원 가능성을 열어두었다. 소셜공간은 주민 상호간의 토론과 협업이 가능한 공간으로 이해할 수 있을 것이다.

3) 주민참여 행사의 운영

동 조례 12조에서는 주민참여행사의 운영에 관해 규정하고 있다. 장은 소셜미디어 이용자들이 적극적인 시정참여·홍보, 주민 간 상호소통·지역공동체 강화 등을 위하여 필요한 경우 소셜미디어를 기반으로 다음 각 호의 주민참여 행사를 운영할 수 있다. 주민참여 행사에는 다음 행사 등이 포함된다.

- 주요 시책사업 등에 관하여 여론을 수렴하거나 홍보하고자 하는 경우
- 축제·문화행사 및 체육행사 등 시가 주최하는 각종 행사 홍보 또는 기념하는 경우
- 시의 소셜미디어 활성화를 위한 경우

- 주민 소셜공간의 활동을 지원하고자 하는 경우
- 그 밖에 시정을 홍보하거나 지역주민의 행정참여를 필요로 하는 경우

주민참여 행사를 좀 더 적극적으로 활용하는 경우 크라우드 소싱 등의 정부-주민 간 협업, 주민 간 협업 등을 통해 행정업무가 개선되는 효과를 추구할 수도 있을 것이다.

4) 국제 행정의 도구

동두천시와 인천시 남동구는 13조에서 외국어 소셜미디어의 설치 운영에 대해 규정하면서 이러한 외국어 소셜미디어의 고객이 국외 및 다문화 가정 등 외국어 사용주민으로 보고, 이들과의 소통을 위해 소셜미디어를 설치 운영할 수 있다고 목적을 제시하고 있다. 외국어 소셜미디어를 통해 국제협력, 교류, 관광유치 및 통상 등에 대한 정보제공과 이용자와 의견을 교환할 수 있게 구성하여 효과성을 담보하고자 하고 있다.

5) 소셜민원

5장에서는 소셜민원의 처리에 대한 3개조를 통해 소셜민원창구의 설치운영, 소셜민원의 신청접수에 대해 규정함으로써 소셜ID에 기반한 소셜민원을 공식적으로 인정하고 처리과정을 제도화하고 있다.

제8장

정부 소셜미디어의
플랫폼 다양화 전략

1. 소셜미디어 플랫폼 다양화

소셜미디어의 장점을 극대화하여 다양한 기능을 활용하기 위해서는 각기 다른 특징을 갖는 소셜미디어 플랫폼을 이용하는 대안이 강구되어야 한다. 페이스북과 트위터, 블로그 등의 허브 플랫폼 이외에도 활용할 수 있는 다양한 형식의 소셜 플랫폼이 많이 있음을 이해하고, 다양한 목적과 대상별로 다양한 플랫폼을 사용하는 전략적인 선택이 필요하다.

2. 특허청 스마트 3.0: 다양한 소셜미디어 플랫폼 활용사례

1) 특허청 사례 개요

특허청은 지식재산이 어려운 법분야·전문영역이라는 특수성과 소상공인·창업가의 낮은 정보 수용성을 감안하여 창의적이고 스마트한 온라인 홍보강화가 필요했다. 이에 창조경제와 지식재산에 대한 인식 강화를 홍보목표로 On-Off Mix와 '참여-개방-공유-확산'의 선순환 전략을 병행 주진하였다. 세대별, 목표별 다양한 정보채널을 활용하는 소셜미디어 플랫폼 다양화 전략의 대표적인 사례다.

2) 소셜미디어 플랫폼 다양화 양상

여론의 관심과 주목을 끌기 위해 매체 특성을 고려한 참신한 브랜드 네이밍 전략을 구사하였다. 대상별 핵심계층에 따라 소통브랜드를 구분하여 다양한 매체를 활용하여 소통을 구사하였고, 구체적인 내용을 살펴보면 다음과 같다.

[김영민 행(복한 정책)쇼]는 대한민국 국민이면 누구나 지식재산 정책에 참여할 수 있도록 국민 맞춤형 정책발굴로 기관장 SNS(페이스북)와 구글플러스 행아웃[29]을 활용한 영상대담을 통해 국민이 직접 기관장과 지식재산 정책에 대한 현장 니즈를 발굴하였다.

[소셜브리핑]은 SNS와 영상대담으로 정책의견 수렴, 민관협치로 마련된 정책을 정부 기관장이 직접 국민에게 실시간 뉴미디어와 모바일로 생중계하고, 국민과 실시간으로 정책질의·응답하여 궁금증을 해소하는 정부3.0의 차별화된 맞춤 소통서비스이다. 국민과 정책을 영상으로 소통하며 민관협치를 통한 정책 마련과 정책 소 과정

---

29) 구글플러스 행아웃(Google+Hangouts)은 구글에서 제공하는 '통합 멀티플랫폼 커뮤니케이션 서비스.' 스마트폰, 태블릿, PC 등을 통해 영상채팅·영상회의 및 실시간 채팅기능을 제공함. 10명까지 화상채팅이 가능하고 유튜브를 통해 화상통화의 실시간 시청이 가능하다. 오바마 대통령은 'Fireside Hangout'이라는 이름으로 미국의 특허개혁의 행정부 진척상황을 설명하면서 동 시스템을 활용한 적이 있다.

에 국민이 직접 참여하는 정부3.0 정책소통을 통해 정책체감도 및 수용성 제고를 목표로 했다. 총 5회의 소셜브리핑으로 국민맞춤형 정책소통서비스 시대를 개막하였다.

[e발소] 그녀들의 유쾌한 수다, e발소에 what 수다~!는 소셜브리핑에 참여하지 못한 국민을 위해 정책질문과 추가적인 애로사항에 대해 정책담당자와 고객이 직접 참여하여 심층정보를 소개하여 확산을 극대화하는 것이다.

[노다지]는 창조경제와 발명을 응원하는 대국민 영상 프로젝트로 '노다지' 공모전을 진행하여 창조경제 붐업(Boom-Up)을 목표로 하였다. 제출된 영상은 특허청 유튜브에 공개하고, 페이스북 탭(TAP)을 통한 네티즌 온라인 투표로 자발적인 입소문 마케팅 및 온라인 소통을 강화하였다.

제1회 특허청장: 창조경제의 핵심은 지식재산('13.4.24)
제2회 특허청장: 지식재산 기반 창조경제 실현전략('13.6.25)
제3회 특허청장: 상표·디자인 품질제고 방안('13.9.9)
제4회 특허청 차장: 변리사법 52년 만에 전면개정안 입법예고('13.9.16)
제5회 특허청장: 창의적 아이디어 지식재산권 보호 지원 강화('13.10.10)

자료: 특허청(2013), '通하다'-스마트 3.0 홍보사례 자료

<그림 8-1> 특허청 대국민 대상 영상대담 소통 '소셜 브리핑'

[핀터레스트] 이미지 공유 SNS 핀터레스트로 특허청 정책메시지를 핵심 타깃고객이 자발적으로 구독·공유·확산하는 창의적인 홍보를 통해 정책 신뢰를 배가하였다. 고객이 양질의 정책 콘텐츠를

직접 선별하여 확산하는, 소셜큐레이션 서비스 '핀터레스트 채널'
운영하였다.

[Slideshare]는 특허청이 보유한 파워포인트 자료를 쉽고 빠르게
다운받을 수 있도록 프리젠테이션과 문서를 공유하는 세계 최대의
소셜미디어 서비스인 슬라이드쉐어에 특허청 PT 자료 공유 및 확
산하는 것이다. 특허청 슬라이드쉐어(slideshare)를 통해 ① 보고서
원문, ② 파워포인트, ③ 동영상, ④ 보도자료 등을 공개했다.

자료: 특허청 slideshare 계정 (https://www.slideshare.net/kipoworld2/)

<그림 8-2> 특허청 슬라이드웨어 계정

[현장콘서트 청바지]는 어렵고 딱딱한 지식재산 정책을 현장에서
공유함으로써 온라인과 오프라인의 현장소통을 강화하고, 부처 간
칸막이를 제거하는 정부 3.0 정책소통을 실시한 것이다. Google+행
아웃, 유튜브, 페이스북으로 생중계하고 국민 참가자가 질의하고 답
변하는 방식으로 진행하였다. 특허청의 소통브랜드 사례를 개괄적으
로 제시하면 다음과 같다.

<표 8-1> 특허청의 다양한 소셜미디어 플랫폼 활용사례

대상	소통 브랜드	매 체	매체별 소통전략
참여 (전세대)	김영민 행쇼 (행아웃 쇼 Hangout Show)	구글 플러스 행아웃	(의견수렴) Google+를 활용하여 각자 사무실에서 김영민 청장과 화상 대화(행복한 정책쇼)
	소셜 브리핑 (Social Briefing)	유스트림 유튜브, SNS	(정책발표) SNS로 브리핑 참여! 정책발표를 유튜브로 시청→ 궁금하면 SNS로 질문→답변
	e발소에 what수다~! (e색적인 발명을 소개합니다)	팟캐스트	(정책답변) 정책 공무원과 민간 전문가가 함께하는 팟캐스트→SNS 질문을 팟캐스트로 답변
	창의발명 우주선 프로젝트(초등학교)	유튜브, SNS	발명 꿈나무들이 직접 우주선을 만들고, 우주를 배경으로 발명의 꿈을 외친다는 프로젝트
	정품수호천사 씽커벨 (중·고등학교)	SNS, 블로그	셀럽(박신혜)과 소비자가 주도하는 참여형 이벤트
	노다지 영상 프로젝트 (대학교 이상)	유튜브 페이스북	노(No Touch) 다함께 지식재산, 창조경제와 발명을 응원하는 영상 프로젝트
개방 (2639세대)	멀티미디어 보고서 (Multi-media Report)	유튜브 모바일 웹/앱	수십 장의 보고서를 동영상·오디오, 인포그래픽으로 쉽고·간단하게 제공하여 정책소통을 강화
	새로 보는 지식재산 (여성 및 청소년)	핀터레스트	핵심 타깃이 정책메시지를 자발적으로 공유하도록 채널 제공
공유 (1325세대 ~4050세대)	특허행정 3.0	슬라이드쉐어	특허청이 보유한 PT자료를 쉽고 빠르게 슬라이드쉐어에서 공유 http://www.slideshare.net/kipoworld2/
	청바지 콘서트 (청년들이 바라보는 지식재산)	유튜브 유스트림 SNS	현장에서 청년들과 정책을 공유 (콘서트 현장을 유튜브, 유스트림 생중계)
확산 (2639세대)	CBS 세바시 (세상을 바꾸는 시간, 15분)	SNS 마이크로사이트	창조경제 시대 본인의 발명 경험을 공유·확산

출처: 특허청(2013), 국민과 더 가까이 듣고…… '通하다'-스마트 3.0홍보사례 자료.

3) 성과

특허청의 소셜플랫폼 다양화의 성과는 다음 표의 성과지표로 정리해서 이해할 수 있다. 플랫폼의 주요 사용자층의 성별, 연령별 특성을 고려한 다양화 전략은 소통의 목적을 좀 더 용이하게 달성하게 해준다. 매스미디어와 다른 소셜미디어의 특성을 살펴볼 때 다양한 플랫폼을 활용하여, 다양한 목적을 달성하는 전략이 효과를 극대화하는 선택일 것이다.

<표 8-2> 특허청 소셜미디어 플랫폼의 성과지표

소통 브랜드	플랫폼별 성과지표
김영민 행쇼	생중계 시청 5천여 명, 페이스북 좋아요 900여 명, 댓글 469여 건, 트위터 RT 169건(2013.4.24)
소셜브리핑	생중계 시청 2만여 명, 페이스북 좋아요 5백여 명, 댓글 2백여 건, 공유 2백여 건, 유튜브 1,100뷰
e발소	13회 방송, 다운로드 7천 건, 페이스북 좋아요 4,300명, 공유 1천 건, 댓글 386건 팟빵 다운로드 순위 93위(팟캐스트 과학분야 3위)
창의발명 우주선	창의발명 우주선 프로젝트 과정과 확보한 우주영상은 유튜브 조회수 78만 회 기록, 시민의 관심과 공유 급증(5월~11월)
씽커벨	페이스북 좋아요 2,800명, 댓글 3,973건, 유튜브 1만 뷰
노다지	페이스북 좋아요 10,891건, 댓글 1,249건, 공유 749건, 유튜브 3만 뷰
멀티미디어 보고서	멀티미디어 보고서 Open 당일 유튜브 2천 뷰, 페이스북 좋아요 370개, 댓글 100개
핀터레스트	주 2회 이상 정기적인 콘텐츠 제공, 평균 게시건당 20회 이상 좋아요 공유 확산
슬라이드쉐어	슬라이드쉐어 Open 당일, 1,500건의 조회수 기록('13.11)
현장콘서트 청바지	참석자 1천 명, 생중계 시청 2만여 명, 페이스북 좋아요 3천 명, 댓글 1천 건, 공유 2천 건, 유튜브 1천 뷰
세바시	CBS와 협업하여 유튜브 조회수 3만 4천여 뷰 기록

자료: 특허청(2013), '通하다'-스마트 3.0 홍보사례 자료에서 재구성.

3. 뉴욕시 디지털 도시에 대한 로드맵

2011년 시민 기자에 의한 소셜 뉴스 플랫폼의 설립자이자 당시 27세의 레이첼 스턴이 뉴욕시 최초의 최고 디지털 책임자로 취임했다. 그는 NY시 디지털 기술의 다음 단계를 그리는 Road Map for the Digital City를 마련해서 시행했다. 로드맵에 따라, NY시는 2012년 2월 16일 다음의 4종류의 SNS 운영을 시작했다.

Facebook: NY시의 공식 Facebook 페이지를 오픈. 시민은 Facebook을 통해 시정에 대해 질문하고 의견을 제시하고 의식 조사에 응답할 수 있다. 도시는 문자와 영상을 통해 뉴스, 계산서, 긴급 정보 등을 제공한다. 또한 도시의 웹 페이지 Nyc.gov에 Facebook 공유 기능을 전면적으로 도입하고 시민이 가장 필요로 하는 도시의 페이지와 링크에 쉽게 액세스할 수 있도록 하였다.

Twitter: @NYCgov라는 공식 Twitter 계정을 통해 시정에 관한 모든 뉴스를 제공한다. 시민은 중요한 정보를 실시간으로 팔로우할 수 있다.

Foursquare: 위치 기반 플랫폼인 Foursquare에서 도시의 행정 기관은 위치 정보에 코멘트를 추가함으로써 시설의 정보를 제공한다. 또한 공원과 문화센터 등의 공공시설에 전용 배지(그 장소에 체크인하여 주어지는 포인트)를 발행하여 시민 방문의 인센티브를 시도를 하고 있다.

Tumblr: NY 도시를 거점으로 하는 마이크로 블로깅 플랫폼 Tumblr에 시 정부, 시민과 행정 기관이 글과 이미지, 영상을 공유할 수 있다.

현재는 위 4가지 SNS 이외에도 YouTube, Flickr 기타 SNS를 포함하여 무려 336개의 소셜미디어 플랫폼의 계정이 정리되어 있다. 뉴욕시의 대표계정과 공식계정에서 활용되고 있는 소셜미디어의 분포는 <표 8-3>과 같이 다양하다.

<표 8-3> 뉴욕시 소셜미디어 플랫폼 수

Facebook	90		Pinterest	12
Flickr	17		Tumblr	4
FourSquare	7		Twitter	93
Google+	2		Vimeo	1
Instagram	43		WordPress	1
LinkedIn	14		Youtube	45
Periscope	1			

4. 기타 다양한 소셜미디어 플랫폼 활용사례

1) 카카오톡

2014년에는 카카오톡이 소셜미디어 랜드스케이프에 등장하고 있다. 경북 포항시에서는 지방자치단체 최초로 카카오톡 플러스친구를 활용한 홍보 마케팅 시도하고 있는데, 다양한 플랫폼을 사용하여 다양한 대상의 고객이나 주민과 다양한 방식으로 소통할 수 있다는 점에서 모범으로 삼을 만하다.

2) 핀터레스트

서울 영등포구의 경우는 핀터레스트와 밴드 등 소셜미디어 특성을 잘 활용하여 다양한 목적을 달성하고 있다. 핀터레스트의 경우 사진 중심의 특성을 활용하여 포토 소셜 역사관 '시간여행'을 개설하여, 구의 옛 모습, 추억, 변화상 등 구의 특화된 사진을 홍보하고 있다.

<그림 8-3> 영등포구 핀터레스트 계정-포토소셜 역사관

3) 밴드

영등포구청의 경우 밴드를 활용하고 있다. 밴드의 경우는 좀 더 다양하게 활용되고 있는데, '풍수해대책본부' 밴드, 부서별 청렴소통 방(감사담당관실 운영)과 마을공동체 소통방 밴드(자치행정과 운영) 를 통해 부서별 소기의 목적을 달성하고 있는 모범적인 사례도 참조 할 만하다.

제9장

정부 소셜미디어 조직전문화와 콘텐츠 다양화 전략

정부 소셜미디어를 발전시켜 소셜정부로 진행하기 위해서 소셜미디어 조직전문화 과제와 콘텐츠 다양화 과제를 달성해야 한다. 조직전문화란 결국 소셜미디어 담당 조직을 신규로 신설하거나, 외부 위탁계약을 통해 외부 민간 사업자가 정부기관의 소셜미디어를 담당하게 되는데, 이러한 경우 담당기관의 전문성을 확보하는 전략을 의미한다. 그러나 소셜미디어가 매스미디어와 달리 소수 매체에 의해 단일의 전문조직이 업무를 수행해서는 그 효과가 제한적이므로 결국은 소셜미디어 조직은 각 부서별, 분야별로 확장하게 된다. 따라서 조직전문화와 콘텐츠 다양화 과제는 같은 경로를 통해 달성할 수 있는 과제로 판단하여 함께 논의하기로 한다.

1. 소셜미디어 조직전문화

정부 산하 각 부서와 기관에서 새로운 소셜미디어를 활용하고자 한다면 지방정부의 소셜미디어 담당 부서에서 이를 조정해야 한다. 장부조직별로 각기 다른 소셜미디어 거버넌스를 활용한다. <표 9-1>은 미국의 지방정부 담당조직 사례이다.

Arvada(2009: 1)시의 경우는 IT위원회, 웹위원회, PIO(Public information Officer)를 두어 운영하고 있다. IT위원회는 시와 각 부서에서 어떤 소셜미디어 도구를 사용하는 것이 적합한가를 승인하고, 시의 IT투자를 감독하는데 구성원은 IT director가 임명한다. 웹위원회는 각 부서를 교육하는 역할을 수행한다. 어떻게 다양한 소셜미디어를 각 부서의 목적을 달성하는 데 최상으로 활용할 수 있는가를 교육시키고, IT위원회에 승인을 받기 위해 새로운 도구와 활용방법에 대해 제시하는 역할을 수행한다. 웹위원회는 시 공무원으로 구성된 위원회로서 시의 웹상의 지위나 서비스를 지속적으로 발전시키기 위한 전략적 지침이나 비전을 제공하는 역할을 수행한다. PIO는 부서관리자가 맡으며, 매체와의 접촉을 책임지고 있다. PIO는 기준을 위반하는 부서의 페이지를 삭제할 권한을 갖고 있고, 각 부서의 소셜미디어 사용이 소셜미디어의 적합한 활용, 메시지, 브랜딩을 위한 정책과 부합하는지를 모니터한다.

<표 9-1> 소셜미디어 담당 조직의 구조사례

지방정부	소셜미디어 담당 조직 및 직제
Arvada	IT위원회, IT감독관(director), 웹위원회, PIO(Public information Officer)
Chandler	커뮤니케이션과 공보부(CAPA: Communication and Public Affairs), 정보기술부(IT: Information Technology)
North Carolina주	PIO, 문화자원부(DCR: Department of Cultural Reources)

자료: Arvada(2009: 1), Chandler(2009: 1), North Carolina(2009: 2-3).

Chandler(2009: 1)시의 경우는 커뮤니케이션과 공보(CAPA: Communication and Public Affairs)부가 시의 공식 대변인, 소셜미디어·네트워킹과 인터넷을 통한 시의 공식 웹 presence를 유지하는 책임을 맡으며, 정보기술(IT: Information Technology)부가 보안문제를 관리하고 정책을 지원하는 조치를 점검하는 책임을 갖고 있다.

North Carolina 주(2009: 2-3)의 경우엔 PIO가 중요한 역할을 수행한다. PIO의 역할은 우선 사이트의 승인을 포함한 소셜미디어 사이트에 관한 결정을 감시하고 확인하고, 다음으로 소셜미디어 사용에 대한 요청을 평가하고, 소셜미디어 도구를 사용하는 것을 승인받은 직원을 확인 검증한다. 또한 소셜미디어 도메인과 활성화 중인 계정 로그인과 암호의 목록을 유지 관리하며, 관리자인 담당 직원이 변경되었을 때 기관의 통제를 유지하기 위해 암호를 변경하며, 공공기록 보존에 대한 업무를 담당하는 문화자원부(DCR: Department of Cultural Reources)에 대한 자문을 수행한다.

<표 9-2> 한국 지방자치단체의 소셜미디어 담당부서

담당부서 유무	운영부서	빈도	백분율
있다	홍보 부서	71	71.7%
	정보화 부서	20	20.2%
	총무·기획 부서	3	3.0%
	복합 운영	5	5.1%
없다		12	10.9%
합계		111	

한국의 경우 소셜미디어를 담당하는 부서가 홍보부서인 경우가 7할 이상으로 대부분 홍보부서에서 소셜미디어를 담당하고 있어 소

셜미디어의 활용분야 역시 홍보에 치우칠 가능성이 매우 크다. 담당 부서의 역량도 역량이지만, 업무의 다원성을 생각할 때 아쉬움이 남는다. 소셜미디어의 다양한 기능과 달성 가능한 목적을 생각해볼 때 개선의 여지가 있다고 판단된다.

<표 9-3> 소셜미디어 담당직원 대상 교육 여부

구분	있다	할 예정이다	전혀 없다	합계
소셜미디어 담당직원 대상 내외부 교육	40	27	42	109
	36.7%	24.8%	38.5%	100%

소셜미디어 운영과 관련하여 소셜미디어 담당직원을 대상으로 교육을 실시하고 있는지에 대한 질문에 전혀 계획이 없다고 답변한 기관이 가장 많았고, 소셜미디어를 운영하고 있는 112개 지방자치단체 중 40개 기관만이 담당자 교육을 실시한 것으로 나타났다.

2. 소셜미디어 콘텐츠 다양화

소셜미디어를 성공적으로 활용하는 조직이 되기 위해서는 조직의 대표계정의 단일한 통로를 통해 제한된 콘텐츠를 제공해서는 안 된다. 그러한 접근은 매스미디어 시대의 방식인 것이다. 새로운 narrow media 시대에는 다양한 대상층의 관심에 맞추어 다양한 콘텐츠를 제공하기 위해 단일 대표계정 외에 다양한 플랫폼의 다양한 공식계정이 필요하다. 따라서 소셜정부로의 진행을 위해서는 각 부서별로 소셜미디어에 적극 참여하는 것을 지향해야 한다. 이러한 과정에서 각 부서별로 소셜미디어에 참여하는 동기를 부여하고, 참여하는 절차를 마련하고, 교육훈련과정도 지원하는 것이 필요하다.

1) 부서별 소셜미디어 참여의 유인

소셜미디어를 활용하면서 부서가 얻을 수 있는 편익이 크기 때문에 별도의 유인이 필요하지는 않을 것이다. 그러나 참여에 대해 별도의 유인을 부여한다면 소극적인 태도를 변화시키는 계기로 작용할 수 있을 것이다.

그리고 소셜미디어 활용 가이드라인에 업무관련 소셜미디어 활용에 대한 지침을 제시한다면 참여에 드는 초기 위험과 비용에 대한 인식을 최소화하는 효과가 있을 것이다.

치쿠마시의 소셜미디어 활용 가이드라인[30]에는 공식계정의 정의와 운영주체를 규정함으로써 부서별 계정의 가치를 인정하고 있다. 소셜미디어 활용 가이드라인을 업무에 대한 공식계정을 개설하고 소셜미디어를 활용하는 시의 조직과 그 운영을 위탁받은 사업자를 적용대상으로 하고 있다. 공식계정에는 대표계정, 부서별·분야별 공식계정이 포함된다고 규정하고 있다.

대표계정은 정부기관이 업무로 소셜미디어를 활용하는 데 사용하는 계정을 기관대표 계정이라고 한다. 치쿠마시의 경우 대표계정의

---

[30] 千曲市ソーシャルメディア活用ガイドライン
http://www.city.chikuma.lg.jp/docs/2014062500024/files/chikuma-city-sns-guideline.pdf

개설·운영은 정보정책과가 담당하는데 운영하는 소셜미디어의 특성상 다른 조직이 운영하는 것이 적당하다고 인정되는 경우 대표계정의 운영을 그 조직이 운영주체로 할 수 있다고 규정하고 있다.

대표계정 외에 발신하는 정보가 특정 분야에 충실하고, 이용자의 요구가 많은 분야로 담당부서가 판단한 경우에는 특정분야의 정보를 발신하는 분야별 공식계정을 예외로 개설하고 운영 주체로 운영할 수 있다. 또한 분야별 공식계정의 운영은 그 분야에 관계가 깊은 시 조직에 협의 후 이관할 수 있다.

기관 대표계정 및 분야별 공식계정을 총칭하여 공식계정이라고 한다. 공식계정은 시 홈페이지에 목록을 제공한다.

2) 부서별 소셜미디어 도입 시 절차 마련

불필요하게 많은 부서별 계정을 만드는 것은 적절하지는 않으므로, 효과성을 고려하여 개설을 허용해야 한다(千曲市, 2012). 이런 이유 때문에 부서별 계정은 소셜미디어 담당부서에서 개설 및 운영에 검토 및 조언하는 역할을 수행해야 한다.

소셜미디어를 도입할 때의 절차와 과정상의 지침을 제시하고 있으며, 참고할 만한 지침으로는 Arvada(2009: 2), Hampton(2009: 1), Orange County(2010: 3-13)의 사례가 있으며, 이를 종합하여 도입과정과 내용을 정리하면 다음과 같다.

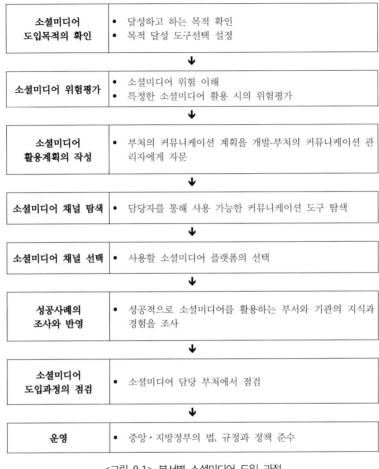

소셜미디어 도입목적의 확인	• 달성하고 하는 목적 확인 • 목적 달성 도구선택 설정
소셜미디어 위험평가	• 소셜미디어 위험 이해 • 특정한 소셜미디어 활용 시의 위험평가
소셜미디어 활용계획의 작성	• 부처의 커뮤니케이션 계획을 개발-부처의 커뮤니케이션 관리자에게 자문
소셜미디어 채널 탐색	• 담당자를 통해 사용 가능한 커뮤니케이션 도구 탐색
소셜미디어 채널 선택	• 사용할 소셜미디어 플랫폼의 선택
성공사례의 조사와 반영	• 성공적으로 소셜미디어를 활용하는 부서와 기관의 지식과 경험을 조사
소셜미디어 도입과정의 점검	• 소셜미디어 담당 부처에서 점검
운영	• 중앙·지방정부의 법, 규정과 정책 준수

<그림 9-1> 부서별 소셜미디어 도입 과정

- 1단계: 소셜미디어 도입목적의 확인

  달성하고 하는 목적을 확인하고, 목적을 달성하는 데 가장 도움이 되는 도구를 선택해서 설정하는 것이 중요하다.
- 2단계: 소셜미디어 위험평가

소셜미디어 사용과 관련된 위험에 대해 정확히 이해하고, 특정한 소셜미디어를 활용할 때의 위험을 평가하라.

- 3단계: 커뮤니케이션 계획의 작성
  부처의 커뮤니케이션 계획을 개발하기 위해서는 부처의 커뮤니케이션 관리자에게 자문을 받아야 한다.
- 4단계: 커뮤니케이션 도구탐색
  담당자를 통해 사용 가능한 커뮤니케이션 도구를 탐색한다.
- 5단계: 소셜미디어 도구의 선택
  커뮤니케이션 계획에 소셜미디어를 포함하고 있다면 우선 기존의 플랫폼을 사용할지를 고려해야 한다.
- 6단계: 성공사례의 조사와 반영
  성공적으로 소셜미디어를 활용하는 부서와 기관의 지식과 경험을 조사하고 이를 통해 이점을 취할 수 있다.
- 7단계: 소셜미디어 도입과정의 점검
  모든 지방자치단체 조직들은 이와 같은 새로운 이니셔티브와 관련하여 소셜미디어 담당 부처에서 점검을 받아야 한다.
- 8단계: 운영
  소셜미디어를 사용하는 부서는 중앙정부와 지방정부의 법, 규정과 정책을 준수해야 한다.

3) 공식계정의 운영정책과 매뉴얼, 이용약관의 마련

운영주체, 운영정책을 명확히 해야 한다. 공식계정 생성 시에는 담당자와 관리자를 정하여 사전에 계정의 목적, 게시 내용, 표현, 결재의 필요 등을 확인하고 프로필란 등에서 운영주체와 목적을 분명히 한다. 또한 결재 행위를 필요로 하는 경우에도 관리자는 정기적으로 발언 내용을 확인한다. 또한 계정을 만들 때 미리 담당과(하마마츠시의 경우 광청홍보과)에 신고하여 심사를 받는다. 공식계정으로 인정받은 것에 대해서는 홈페이지에 게재한다. 치쿠마시의 가이드라인(2012)에서는 공식계정을 운영하는 산하기관이나 부서에서는 이용정책을 만들고 소속부서에서 공유해야 한다고 하는데, 다음 요소를 포함해야 한다.

<표 9-4> 소셜미디어 공식계정 이용정책 포함내용(치쿠마시)

· 소셜미디어를 이용한 정보발신을 실시 목적
· 이용하는 소셜미디어의 종류
· 정보발신 대상자(어떤 특성을 가진 사람에게 얼마나 많은 이용을 기대할 수 있는가)
· 정보발신의 내용(목적을 달성하기 위해 어떤 기사를 발신하는가)
· 이용자에 대한 혜택(제공 가치, 이용하는 동기는 무엇인가)
· 발신 주파수, 타이밍, 발신 방법, 댓글에 대한 대응 등의 이용 방법
· 운영 관리 책임자, 운영 담당자, 결재 흐름 등의 운용 체제
· 목표(목표 달성 정도, 이용자 수, 공유, 도달 수 등의 수치 목표, 계속·철퇴 라인 등)

자료: 千曲市(2014), ソーシャルメディア活用ガイドライン.

공식계정의 개설 또는 이관을 받고자 하는 시의 조직은 개설운영 이전에 다음 사항을 포함하는 문서를 작성하고 소속 부서에서 공유해야 한다고 규정하고 있다.

<표 9-5> 소셜미디어 공식계정 운영 매뉴얼 포함내용(치쿠마시)

- 해당 소셜미디어를 이용하는 목적
- 운영 관리 책임자, 운영 담당자, 결재 흐름
- 게시 단계(기사 등의 작성 방법 게시 방법 등)
- 이용자의 게시물 등에 대한 내용 방침과 방법
- 발신하는 정보 발신하지 않는 정보
- 보안의 확보 방법(스푸핑 방지, 암호 관리 등)
- 계정의 평가 기준과 평가 방법
- '천곡시 소셜미디어 활용 지침'을 준수하는 기재의무
- 기타 이용하는 소셜미디어 특유의 사항에 대한 대응 방법

자료: 千曲市(2014), ソーシャルメディア活用ガイドライン.

이러한 운영정책 외에 별도로 이용약관을 계정별로 정하는 것을 의무화한 경우도 있다. 일본 오쿠마정(大熊町)의 경우가 참고할 만한 예이다. 약관은 이용자가 사전 동의해야 하는 사항에 대해 정하는 것으로 다음과 같은 사항을 규정하도록 하고 있다.[31]

- 이용상의 준수 사항
- 지적 재산권의 귀속
- 면책 조항

쓰루가시(敦賀市職員のソーシャルメディア利用に關するガイドライン)의 경우 운영정책의 형식을 서류화해서 제공하고 있다.

---

31) 大熊町, 2015, 大熊町ソーシャルメディア活用ガイドライン.
   http://www.town.okuma.fukushima.jp/sites/default/files/download_documents/okuma_social
   media_guideline.pdf

<표 9-6> 쓰루가시 운영정책의 사례

운영자 이름	부 과
이용 목적	
발신 내용	
이용 소셜미디어 종류	트위터, 페이스북, 기타
계정	
등록URL	
운용 기간	년 월 일~년 월 일
운영 시간	○요일에서 ○요일까지 ○○시 ○○분까지 합니다. (공휴일 및 연말연시를 제외) 다만, 그 이외의 시간에 발신하는 경우가 있습니다.
게시물에 대한 회신	(회신하지 않는 경우) 원칙적으로 하지 않습니다. 개별 답변은 할 수 없기 때문에 미리 양해 바랍니다. (회신하는 경우) 운영자는 필요한 경우 답변을 합니다. 그러나 운영자가 모든 게시물을 열람, 게시물에 답변하는 것을 보증하는 것은 아닙니다.
비고	

자료: 敦賀市, 敦賀市職員のソーシャルメディア利用に関するガイドライン.

오쿠마정(大熊町ソーシャルメディア活用ガイドライン)은 이용 플랫폼별로 운영정책과 이용약관을 제공하고 있는데, 페이스북 페이지의 운영정책과 이용약관을 부록에서 참조할 수 있다.

4) 부서별 공식계정의 운영과 운영의 종료

하마마츠시의 소셜미디어 활용 가이드라인(浜松市ソーシャルメディア活用ガイドライン)[32]에는 업무편과 개인편으로 나누어 지침을 제공하고 있다. 업무편의 지침은 홍보업무를 위해 공식계정을 통해 소셜미디어를 사용하는 부서 또는 업무운용을 위탁받은 업체에

---

32) http://www.city.hamamatsu.shizuoka.jp/koho2/index.html

대해 적용하는 준수사항과 금지사항 등을 제시한다. 반면에 개인편에서는 시의 직원신분을 가진 자가 소셜미디어를 사용하는 경우의 준수사항과 금지사항을 제시하고 있다. 여기서는 하마마츠시의 소셜미디어 활용 가이드라인을 참조하여 부서별 공식계정 운영 시 준수해야 할 사항과 금지사항 등을 제시하고자 한다.

(1) 준수 사항

가. 운영정책의 준수, 성실하고 분별 있는 행동

공식계정의 정보발신은 운영정책을 준수하며, 소속기관의 대표로서 자각하고, 책임을 가지고 사회적인 상식과 매너를 분별하는 언동을 유의해야 한다. 실수로 게시한 정보에 의해 오해를 일으키게 하거나 다른 사람을 다치게 한 경우에는 그 사실을 솔직히 인정하고 즉시 정정하는 등 성실하게 대응하고, 진심으로 이해하고 노력해야 한다.

나. 접수된 댓글에 대한 대응

소셜미디어에서의 논의된 사안에 대해 진지하게 받아들인다. 댓글에 대한 대응에 대해서는 세심한 주의를 기울인다. 독점적으로 정보발신을 할 경우에는 개인정보란 등에 그 취지를 기재한다.

다. 법령·규정·기밀 준수

공무원법과 윤리규정을 비롯한 관계 법령 및 직원의 복무 및 정보의 취급에 관한 규정 등을 준수한다. 또한 개인이 식별할 수 있는 사진이나 영상, 글 등을 게시할 경우에는 사전에 본인과 소속 단체, 기업 등에 양해를 얻는 등 기본적 인권, 초상권, 프라이버시, 저작권 등에 충분히 유의한다.

라. 소속기관에 대한 중요한 기술에 대한 보고, 정보공유

업무에 직접 관계가 없더라도 소속기관에 관한 중요한 기술을 소셜 미디어에서 찾은 경우 소속장과 담당부서에 신속하게 연락한다. 부정적인 평판을 찾아 그 안에 사실 오해가 포함되어 있다고 해도 그 자리의 판단으로 부정이나 반박을 하는 것은 피한다.

마. 지속적인 운영 점검과 개선

공식계정의 운영주체인 조직은 공식계정에 대해 다음 성과기준에 따라 적절하게 평가를 실시하고 과제나 이용자의 요구를 추출하여 지속적으로 개선을 하여 계정의 품질을 향상시켜야 한다.

- 게시한 게시물에 대한 이용자의 반응(공유된 숫자, 링크 클릭 수, 동영상 조회수, 댓글의 내용 등)
- 이용자 수의 평가(상정하고 있던 이용자 수와 실제 이용자 수 비교)
- 종합 평가(당초의 목적을 얼마나 달성할 수 있는가)

(2) 금지 사항

가. 소속기관의 공식 견해가 아닌 정보 및 비밀 정보의 발신

소속기관의 공식 견해가 아닌 것(의사결정 과정에 있는 정책과 사업 내용)은 발신하지 않는다. 취급에 대해서는 세심히 주의하고 마

음대로 언급이나 억측 포함 발언은 철저히 자제한다. 소문이나 미발표 내용에 대해 물었을 경우도 같다. 업무상 알게 된 개인정보나 기밀정보, 소속기관의 보안을 위협할 우려가 있는 정보 등을 발신하는 것을 금지한다.

치쿠마시(2014)의 경우, 다음과 같은 콘텐츠는 게시해서는 안 된다고 좀 더 상세하게 기술하고 있다.

- 기밀 사항을 포함
- 법령에 위반되거나 혹은 위반하는 우려가 있는 것
- 특정 개인·단체 등을 비방 중상하는 것
- 정치 활동, 종교 활동을 목적으로 하는 것(정치적 활동이나 종교 활동으로 인정되는 것을 포함)
- 저작권, 상표권, 초상권 등, 시 또는 타인의 지적 재산권을 침해하는 것
- 광고, 선전, 권유, 영업 활동에 해당하는 것으로, 기타 영리를 목적으로 하는 것
- 인종·사상·신조 등의 차별에 해당하는 것, 또는 차별을 조장하는 것
- 공공질서 또는 선량한 풍속에 반하는 내용을 포함
- 허위 또는 사실과 다른 내용을 포함 및 단순한 소문과 소문을 조장하는 것
- 본인의 승낙 없이 개인정보를 특정·개시·유출 등 사생활을 침해
- 유해한 프로그램 등
- 외설적인 표현 등 부적절한 것

- 기타 시가 부적절하다고 판단한 정보 및 이러한 내용을 포함하는 홈페이지에 링크

나. 오해의 소지가 있는 발신

발신하는 정보는 정확을 기하고, 그 내용에 대해 오해의 소지가 없도록 유의한다. 또한 같은 내용을 반복해서 게시하는 것은 스팸으로 간주하여 기피하기 때문에 하지 않는다.

다. 논쟁거리의 회피

발신한 정보에 관해 공격적인 반응이 있었을 경우는, 냉정하게 대응하고 불필요한 논쟁이 되는 것을 피한다.

(3) 지속과 철회

공식계정 운영을 지속할 것인지 철수할 것인지는 운영주체인 부서가 판단한다. 단, 부서별 공식계정 내용은 담당부서가 필요하다고 인정하는 경우 운영주체인 조직에 공식계정 운영 철수를 권고하거나 강제할 수 있어야 한다.

가. 판단 기준

다음과 같은 상황이 발생했을 경우 신속하게 공식계정 운영에서 철수한다.

- 당초의 목적을 달성했을 때
- 목표달성과 효과성을 확보하는 것이 어렵다고 전망될 때

- 계정을 계속함으로써 보안위협 등 이용자 또는 해당기관에 현저한 불이익이 발생 상황과 가능성이 인정되는 경우
- 해당 정부기관의 공식계정으로 품질을 담보하지 못하고, 이용자의 신뢰 저하로 이어질 우려가 높다고 판단한 경우

나. 탈퇴 방법

공식 계정의 운영에서 철수할 경우 계정을 즉시 제거하는 것이 아니라, 필요하다고 인정되는 기간 공식계정에서나 해당 정부기관 홈페이지에서 계정을 정지한 취지의 알린 후 계정을 삭제한다. 그러나 계정을 계속함으로써 이용자 또는 도시에게 현저한 불이익이 발생 사태가 인정되는 경우에는 즉시 계정을 삭제할 수 있다.

(4) 활용 소셜미디어 채널

부서나 산하기관의 공식계정도 앞서 설명한 활용목적의 다원화와 활용플랫폼의 다양화 전략을 적용하는 것이 바람직하다. 현재 많이 사용하고 있는 페이스북, 트위터, 유튜브 등을 적극 고려하고, 향후 새롭게 등장하는 소셜미디어 플랫폼에 대해서도 지속적으로 관심을 기울일 필요가 있다. 이를 위해 정부기관의 소셜미디어 담당부서는 아직 활용하고 있지 않은 소셜미디어와 향후 새롭게 등장하는 소셜미디어에 대해서도 적극적으로 연구하고, 미디어의 규모, 이용자층, 해당 정부기관에서 미래에 활용할 만한 가치, 안전성 등을 종합적으로 분석 검토하고 대표계정과 공식계정에서 활용하도록 안내하는 것이 바람직하다.

5) 위험예방과 대응

(1) 암호 관리

비밀번호는 영숫자와 기호를 결합하는 등 추측하기 어려운 것으로 설정하고 주기적으로 변경하거나, 보관방법 등의 관리에 충분하게 주의한다.

(2) 스푸핑 방지 및 대응

공식계정에서 기관대표 홈페이지에 링크와 기관대표 홈페이지에서 공식계정에 대한 링크를 설치한다. 또한 기관의 계정을 가장하는 행위를 발견한 경우 즉시 해당 소셜미디어의 운영주체에 삭제해달라고 의뢰함과 동시에 기관 홈페이지 등을 통해 주의를 환기하여 피해를 최소화하도록 노력한다.

(3) 잘못된 정보를 게시한 경우

원칙적으로 한 번 게재한 기사는 삭제하지 말아야 한다. 게시물 내용에 오류 등이 있을 경우는 별도 수정 기사를 게시하는 것이 좋다. 단, 기밀 등을 게시해서는 안 되는 콘텐츠를 포함한 기사는 발신 후 바로 삭제해도 무방하다.

(4) 문제 대응

게시한 기사가 의도하지 않게 오해를 일으키거나 타인의 불이익을 초래한 경우에는 그 사실을 솔직히 인정하고 즉시 정정하는 등 성실하게 대응하고, 관계인들이 제대로 이해할 수 있도록 진지하게 노력한다.

또한 정부기관이 발신한 기사와 이용자의 의견에 따라 이른바 소셜미디어 재앙(disaster)이라는 사태가 발생한 경우에는 냉정하고 진지하게 대응하고 불필요한 논쟁을 피하고 사태 수습에 노력한다.

공식계정에 짐작이 없는 정보가 게재된 경우에는 정보의 내용을 확인하고 즉시 소속장 및 담당부서에 연락하고, 화면을 저장하는 등 기록을 남긴 후, 당해 정보를 삭제하고 해당계정의 암호를 변경한다. 또한 게시 작업을 하던 단말기에 소셜미디어와의 연계 기능을 가진 타사 응용 프로그램이 설치되어 있지 않으면 설정한 연계 기능을 해제한다. 스푸핑·계정탈취에 의한 피해를 최소한으로 억제하기 위해 관리계정에 대해서는 평소 자주 확인한다.

제10장

<h1 align="center">정부 소셜미디어의
제도적 지원강화</h1>

1. 소셜미디어 제도적 지원강화

소셜미디어를 활발하게 활용하고, 그 편익을 향유하는 소셜미디어 정부로 진행하기 위해서는 소셜미디어에 대한 긍정적 인식이 자리 잡는 과정 중에 제도적인 지원이 필수적이다. 소셜미디어를 활용하고자 하는 유인으로서 제도적 지원을 강화해야 한다.

제도적 지원과 통합성을 위한 대안으로 고려할 수 있는 것은 예산의 추가배정, 인력충원, 조직신설, 직제개편, 소셜미디어 통합운영 등이다.

<표 10-1> 소셜미디어의 제도적 지원과 통합운영(2015년)

제도적 지원내용	있다	없다
예산 추가배정	29	66
인력충원	23	72
조직신설	17	73
직제개편	7	77
통합운영	16	93
합계	76	288

예산 추가배정, 인력충원, 조직신설, 직제개편, 통합운영 등의 제도적 지원강화 대안에 대해 그동안 소극적이었음을 보여준다.

<표 10-2> 소셜미디어 전담직원 특별채용 식급(2015년)

직급	기관수
6급 상당	2명
7급 상당	12명
8급 상당	10명
9급 상당	5명

소셜미디어 통합운영에서도 적극적인 변화가 시급하다. 대구시청의 대구톡톡과 같은 소셜미디어 통합허브시스템은 소셜미디어 허브, 소셜미디어 센터 등 다양한 이름으로 불리고 있다. 이러한 소셜미디어 허브는 운영하는 지방자치단체의 입장에서는 시민들에게 관련 기관 및 부서의 다양한 소셜미디어 채널로의 정확한 안내정보를 제공한다는 점에서 의미가 있으며, 다양한 소셜미디어의 생태계에서 소멸되거나 활동성이 떨어져 가는 소셜미디어 채널의 사용자를 다른 채널로 이끌어낼 가능성을 확보한다는 데 의미가 있다(McCready, 2010). 또한 소셜미디어를 운영하는 산하기관이나 부서의 측면에서는 성공적으로 소셜미디어를 운영하는 산하기관이나 부서를 벤치마킹할 기회를 제공하며, 간접적으로 소셜미디어 활용의 경쟁을 통해서 소셜미디어 문화를 조기에 정착시킬 수 있다는 장점이 있다.

이러한 측면에서 소셜미디어 허브의 구축 및 운영은 매우 긍정적으로 평가할 수 있지만 이를 보다 적극적으로 활용할 수 있는 준비는 조금 미흡한 것으로 나타났다.

그러나 향후 소셜미디어 허브 시스템의 현실적인 개선을 통해서 소셜 데이터를 수집하여 채널 운영에 활용하거나 채널이 사장 또는 이용하지 못하게 될 경우 대체할 수 있는 것을 마련하기 위한 대책 등을 고려하고 있는 것으로 나타났다.[33]

2011년 소셜미디어를 운영하는 72개 기관에서도 기존 홈페이지에 소셜미디어를 통합하여 운영하고 있는지의 여부를 알아본 결과, 13.9%인 10개 기관에서는 통합하여 운영하고 있는 반면, 86.1%인 62개 기관에서는 기존 홈페이지와 별도로 소셜미디어를 운영하고 있음을 알 수 있다.

2015년 소셜미디어를 운영하는 112개 기관에서도 기존 홈페이지에 소셜미디어를 센터(경기도의 소셜 허브, 서울시의 소셜미디어 센터 등) 형태로 통합하여 운영하고 있는지의 여부를 알아본 결과, 14.7%인 16개 기관에서는 통합하여 운영하고 있는 반면, 85.3%인 93개 기관에서는 기존 홈페이지와 별도로 소셜미디어를 운영하고 있음을 알 수 있다.

결과적으로 소셜미디어의 통합운영 여부는 그 비율에 있어 2011년 분석결과와 큰 차이를 보이고 있지 않은 것을 확인할 수 있다.

<표 10-3> 소셜미디어 통합운영의 비교

운영방식	2011	2015
통합운영	10(13.9%)	16(14.7%)
개별운영	62(86.1%)	93(85.3%)
	72(100.0%)	109(100%)

---

33) 2015년 7월 9일, 대구광역시 홍보담당관실 소셜미디어 운영 담당자(이안희) 인터뷰.

2. 소셜미디어 통합: 대구시청의 '대구톡톡' 사례

1) 대구톡톡의 사례 개요

대구시청은 2013년 11월 5일에 SNS 통합·공동 활용 기반 구축으로 쌍방향 소통을 확대하였다. 대구시, 교육청, 경찰청 등 27개 기관별로 자체 운영하는 51개의 SNS를 연계·통합하여 소통플랫폼인 '대구톡톡'(http://sns.daegu.go.kr)을 구축하여 공동 활용하였다. 행정소통 초기 구축비용의 절감 및 소통지수 향상으로'13년 9월에 안전행정부의 지방3.0 선도과제로 선정되기도 했다.

<그림 10-1> 대구시 SNS 허브시스템 소통플랫폼('대구톡톡')

2) 추진배경 및 과정

추진배경을 먼저 살펴보면 기존 대구시, 교육청, 경찰청 등 27개 기관별로 SNS를 자체 운영함에 따라 기관 간 정보 공유·소통 미흡으로 시민의 의견에 대한 신속한 대응이 어려웠다. 또한 트위터, 페이스북 등 SNS에서의 시민의견을 수집·분석하는 기능이 부재하였고, 정책 형성과정에 여론을 반영하는 수단이 시정모니터단 등 주로 오프라인에 집중되어 있어 일반시민의 광범위한 의견을 청취하는 데 애로가 발생되었다. 이에 SNS 여론의 신속한 파악 및 대응, 홍보의 중요성 증가로 SNS의 과학적인 운영관리를 위한 시스템 구축 필요성이 대두되었다.

시민 편의성 제고 및 과학적인 SNS 운영·관리를 위한 이용자, 관리자 사이트 구축 및 공동 활용으로 SNS 정보검색, 여론 감성분석, SNS 주간단위의 운영실적 통계 등을 시민들에게 제공하였다.

시정현안에 대한 시민과의 소통을 강화하였는데 현안에 대한 여론분석 및 정책토론을 실시하고 경제·사회 등 분야별로 구분하여 주요 이슈에 대해 여론데이터를 수집·분석하고 정책 형성과정에서 시민에게 정보를 제공하고 '이슈담벼락'을 통한 온라인 정책토론을 실시하였다.

또한 실시간 정보제공 및 신속한 답변처리시스템도 구축하였는데 27개 기관 SNS를 통해 폭염, 교통통제 등 대시민 긴급 메시지를 일괄 발송하고 배너·알림메시지 등으로 주요 행사 등을 홍보하였다. 소통메시지 분석을 통해 시민이 관심을 갖는 사항에 대해 추가정보를 제공하고 소통메시지(트위터 멘션, 페이스북 댓글·담벼락)를 실시간 확인하여 해당 질의에 대한 답변을 실시간 제공하였다.

자료: 대구시청(2014), SNS 통합허브시스템(대구톡톡) 추진성과 자료.

<그림 10-2> 시민 질의에 대한 신속한 답변 처리 사례

3) 성과

(1) 정책참여 활성화

대구시청의 대구톡톡은 SNS 통합허브시스템으로 정책의제설정 단계에서부터 정책결정, 정책집행, 정책평가의 제반 단계에서 정책참여가 활성화되는 기폭제가 되었다. 시스템 네이밍 공모는 정책집행 이전단계에서 시민들의 의견을 수렴했고, 만족도 조사는 정책평가 단계에서 활용하는 것으로 알 수 있다. 또한 시내버스 승·하차 현황 조사 홍보는 노선체계 개편 정책수립에 활용하는 정책결정 단계에서 활용되었다.

시정 현안에 대한 시민의견을 수집·분석하여 홍보 및 정책 활용이 이전에 비해 7건으로 향상되었다. 예를 들어 시민참여로 소통플랫폼 네이밍 공모 및 선정('대구톡톡'으로 명명)하였고, '대구톡톡' 만족도 설문조사를 실시하고, 시내버스 승·하차 현황조사도 홍보하여 노선체계 개편의 정책수립에 활용하였다.

<표 10-4> 시민의견 수집·홍보 및 정책활용 주요 사례

정책활용 주요사례	참여자 수
SNS 통합허브시스템 네이밍 공모 및 온라인 선정 투표 → 시민참여로 SNS 통합허브시스템 네이밍 명명('대구톡톡')	782명
'대구톡톡' 만족도 설문조사 실시 → 소통 확대를 위한 '대구톡톡' 시스템 고도화에 반영 추진 예정	1,086명
시내버스 승·하차 현황 조사 홍보 → 노선체계 개편 정책수립에 활용	122,336명

자료: 대구시청(2014), SNS 통합허브시스템(대구톡톡) 추진성과 자료.

(2) 쌍방향 소통의 효과

기관 SNS 연계·통합 및 소통플랫폼('대구톡톡') 공동활용으로 기관의 행정소통 초기 구축비용 절감 및 소통지수를 향상하였는데 공동활용 기관이 구축 시 24개소 42개 채널에서 구축 후 27개소 51개 채널로 늘었다. 또한 시민 만족도 설문조사 결과, 편리성(96%), 효과성(90%), 이용 의사(80%)에서 우수하게 평가되고, 시민 참여기능의 확대를 요구하였다. 기관의 SNS 정보공개, 시민의견 피드백 강화로 시민편의를 증진하였다.

(3) 정책품질의 향상

대구톡톡은 시정 현안에 대한 정책토론 및 여론 수집·분석 기능을 구축하여 정책 형성과정에서 '이슈담벼락'을 통한 온라인 시민 정책토론 실시하였다. 경제·사회, 문화·행사, 교육 등 주요 이슈에 대해 분야별 모니터링·분석을 실시하여 시민 여론의 과학적인 데이터 기반 통합·분석으로 시정 정책품질을 향상하였다.

대구톡톡은 SNS의 과학적 관리, 소통 기반 공동활용 성과로 대전,

울산, 충북, 경북 등 타 시도의 벤치마킹 사례로 주목받았다.

3. 뉴욕시의 소셜미디어 허브

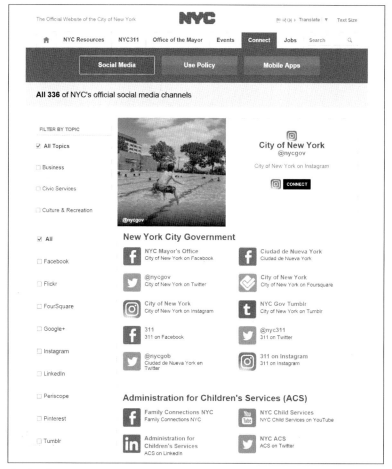

자료: http://www1.nyc.gov/connect/social-media.page

<그림 10-3> 뉴욕시 소셜미디어 사이트

뉴욕시의 웹사이트에는 **Official NYC Social Media Sites**라는 페이지에 사용할 수 있는 소셜미디어의 목록을 부문별로 정리되어 게재되고 있다.

부서별로 현재 사용하고 있는 소셜미디어 채널을 모두 보여주고 있으며, 플랫폼별로 정렬해서 검색도 가능하다. 또한 주제는 시민중심으로 사업, 시정서비스, 문화와 레저로 구분하여 정렬 가능하도록 준비하고 있다.

제11장

정부 소셜미디어의 수용성 강화

1. 소셜미디어 수용성 강화

소셜미디어의 편익이 크다 하더라도, 반대급부로 위험성이 도사리고 있는 만큼 소셜미디어를 적극 활용하고자 하는 공무원이 쉽게 확산되리라고 예측하기는 어렵다. 위험을 최소화할 수 있는 사용자 가이드라인을 만들거나, 적극적으로 소셜미디어를 활용하는 동기를 부여하기 위한 소셜미디어 정책을 제정하고 수행하는 것이 필요하다. 이와 함께 조직의 문화에 접목시켜 자리 잡게 하기 위해서는 구성원들을 대상으로 하는 교육과 훈련을 실시하는 것이 무엇보다도 중요하다.

<표 11-1> 조직구성원 대상 교육현황(2015년)

구분	있다	할 예정이다	전혀 없다	합계
조직구성원 대상 소셜미디어 사용자 지침 및 활용에 관한 교육	30	28	50	112
소셜미디어 활용 시 발생 가능한 프라이버시 및 데이터 보안상의 문제에 대한 교육	23	27	59	112

중요성에도 불구하고, 조직구성원에 대한 소셜미디어 사용자 지침이나 활용에 대한 교육은 활성화될 필요가 있다고 판단된다. 교육기회의 제공과 더불어, 교육내용 또한 교육대상에 맞춰 표준화하고, 다양화하는 노력이 필요하다.

2. 소셜미디어 교육훈련

소셜미디어의 편익이 크다 하더라도, 반대급부로 위험성이 도사리고 있는 만큼 소셜미디어를 적극 활용하고자 하는 공무원이 쉽게 확산되리라고 예측하기는 어렵다. 위험을 최소화할 수 있는 사용자 가이드라인을 만들거나, 적극적으로 소셜미디어를 활용하는 동기를 부여하기 위한 소셜미디어 정책을 제정하고 수행한다고 하더라도 이를 조직의 문화에 접목시키기 위해서는 구성원들을 대상으로 하는 교육과 훈련을 실시하는 것이 무엇보다도 중요하다.

1) 교육대상

소셜미디어에 대한 교육훈련에는 다양한 대상이 포함되어 있다. 우선 전문적이고 책임감 있는 소셜미디어 담당자가 소셜미디어 관리자로서 다양한 사이트의 모든 커뮤니케이션을 책임져야 하기 때문에 전문적이 교육이 필요하며, 소셜미디어의 많은 위험에 대해 잘 알고 있어야 한다.

모든 구성원은 조직의 잠재적인 대변인으로 조직구성원 전체에 대한 소셜미디어 교육훈련 프로그램이 마련되는 것이 필요하다. 조직구성원의 경우도 차별화시켜서 교육을 편성하는 것이 필요하며, 소셜미디어에 대한 지식정도에 따라 맞춤식의 교육훈련이 필요하다.

또한 외부고객인 시민, 혹은 지역주민에 대한 교육도 중요하다. 상호작용은 쌍방향적이므로, 정부구성원뿐만 아니라 정부외부의 시민들도 어떠한 의식과 준비상황에 있는가에 따라 소셜미디어의 활용의 결과가 크게 달라질 것이기 때문이다.

2) 교육내용

<그림 11-1> 미 육군 소셜미디어 교육 포스터

소속 공무원들에게 교육시켜야 할 우선적인 내용은 소셜미디어상에 프라이버시는 없다는 점이다. 사무실 컴퓨터이나, 집의 컴퓨터, 모바일 기기를 사용하든 관계없이 소셜미디어상에 게시된 글은 사적일 수 없다. 미 육군의 다음 포스터는 이러한 내용을 교육시키기 위해 만들어진 것인데, 소셜미디어상에서 프라이버시가 없다는 점을 알리는 데 매우 효과적이라 판단된다.

또한 소셜미디어상에 게시하는 내용의 결과에 대해 예측하고 판단해야 한다는 사실을 교육시켜야 하며, 이는 조직 내에서 무책임한 게시로 인해서 발생하는 위기를 사전에 예방할 수 있다는 점에서 매우 중요하다.

다음 <그림 11-2>는 미 해군에서 부주의한 소셜미디어 사용이 가져올 참혹한 결과를 알리는 효과가 큰 포스터이다. 군대뿐만 아니라 어떤 조직도 부주의한 소셜미디어 사용의 결과로부터 자유로울 수

<그림 11-2> 미 해군 소셜미디어 관련 포스터

는 없다는 점은 모든 조직, 특히 조직의 영향력이 매우 큰 공공조직에서 매우 중요한 시사점을 준다. 따라서 이러한 결과를 초래하는 원인행위를 하지 않도록 적극적으로 교육하는 것이 필요하다.

소속 공무원이 자신이 어느 기관에 소속되었는지를 밝히고 소셜미디어를 사용한다면 소속기관은 해당 내용을 확인할 수 있다는 점을 알게 해야 한다. 소속기관이든 또는 다른 어떤 사람이든 찾고자 한다면 대상공무원의 이름을 검색해볼 수 있다는 점을 알아야 한다. 또한 소셜미디어상에 게시된 자료들은 삭제되지 않고 오랫동안 보존된다는 점에서 게시할 때 깊이 생각해야 한다. 또한 게시하기 전에 다음과 같은 질문을 던져보기를 권하는 사례가 있다.[34]

---

34) 춘천시 SNS 지침 사례 참조.

3) 안내서

교육내용에서 예시했듯이 외국의 많은 정부기관과 부처들이 특성화된 맞춤 안내서와 소셜미디어 교재를 편찬하여 제공하고 있다. 안내서를 통해 소셜미디어를 장려하는 대표적인 예는 스페인의 카탈루니아 정부의 가이드북(2010)과 미국 공군의 핸드북(US Air Force, 2009a; 2009b), 미국 해군(2010) 및 육군(2011)의 핸드북 등이 있다. 이러한 안내서는 소셜미디어에 대한 기본적인 이해를 통해 소셜미디어를 좀 더 활발하게 사용하게 하는 데 도움을 주기 위해 다양한 소셜미디어와 각 소셜미디어를 활용하기 위해 필요한 팁 등을 제공한다. 또한 정부와 관련된 다양한 소셜미디어 계정의 브랜드 가치를 유지하기 위해 디자인을 통일시키는 노력을 돕기 위해서 안내서를 활용하기도 한다. 카탈루니아 정부의 안내서의 경우 제목에 Style & Usage가 포함되어 있어 이러한 사례로 살펴볼 수 있다.

미국 공군의 경우 2009년 상반기에 만든 New Media and The Air Force를 같은 해 11월에 Social Media and The Air Force로 다시 출판하였는데, 이러한 변화는 소셜미디어와 관련한 변화가 얼마나 신속하게 이루어지고 있는가를 보여주는 사례에 해당된다. 해군과 육군의 경우도 소셜미디어 핸드북을 제공하고 있는데, 해군의 경우 지휘관을 대상으로 한 핸드북이어서 특이한 사례로 검토할 수 있다.

<그림 11-3> 미국 각 군의 소셜미디어 핸드북

제12장

정부 소셜미디어의
법적 기반 강화

1. 소셜미디어 법적 기반 강화

소셜미디어 사용자 지침, 소셜미디어 정책, 소셜미디어 관련 조례 및 규칙 등의 법적 기반의 구축차원에서 많은 진전이 있었지만 아직도 취약한 수준을 벗어나지는 못했다.

2012년 11월 14일부터 22일까지 지방자치단체의 소셜미디어 지침 보유현황 조사에서는 소셜미디어 관련 가이드라인 등을 보유하고 있는 광역자치단체는 5곳에 불과한 것으로 나타났다. 그리고 기초자치단체 또한 소셜미디어 운영 관련 지침을 보유하고 있는 것으로 확인된 곳이 5곳으로 나타났다. 취약한 수준이 아니라 전무한 수준이었다.

2015년 이후로 많은 지방자치단체에서 조례를 통해 소셜미디어 운영과 관련한 법적 기반을 강화하기 위해 노력한 성과가 나타나고 있지만 아직도 많은 정부기관들에서 보편화되어 있지는 않고, 공공기록 등의 법제 분야에서도 서둘러야 할 과제들이 산적해 있다.

<표 12-1> 지방자치단체의 소셜미디어 지침 보유현황(2012년)

구분		소셜미디어 관련 지침 명칭
광역	부산광역시	부산시 소셜미디어 운영 가이드라인 뉴미디어 활용 시정홍보 강화 계획
	대구광역시	시 소셜미디어 채널 "다채움" 확대운영 계획
	인천광역시	2012년 소셜미디어 및 포털사이트를 통한 시정홍보 계획(안)
	대전광역시	「시 공식 트위터」 운영 정책
	충청남도	충청남도 소셜미디어 운영 지침
기초	인천 부평구	소셜네트워크 서비스 활성화 계획
	강원 춘천시	블로그 및 SNS서비스 제작운영 가이드라인
	충남 당진시	주민과의 원활한 소통을 위한 SNS 운영 계획
	전남 화순군	뉴미디어(SNS)를 활용한 군정홍보 활성화 방안

자료: 지역정보개발원(2012), 지방자치단체의 소셜미디어 운영 및 활용 가이드라인 연구, 13.

조례에 비해서 사용자지침(가이드라인)이나 소셜미디어 정책은 상대적으로 준비가 미흡한 실정이다. 사용자지침은 공무원들이 소셜미디어를 어떻게 활용하는가를 좀 더 상세하게 안내해줄 수 있다는 점에서 더욱 적극적인 준비가 필요하다고 보인다.

소셜미디어 사용자지침보다 포괄적인 내용을 담는 소셜미디어 정책은 소셜미디어 사용자지침을 포함해서 각 부서의 소셜미디어 도입절차, 정부 대표계정, 부서 및 기관 계정의 관리자들에 대한 지침, 소셜미디어를 이용하는 시민의 행동지침, 소셜미디어에서 제공되는 콘텐츠 지침, 공공기록법, 저작권법, 개인정보보호법 등의 법적인 문제, 보안 등을 포함한 표준, 공무원 접속문제와 사용의 허용범위와 관련된 공무원 인터넷 사용정책 등을 포괄하는 것으로서 소셜정부를 위해서는 반드시 필요한 법적 기반으로 추천할 만하다.

위와 같은 지침이나 정책보다 공식성이나 강제성을 확보하고자 할 때는 조례와 규칙으로 제정하는 것이 필요하다. 가장 강력한 법적 인프라의 구축이라고 볼 수 있다.

<표 12-2> 소셜미디어 관련 조례 현황

조례형식	광역	기초
인터넷시스템 설치 및 운영에 관한 조례	대구, 강원도	구리시, 대구 서구, 대구 북구, 포천시, 논산시, 광양시, 홍성군, 천안시, 문경시, 거창군, 의왕시, 수원시, 고성군, 서산시, 안동시, 경주시, 파주, 여수, 완도
소셜미디어 관리 및 운영조례/소셜미디어 운영조례	대전	인천 계양구, 인천 남구, 인천 동구, 동두천시, 강진군, 보령시, 광주 광산구, 세종시, 충주, 당진, 대전 서구, 대전 유성구, 고양, 곡성, 고흥
소셜미디어 홍보 운영 조례	충북	화성(소셜미디어 홍보 및 운영에 관한 조례), 남양주(소셜미디어 홍보 및 운영에 관한 조례), 충청북도(소셜미디어를 통한 홍보에 관한 조례), 인천 연수구(소셜미디어를 활용한 소통에 관한 조례), 안성

자료: 자치법규정보시스템(http://www.elis.go.kr/) 2017년 6월 현재.

소셜미디어와 관련된 지침이나 정책, 조례와 규칙 등의 필요성은 있으나 개별 자치단체 수준에서 이를 제정하는 데 들어가는 부담을 고려하여 관련 상급기관에서 사용자지침이나 소셜미디어 정책과 관련 조례·규칙 등의 표준제정안을 마련하여 제공하는 방안을 지금이라도 고려해야 한다.

또한 정부 소셜미디어를 활용하는 과정에서 발생할 위험을 예방하고, 발생 시의 위험을 효과적으로 대응할 수 있는 위험대비 매뉴얼 등의 마련도 의무화해야 할 것으로 판단된다.

2. 소셜미디어 사용자지침과 소셜미디어 정책

1) 소셜미디어 사용자지침

　모든 정부조직이 처음부터 소셜미디어 정책을 준비해서 소셜미디어를 도입·운영하는 것은 현실적으로 어려울 것이기 때문에 우선 큰 예산 없이 접근할 수 있는 사용자 가이드라인을 제정하는 것이 효과적일 수 있으며, 소셜미디어 위기발생의 가능성을 우선 감소시키는 전략으로 의미가 있다.

　사용자 가이드라인에는 기관과 부서의 소셜미디어 담당자를 비롯해서, 내부의 공무원들이 소셜미디어에 참여하여 활동하는 경우의 지침을 포함하여 정책을 구성한다. 가장 기본적으로는 자신의 임무를 수행하는 데 지켜야 할 표준, 원칙과 지침은 공무원들이 소셜미디어 기술을 사용할 때에도 똑같이 적용된다.

　모든 정부조직이 처음부터 소셜미디어 정책을 준비해서 소셜미디어를 도입 운영하는 것은 현실적으로 어려울 것이기 때문에 우선 큰 예산 없이 접근할 수 있는 사용자 가이드라인을 제정하는 것이 효과적일 수 있으며, 소셜미디어 위기발생의 가능성을 우선 감소시키는 전략으로 의미가 있다.

　사용자 가이드라인에는 기관과 부서의 소셜미디어 담당자를 비롯해서, 내부의 공무원들이 소셜미디어에 참여하여 활동하는 경우의 지침을 포함하여 정책을 구성한다. 가장 기본적으로는 자신의 임무를 수행하는 데 지켜야 할 표준, 원칙과 지침은 공무원들이 소셜미디어 기술을 사용할 때에도 똑같이 적용된다.

여러 기관의 사례를 참조하여 포괄적인 지침(Arlington: 2-3; California, 4; Orange County, 9; Hampton, 5)으로 '해서는 안 되는 행동'과 '해야 하는 행동'으로 나누어 제시하면 다음과 같다.

(1) '해야 하는 행동(to do)'

- 소속된 지방정부의 정책, 규칙과 행동표준을 준수한다. 또한 공무원이 지켜야 하는 윤리강령을 파악하고, 이를 따라야 한다.
- 개인적인 사용과 전문적인 사용을 명확히 구분하여 사용해야 한다.
- 공식적 업무에는 공식적인 계정을 사용하라.
- 알고 있는 것에 대해 쓰라. 정부 외부에 정부와 관련 있는 내용을 올릴 때 다음과 같이 밝혀야 한다. '이 게시글은 본인 자신의 생각을 담고 있으며, 지방자치단체, 기관, 부서의 공식적인 견해, 전략, 의견을 대표하는 것은 아닙니다.'
- 투명해야 한다. 실명을 사용하고, 정부에서 일하는 것을 밝히고, 자신의 역할을 분명하게 밝혀야 한다. 모든 공무원들은 자신들이 누구이며, 어느 부처와 기관에서 일하고 있는지를 투명하고, 정직하게 밝혀야 하는 점을 강조해야 한다. 익명성에 기초한 비인격화(impersonalization)는 바람직하지 않다. 이러한 사항은 소셜미디어 사이트의 자체 규정에도 적합하지 않다. 만약 소속 공무원들이 소속기관과 관련된 이야기를 하는 경우에는 그 점을 소셜미디어를 통해 주지시켜야 하며, 만약 소셜미디어를 통해 밝히는 개인의 의견이 해당 기관의 의견과 다른 경우 이점을 공개해야만 한다는 점을 또한 강조한다. 예를 들

어 '현재 이 공간에서 밝히는 제 의견은 소속기관의 공식적인 견해가 아니며, 어디까지나 개인의 의견입니다'라고 밝히는 것이 필요하다(U.S. Air Force, 2009b).

- 모든 진술은 진실이어야 한다. 소셜미디어상에 게시하는 공무원의 댓글이나 게시글은 영구적으로 사이버공간에 남게 되며, 다른 매체에서 재생산될 수 있음을 기억해야 한다. 그러한 파급효과는 많은 사례에서 밝혀진 바 있다. 신중하고, 주의 깊게 고려해야 한다. 만약 자신의 부모나 동료, 상사가 읽지 않았으면 하는 내용은 올리지 말아야 한다.
- 자신이 올린 글에 대한 책임은 전적으로 자신에게 있다.
- 대화하듯이 소셜미디어에 참여하라. 실제 사람과 이야기하듯이 글을 작성한다. 관료적이거나, 공식적인 언어를 피해야 한다.
- 열린 마음으로 참여하라. 소셜미디어의 가장 큰 이익 중의 하나는 우리가 우리의 고객과 상호작용하는 것이다.
- 자신의 참여를 통해 가치를 부가해야 한다. 본인의 상호작용으로 소속된 정부의 가치가 오르게 해야 한다. 즉, 가치 있는 정보와 시각을 제공하라.
- 문제가 발생한다면 실수를 했다면 인정하고 이를 시정하라. 어떤 일을 했는지를 적시하지 않고 이전의 게시물을 변경하지 마라.
- 의도하지 않게 실수가 발생한 경우 이른바 '소셜미디어 재앙'으로 발전하지 않도록 사후조치가 매우 중요하다. 이러한 사후조치는 소셜미디어 사용자지침의 가장 중요한, 필수적인 지침사항 중의 하나이다.
- 주저함이 생긴다면, 게시하지 마라(If it gives you pause, pause).

- 자신의 사생활, 시민의 사생활과 정부의 정보를 보호하라. 모든 사생활 보호법을 따라야 한다. 승인된 지방자치단체의 소셜미디어 사용자는 소셜미디어 보안교육을 이수해야 한다(Orange County, 9).
- 저작권법, 공공기록법, 공공기록보존법 등 업무관련 법을 따라야 한다.
- 공무원임을 밝히려 한다면 더욱더 신중하게, 자신이 동료, 시민, 이해관계자에게 어떻게 비춰질지를 염두에 두어야 한다(Hampton, 5).

(2) '해서는 안 되는 사항(Not to do)'

- 본인의 허락 없이 고객, 시민, 동료와 이해관계인을 인용하지 마라(Hampton, 5).
- 인종적인 차별, 모욕적인 행위, 개인적 공격이나 시의 업무 현장에서 받아들여질 수 없는 행동에 참여를 사용해서는 안 된다. 반대를 불러일으키거나 선동적인 주제나 댓글을 피해야 한다(Hampton, 5).
- 사용자는 소셜미디어 사이트에 자신의 업무암호를 사용해서는 안 된다(California, 4).

사용자 가이드라인과 함께 콘텐츠의 요건도 포함시키는 것이 효과적일 것이다. 정부 내 사용자들은 부적절하거나 기술적으로 해로운 정보와 링크를 방지하는 데 효과적인 조치를 취해야 하며, 금기시되는 주제에 대해 다루지 말아야 한다(Orange County, 6; Arlington,

3; Hampton, 2; Seattle, 2-3).

- 해당 소셜미디어 사이트의 목적에 부합하지 않은 주제를 다룬 글
- 민형사 소송에 개입될 소지가 있는 주제의 글
- 종교, 성별, 인종, 민족 등의 원인에 기인한 다양한 차별
- 공적인 정보가 아닌 정보
- 불법이거나 금지된 내용
- 포르노사진이나 불법적인 자료 또는 링크
- 명예훼손, 중상모략, 음란한, 품위를 떨어뜨리는 자료
- 자신의 이야기나 다른 사람의 개인사
- 다른 사람이나 다른 사람에 관련된 비난이나 위협적인 댓글
- 개인적이고, 민감하거나 은밀한 정보[35]
- 상업행위
- 불법적 행동의 제시, 장려
- 기밀정보
- 안전이나 공중과 공공 정보시스템 보호를 침해할 소지가 있는 정보
- 인용, 이미지, 문서, 링크 등 저작권을 침해하는 정보
- 보편적 접근[36]이 불가능한 사이트는 '단순한' 텍스트 링크 연결

---

35) Arvada 시의 정책에서는 구체적으로 사회보장번호, 전화번호, 개인적인 이메일 주소 등의 개인을 확인할 수 있는 정보를 포함하지 말아야 한다고 구체적으로 규정하고 있다 (Arvada, 3).

36) 접근성을 확보하기 위한 조항으로 재활법(The Rehabilitation Act)의 508조(Section 508)가 있다.

정부 내 소셜미디어에서 게시되는 콘텐츠는 위의 요건을 위반해서는 안 되며, 이와 관련 있는 게시글과 댓글은 담당자에 의해 삭제될 수 있다. 일반 시민의 게시를 허용한 경우 일반 시민들에게 부적절한 게시글은 삭제될 수 있음을 알려야 한다.

2) 소셜미디어 정책[37]

소셜미디어 정책은 '공무원들이 소셜미디어를 적절하게 사용하는 것을 보장하기 위해 기관이 해야 할 일을 규정하기 위한 것'(Arvada, 2009: 1)이다.

각 정부조직은 전통적인 커뮤니케이션 방법을 소셜미디어 채널을 활용함으로써 보강해야 할 필요에 직면하고 있다. 그러나 소셜미디어의 사용은 개별기관과 부서에게 기회와 위기를 동시에 가져다준다. 남기범의 연구(2010a: 50-51)에 따르면 소셜미디어 사용자지침이 소셜미디어를 사용하는 기준을 제시함으로써 적극적으로는 경쟁력의 근원이 될 수 있으며, 소극적으로는 부정적인 사용을 예방할 수 있다고 하였는데, 사용자지침을 포함한 소셜미디어 정책 또한 이러한 기능을 수행한다.

첫째, 소셜미디어를 통해 공무원들이 대중과 관계를 형성하는 것을 장려하고, 소셜미디어를 통해 업무를 수행 중에 지켜야 할 지침과 규칙을 제공하는 것을 목표로 한다(Arlington: 1).

둘째, 소셜미디어 기술을 사용함으로써 발생할 수 있는 위험을 완

---

37) 소셜미디어 정책은 매우 포괄적인 접근이기 때문에 독립된 장으로 13장에서 논의하기로 한다.

화시킬 수 있다. 소셜미디어 재앙(social media disaster)은 조직구성원의 소셜미디어 오용으로 조직이 어려움에 처하게 된 사례를 비유적으로 표현하는 것으로 이러한 어려움의 정도가 커지는 경우 소셜미디어 'catastrophe'라고 부르기도 한다. 따라서 정부부문에서 발생할 수 있는 이러한 소셜미디어와 관련한 문제들을 미연에 예방하는 목적은 소셜미디어 정책에서 매우 중요한 부문이 되어야 한다.

3. 소셜미디어 위기 대응 체제

1) 소셜미디어 상시 모니터링

소셜미디어의 실패사례에서 살펴본 바와 같이 소셜미디어상에서 온라인에서 발생한 사건이든, 오프라인에서 발생한 사건이든 제기가 되는 순간에 실시간으로 모니터링하는 경우는 문제를 해결하는 데 다소 용이할 수 있다. 그렇지 않게 된다면, 문제를 진화하는 데 어렵고, 심지어는 불가능해질 수도 있다. 따라서 소셜미디어 사이트를 정규적으로 점검해야 하고, 위기로 커질 수 있는 이슈가 제기되었을 때는 신속한 대응 및 교정활동이 시행되어야 한다(Orange County: 12-13).

- 기관과 부서 소셜미디어 사이트 관리자는 사이트의 활동과 콘텐츠를 불법 이용하는 사례와 오용사례를 찾기 위해 매일 점검해야 한다.
- 시민이 댓글, 링크와 데이터 자료를 소셜미디어 사이트에 직접

올릴 수 있게 한 조직은 대응과정을 개발해야 한다. 네트워크 외부에서 이용자 규칙을 충족하는 게시물인지를 확인할 수 있도록 해야 한다. 기술적으로 유해하거나 부적절한 게시물에 대한 절차를 마련해야 한다.

- 기관과 부서는 소셜미디어와 소셜미디어 네트워킹 웹사이트를 공무원이 사용하는 것에 대해서도 모니터링 해야 한다.
- 지방자치단체의 내부 네트워크에 위협이 인지되고 알려지면 신속하게 보안 담당자에게 알려야 한다.

모니터링 도구로는 다양한 툴이 사용될 수 있다. 다음 표와 같은 도구들이 활용 가능하다.

Google Alerts: http://google.com/alerts
TweetBeep: http://tweetbeep.com/
Social Mention: http://socialmention.com/
Twitter Search: http://search.twitter.com/
TweetScan: http://www.tweetscan.com/
Facebook Search: http://www.facebook.com/srch.php
Radian6: http://www.radian6.com/
HowSociable: http://www.howsociable.com/
TwiLerts: http://www.twilert.com/
Yahoo Pipes: http://pipes.yahoo.com/pipes/

이외 무료로 사용가능한 모니터링 도구에 관한 정보:
http://mashable.com/2008/12/24/free-brand-monitoring-tools/

---

2) 위기 대응 매뉴얼의 준비

소셜미디어의 확산으로 인터넷발 위기는 기업 활동에 큰 악영향을 끼치고 있다. 네티즌의 신라호텔 한복착용자에 대한 차별사건은 호텔의 브랜드 이미지에 큰 타격을 입힌 바 있다. 이런 인터넷 위기는 기업, 공공기관, 개인 모두에게 중요한 상황으로 봐야 한다. 탐앤탐스 사건, 채선당 산모폭력 주장사건 등 민간부문뿐만 아니라 여성가족부의 막말 포스팅 사건 등 많은 이슈는 사건의 진실 여부와 관계없이 이해당사자들에게 큰 피해를 입힌 바 있다.

더욱이 소셜미디어의 등장으로 위기 확산 속도는 더욱 빨라졌다. 트위터나 페이스북, 미투데이를 타고 급속도로 퍼져 나가는 악평이나 루머는 위기 당사자에게 충분히 대응할 만한 시간을 주지 않고 있다. 대기업에서조차 제대로 된 인터넷 위기관리 매뉴얼이 갖춰지지 않아 어려움을 겪고 있으며 마땅한 대응 전략을 찾지 못해 고민하고 있는 것이 현실이다.

첫째, 평상시에도 매뉴얼이 필요하지만 위기 시에는 더욱 위기 대응 매뉴얼이 필요하다. 위기 시에는 당황한 나머지 후속 절차를 제대로 하지 못하는 경우가 비일비재하기 때문에 효율적인 대응조치가 필수적으로 요구된다.

둘째, 소셜미디어상의 위기는 개인이 대응해서는 효과적이지 못하며, 전사적인 대응이 필요하다. 이를 위해서는 위기대응 체제를 구축하는 것이 무엇보다도 중요하다.

부산광역시의 경우에는 소셜미디어 운영 가이드라인의 일부로 위기관리지침을 구체적으로 규정하고 있는데 그 단계별 내용을 보면 아래 표와 같다.

<표 12-3> 부산시 소셜미디어 위기관리지침

1단계	쟁점의 확산 가능성 및 위험 수준 파악
2단계	부서장 보고 및 대응 의사 결정 지원
3단계	대응 입장 정리 및 핵심 메시지 선정, 관련자료 준비
4단계	위기관리 커뮤니케이션 실행
5단계	추가대응 및 대화전개
6단계	위기소멸 진단(상황종료)

1단계에서 해당 부서 소셜미디어 운영자는 위기상황이나 쟁점들을 1차적으로 분석한다. 그리고 쟁점의 특성, 확산 주체 및 온라인 공중들의 초기 반응, 확산속도와 범위 등에 대해 면밀히 분석하여 위험 수준을 파악한다.

다음으로 2단계에서 위험 수준이 높은 단계로 판단될 경우 부서장에게 세부사항을 보고한다. 그리고 시나 조직차원 위기로 판단될 경우에는 대변인실(뉴미디어정책담당)과 협의하여 가능한 한 빠른 시간 내에 "대응입장(대응여부 결정)"이나 "핵심메시지"를 결정한다.

3단계에서는 부서 SNS 운영자가 결정된 대응기조와 핵심메시지를 바탕으로 관련 자료를 준비하고 4단계에서는 결정된 대응기조 및 핵심메시지에 유의하여 쟁점사안에 대한 부서 입장을 상세한 근거자료를 바탕으로 작성된 메시지를 전달하고 확산시킨다.

그리고 5단계에서 부서 소셜미디어 운영자는 추가대응을 지속적으로 전개해야 하고 최초 의사결정 방향과 대응방식, 메시지들이 유효하지 않았다면, 이에 대한 피드백을 내부 의사 결정자(부서장, 대변인실)에게 보고하고 방향과 대응방식, 메시지들을 수정해야 한다.

마지막으로 6단계에서 위기상황이 소멸된 것으로 판단되면, 의사
결정자(부서장, 대변인실)에게 해당 위기 및 쟁점의 소멸과정과 원인
을 분석 보고한다. 그리고 대응방식에 대한 노하우를 정리하고, 이후
발생하는 위기 및 쟁점에 대해 더욱 유효한 대응을 위해 노력한다.

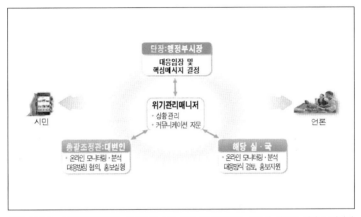

출처: 부산시 미디어센터(2011), 시민과의 소통 강화 및 정책홍보 효율성 제고를 위한 뉴미디어
활용 시정홍보 강화 계획.

<그림 12-1> 부산시 위기관리 대응체계

위의 그림에서 보는 바와 같이 부산시는 행정부시장을 단장으로
하는 T/F팀을 구성하여 상시 모니터링(SNS 여론 모니터링)을 통해
쟁점이 확산될 가능성과 네티즌들의 인식 등 위험수준을 파악하여
필요시 회의를 통해 대응입장이나 핵심 메시지를 결정하고 홍보채
널을 선정한다. 그리고 팀 구성원들은 위기관리 커뮤니케이션을 실
행하고 위기관리 매니저인 미디어센터장은 쟁점이 종결될 때까지
모니터링을 계속적으로 수행하여 이후 소셜미디어 위기 예방에 활
용할 수 있도록 위기관리 시스템을 구축하고 있다.

3) 보안위협에 대한 보안기술대책 마련

악성코드 및 바이러스와 같은 기술위협에 대해 보안대책을 마련해야 한다. 각 정부기관은 소셜미디어가 활용할 때, 외부의 상업사이트를 이용하는 경우가 보편적이기 때문에 새로운 방식의 위험관리와 보안문제의 관리가 필요함을 정책에 반영하고 있다.

소셜미디어를 도입하는 과정에서의 위험평가를 요청하고 있다. 그리고 운영과정에서 보안문제에 주의하여야 하며, 주기적인 사이트 모니터링을 해야 한다. 일반적인 보안요건으로는 서로 다른 계정에는 다른 암호를 사용, 개인적인 사용과 전문적인 사용 등의 계정분리 등의 지침을 따라야 한다. 보안패치 설치 및 업데이트, 콘텐츠 필터링 기술사용, 스마트폰과 같은 모바일장치에 대한 콘트롤 장치 설치 등을 적극 고려해야 한다(천현진, 51). 또한 전체 소셜미디어 도입과정과 관련해서는 사전 위험평가, 업무 수행 시 보안관리와 사이트 모니터링에도 철저하게 대비해야 한다.

(1) 사전 위험평가

Orange County(2010: 4)의 경우는 소셜미디어 사용에 따른 업무상 기대하는 기회와 위험을 함께 평가하여 소셜미디어 전략을 세울 것을 요구하고 있다. 소셜미디어에 인터넷 접속을 가능하게 하고 승인하기에 앞서 기관의 관리층은 소셜미디어 웹사이트에 사용자의 접속을 허용하는 데 따르는 위험(위험완화전략을 포함해서)에 대한 분석을 포함하고 있다. 캘리포니아(2010) 주에서는 각 기관은 이러한 위험분석을 문건화하고, 최소 2년 동안 보관해야 한다고 규정하고 있다.

(2) 보안관리

Orange County(2010: 2)의 소셜미디어 정책에서는 소셜미디어 보안훈련을 받은 직원이 필요하며, 카운티의 정보와 기술자산을 보호하기 위해 보안통제를 실시할 것을 주문하고 있다. 소셜미디어와 관련된 보안문제는 기술의 문제가 아니라 근본적으로 행태적인 이슈이다. 공무원이 소셜미디어 운영자(third parties)에게 정보를 제공함으로써 핵심적인 정부 네트워크가 위험에 노출된다. 따라서 공무원들은 자신이 처한 주요한 위협과 어떻게 위험을 피할 수 있는지를 알아야만 한다. 주요한 소셜미디어 보안위험은 제3자 스피어 피싱, 사회공학, 스푸핑, 웹 애플릿 공격[38] 등이 있다.

소셜미디어 사이트가 보안공격에 상대적으로 취약하기 때문에 주의가 필요하다. 잠재적인 위험에 대비하기 위해 사용자들은 하나의 공격이 성공적이더라도 가져갈 정보가 최소화되도록 관리해야 한다. 예를 들어 개별 사용자들은 각 사이트의 아이디와 암호가 중복되지 않게 해야 하며, 이렇게 하면 최소한 한 사이트가 공격당하더라도 다른 사이트의 정보는 가져갈 수 없게 된다. 특별히 지방정부 네트워크의 적정 운영하는 것과 정부 시스템에 저장된 정보의 기밀성이 매우 중요하기 때문에 공무원들은 정부 네트워크에서 사용하는 아이디 패스워드를 다른 사이트의 아이디나 패스워드로 사용해서는 안 된다.

---

38) 스피어 피싱은 특정 대상을 목표로 하는 피싱 공격을 말한다. 사회 공학은 스파이웨어나 기타 악성 소프트웨어를 몰래 설치하거나 사용자를 속여 암호 및 기타 중요한 금융정보와 개인정보를 누설하게 만드는 것을 의미한다. 스푸핑 공격(spoofing attack)은 IP 주소, 호스트 이름, MAC 주소 등을 속이는 공격이며, 웹 애플릿 공격은 플래쉬, 자바 애플릿을 이용한 인트라넷 공격을 의미한다(North Carolina: 9).

PART

4

제4편 소셜미디어 정책과 사용자 가이드라인

제13장 소셜미디어 정책

1. 소셜미디어 정책의 의의

1) 소셜미디어 정책의 개념

소셜미디어 정책은 '공무원들이 소셜미디어를 적절하게 사용하는 것을 보장하기 위해 기관이 해야 할 일을 규정하기 위한 것'이다 (Arvada, 2009: 1). 노스캐롤라이나 주 정부는 주정부 최초로 소셜미디어 정책을 발표하면서 다음과 같이 주장하였다.

소셜 네트워킹은 '다음에 떠오를 중요한 문제(the next-big-thing)'가 아니다. 그것은 현재의 중요한 문제이고, 주 정부가 대중에게 온전히 투명하고 책임을 지려고 한다면 주정부가 이를 현안으로 다루어야 한다. 노스캐롤라이나의 모든 정부 기관은 노스캐롤라이나의 시민들과 커뮤니케이션과 상호 작용을 증가시키기 위해 소셜미디어의 장점을 활용하는 것이 좋다.[39]

---

39) http://www.governor09.nc.gov/NewsItems/PressReleaseDetail.aspx?newsItemID=843

소셜미디어 정책은 다양한 형식으로 표현되는데 가장 초보적인 수준은 지침의 양식이다. 이는 엄격한 의미에서는 정책이라고 볼 수 없지만, 정책을 만드는 기초 단계라는 의미에서 정책에 포함시켜도 무방하다. 이는 사용자에 초점을 맞추어 소셜미디어를 사용함에 있어서 지켜야 할 행동 기준을 제시하는 목적을 갖는다. 다음으로는 좁은 의미의 소셜미디어 정책인데, 여기서는 정부가 소셜미디어를 장려할 때 해야 할 일을 정부 전체와 소셜미디어 관련 주무부서, 소셜미디어를 사용하고자 하는 기관과 부서, 소셜미디어를 사용하고자 하는 기관과 부서의 소셜미디어 계정 사용자별로 제시하여, 소셜미디어의 순기능을 극대화하고, 역기능을 통해 발생하게 될 위험을 예방하게 한다. 마지막으로 핸드북의 형태인데 정책을 포함하고, 각 소셜미디어 사이트별로 성공적으로 소셜미디어를 활용하기 위해 도움을 받을 수 있는 팁을 제공하는 방식을 의미한다. 본 연구에서는 좁은 의미의 소셜미디어 정책을 소셜미디어 정책으로 준용한다.

2) 소셜미디어 정책의 필요성

각 지방자치단체는 전통적인 커뮤니케이션 방법을 소셜미디어 채널을 활용함으로써 보강해야 할 필요에 직면하고 있다. 그러나 소셜미디어의 사용은 개별 기관과 부서에게 기회와 위기를 동시에 가져다준다. 지방정부 전체로서도 마찬가지이다. 남기범의 연구(2010a: 50-51)에 따르면 소셜미디어 사용자지침이 소셜미디어를 사용하는 기준을 제시함으로써 적극적으로는 경쟁력의 근원이 될 수 있으며, 소극적으로는 부정적인 사용을 예방할 수 있다고 하였는데, 사용자

지침을 포함한 소셜미디어 정책 또한 이러한 기능을 수행한다.

　첫째, 소셜미디어정책은 소셜미디어를 적극적으로 활용하게 함으로 써 소셜미디어를 통해 공무원들이 대중과 관계를 형성하는 것을 활성화하고, 소셜미디어를 통해 업무를 수행 중에 지켜야 할 지침과 규칙을 제공하게 해준다.

　둘째, 소셜미디어를 조직 전반에서 적극적으로 활용함으로써 발생할 수 있는 위험을 적시함으로써 위험의 발생가능성을 죽이고, 소셜미디어의 위험발생시의 매뉴얼을 통해 위험을 최소화할 수 있게 해준다. 이를 통해 막연한 소셜미디어의 위험 때문에 소셜미디어의 활용에 소극적인 구성원들이 갖고 있는 소셜미디어에 대한 막연한 위험에 대해 정확하게 이해하게 하여 활용을 장려하는 효과를 가진다.

3) 소셜미디어 정책의 고객

　넓은 의미의 소셜미디어 정책에 포함되는 소셜미디어 사용자지침은 지방정부의 소셜미디어 사용자를 고객으로 한다. 여기서 사용자라 함은 주로 지방정부 내부의 공무원으로서 소셜미디어를 공식적, 전문적, 개인적으로 사용하는 사람들을 의미한다. 좁은 의미의 소셜미디어 정책에는 다양한 참여자가 정책의 고객으로 정의될 수 있다. 이러한 고객의 범위에 따라 정책의 구성요소도 달라질 수 있다. 가능한 정책고객으로서는 각 지방정부의 소셜미디어 담당자, 지방정부 산하기관과 각 부처의 소셜미디어 담당자, 지방정부 공무원 전체,

민간위탁의 경우 위탁을 담당하는 외부 계약사의 직원 그리고 지방 정부의 소셜미디어를 사용하는 외부 시민들을 대상으로 한다.

Orange County의 '소셜미디어 사용정책과 절차(2010: 1)'에서는 시의 공무원, 선출직 공무원, 기관과 부서를 위해 업무를 수행하는 자원봉사자와 자문위원, 서비스 공급자와 계약자에게도 광범위하게 적용된다고 기술하고 있다. 적용된다는 것은 각 행위자의 행위에 대한 지침을 제시한다는 것으로 이러한 지침을 준수하는 경우 문제가 발생하지 않음을 보장하는 것이다.

정부 전체와 소셜미디어 관련 주무부서, 소셜미디어를 사용하고자 하는 기관과 부서, 소셜미디어를 사용하고자 하는 기관과 부서의 소셜미디어 계정 사용자별로 제시하여 사용상의 도움을 줄 수 있다.

2. 소셜미디어 정책 구성을 위한 외국 사례분석의 틀

1) 사례분석의 대상

이와 같은 소셜미디어 정책의 사례는 다양한 국가와 다양한 정부 수준에서 발견되고, 형식도 다양하지만 사용자지침과 안내서를 배제한 좁은 의미의 소셜미디어 정책에 국한하여 다음 <표 13-1>에서 <표 13-3>까지 제시되어 있는 21개의 외국정부(일본 제외), 일본의 20개 소셜미디어 지침사례와 한국의 43개 소셜미디어 관련 조례를 대상으로 분석하였다.

<표 13-1> 정부 소셜미디어 정책의 외국 사례

지방정부	소셜미디어 관련 정책
Arlington County, Virginia	Social Media Policy and Guidelines
City of Arvada, Colorado	Social Media Policy
City of Chandler, Arizona	Social Media/Social Networking _ Administrative Regulation
City of Hampton, VA	Social Media Policy
City of Seattle	Blogging Policy
City of Seattle	Social Media Use Policy
Fairfax County, VA	Facebook Comments Policy
Government of Catalonia	Style and Usage Guide of the Government of Catalonia's Social Networks
Governor of Massachusetts	Governor's Office Social Media Usage and Policies
Hamilton County - Jobs and Family Services	Guidelines for effective use of social networks, blogs, podcasts and live chats
Missouri Department of Transportation	Post A Comment - Use Policy
Mossman Municipal Council(Australia)	Mossman Council on Twitter
Orange County	County Social Media Use Policy and Procedure
Roanoke County, VA	Social Media Policy
State of California	SIMM 66B - Social Media Standard
State of Delaware	Social Media Policy
State of Massachusetts	Social Media Guidance & Best Practices
State of North Carolina	Best Practice for Social Media Usage in North Carolina
State of Texas	Social Media Policy
State of Utah	Social Media Guidelines
Wake County, North Carolina	Web 2.0 Guidelines for Use

<표 13-2> 정부 소셜미디어 정책 관련 일본 사례

유형	정부기관
소셜미디어 운영방침	외무성, 재무성(SNS 운영방침), 총무성, 야즈정, 고텐바시, 문부과학성
소셜미디어 활용가이드라인 · 이용지침	나가노시, 나루토시, 다이나이시, 무사시노시, 미우라시, 소자시, 와코우시, 오쿠마정, 쓰바타정, 천곡시, 키미츠시, 하마마츠시
직원 소셜미디어 이용지침(가이드라인)	치바시, 타지미시

<표 13-3> 정부 소셜미디어 정책의 한국 사례: 소셜미디어 관련 조례

조례유형	광역	기초
인터넷시스템 설치 및 운영에 관한 조례	대구, 강원	구리시, 대구 서구, 대구 북구, 포천시, 논산시, 광양시, 홍성군, 천안시, 문경시, 거창군, 의왕시, 수원시, 고성군, 서산시, 안동시, 경주시, 파주, 여수, 완도
소셜미디어 관리 및 운영조례 · 소셜미디어 운영조례	대전	인천 계양구, 인천 남구, 인천 동구, 동두천시, 강진군, 보령시, 광주 광산구, 세종시, 충주, 당진, 대전서구, 대전 유성구, 고양, 곡성, 고흥
소셜미디어 홍보 운영 조례	충북	화성(소셜미디어 홍보 및 운영에 관한 조례), 남양주(소셜미디어 홍보 및 운영에 관한 조례), 충청북도(소셜미디어를 통한 홍보에 관한 조례), 인천 연수구(소셜미디어를 활용한 소통에 관한 조례), 안성

자료: 자치법규정보시스템(http://www.elis.go.kr/).

2) 사례분석의 핵심 영역: 소셜미디어의 구성요소

(1) 선행연구와 사례의 소셜미디어 정책의 구성요소

소셜미디어 정책을 채택하고 있는 지방정부의 정책내용을 포괄적으로 분석하여, 정책에 포함되는 다양한 내용을 정리하면 소셜미디어 정책이 포괄할 수 있는 범위를 확인할 수 있다. 각 지방정부별로 포함하는 구성요소가 다른데, 가장 종합적인 내용을 담고 있는 Orange County(2010: 12)에서는 승인된 소셜 네트워크와 표준, 소셜미디어 사용자지침, 전자정부 소셜미디어 정책, 참고 자료 등을 카운티의 소셜미디어 사용정책의 범주에 포함시키고 있다.

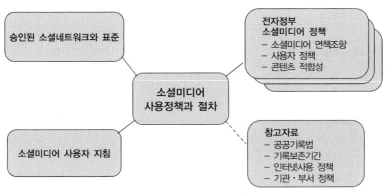

자료: Orange County, 12.

<그림 13-1> Orange County의 소셜미디어 사용정책과 절차의 구성도

Hrdinova, Helbig, Peters(2010: 2)는 소셜미디어 정책의 구성 요소를 모두 8가지로 제시하고 있다. 8가지 구성요소는 공무원 접속, 계정관리, 허용되는 사용범위, 법적 쟁점, 공무원 행동, 콘텐츠, 보안, 시민 행동이다.

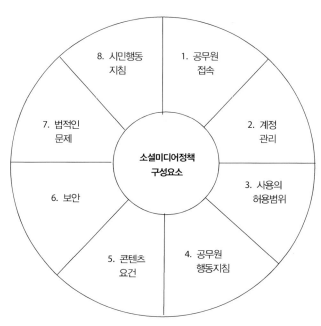

<그림 13-2> Hrdinova, Helbig, Peters의 소셜미디어 정책의 구성요소

<표 13-4> 지방정부 소셜미디어 정책의 구성요소 추출을 위한 분석표

정책포함사항*		외국사례 (일본제외)	일본(지침)	한국(조례)
기관·부서의 소셜미디어 도입과정과 절차		Arvada, Hamton, Orange County	천곡시, 소자시, 나가노시, 무사시노시	동두천시
계정 관리자 지침	소셜미디어 담당부서	Arvada, Chandler, North Carolina	소자시, 무사시노시	동두천시, 대구시 (시장), 인천연수구
	기관과 부서담당자	Arlington County	오쿠마정, 천곡시, 하 마마츠시, 와코우시, 쓰루가시, 나가노시	동두천시
내부사용자(공무원) 행동 지침			하마마츠시(개인편), 타지미시, 치바시, 소 자시(위반 시 처벌 포함), 다이나이시	문화부, 국방부
고객(참여시민) 참여지침		Seattle, Arvada	오쿠마정(이용약관), 히로노정(이용약관)	

인터넷 사용정책: 수용 가능한 사용범위		하마마츠시, 다이나 이시(단말기 사용관 련), 나가노시	
콘텐츠의 요건	Orange County	외무성, 총무성, 재무 성, 오쿠마정, 천곡시, 키미츠시, 히로노정, 소자시	동두천시
보안과 위험관리	Orange County, Califirnia	오쿠마정, 천곡시, 히 로노정, 소자시	동두천시, 부산
법적 문제: 기록보존 등	Hampton, Orange County	외무성, 총무성, 재무 성(지적재산권), 하마 마츠시(관계강요)	동두천시 (개인정보 보호)
매체별 안내와 지침, 자 료와 링크	Seattle, Messachusettes, North Carolina	오쿠마정, 히로노정	문화부

*: 오렌지 카운티/Hrdinova, Helbig, Peters 사례참조.

두 가지 선행연구와 사례에서 소셜미디어 정책의 공통적인 구성
요소를 발견할 수 있다. 용어의 사용은 각기 다르지만 맥락을 보면
서 분석하면 두 사례 모두 (1) 전반적인 소셜미디어 도입절차, (2)
관리자지침(정부 대표계정, 부서 및 기관 계정관리자), (3) 사용자지
침(공무원 행동지침), (4) 시민 행동지침, (5) 콘텐츠 지침, (6) 공공
기록법 등의 법적인 문제, (7) 보안 등을 포함한 표준, (8) 공무원 접
속문제, 사용의 허용범위와 관련된 공무원 인터넷 사용정책 등을 공
통요소로 포함하고 있다. 그리고 안내서의 내용에 들어갈 수 있는
지침과 설명도 간략하게 포함시키거나, 링크를 통해 추가적인 정보
를 안내하는 방법을 사용할 수 있다. 소셜미디어 도구와 서비스를
사용하는 자세한 지침과 조언으로 이러한 기본원칙을 지원하여야
한다. 각각의 소셜미디어 도구나 사이트는 독특한 특성과 용어와 사
용법을 가지고 있으므로, 각 도구와 사이트별로 간단하게 사용법과

지침을 제공하는 것은 매우 좋은 방법이다.[40]

3. 소셜미디어 정책의 구성요소별 내용분석

앞에서 추출한 지방정부 소셜미디어 정책의 10가지의 구성요소별로 핵심 내용을 외국의 소셜미디어 정책의 사례를 분석하여 제시한다. 이는 한국의 지방자치단체의 소셜미디어 정책을 구성하는 데 준거가 될 벤치마크로 활용 가능할 것이다.

1) 소셜미디어 담당 부서의 책임과 역할

지방정부 산하 각 부서와 기관에서 새로운 소셜미디어를 활용하고자 한다면 지방정부의 소셜미디어 담당 부서에서 이를 조정해야한다. 지방정부별로 각기 다른 소셜미디어 거버넌스를 활용한다.

Arvada(2009: 1)시의 경우는 IT위원회, 웹위원회, PIO(Public information Officer)를 두어 운영하고 있다. IT위원회는 시와 각 부서에서 어떤 소셜미디어 도구를 사용하는 것이 적합한가를 승인하고, 시의 IT투자를 감독하는 데 구성원은 IT director가 임명한다. 웹위원회는 각 부서를 교육하는 역할을 수행한다. 어떻게 다양한 소셜미디어를 각 부서의 목적을 달성하는 데 최상으로 활용할 수 있는가를 교육시키고, IT위원회에 승인을 받기 위해 새로운 도구와 활용방법에 대해 제시하는 역할을 수행한다. 웹위원회는 시 공무원으로

---

40) http://johnmccrory.com/2010/03/5-tips-for-crafting-a-good-social-media-policy/

구성된 위원회로서 시의 웹상의 지위나 서비스를 지속적으로 발전시키기 위한 전략적 지침이나 비전을 제공하는 역할을 수행한다. PIO는 부서관리자가 맡으며, 매체와의 접촉을 책임진다. PIO는 기준을 위반하는 부서의 페이지를 삭제할 권한을 갖고 있다. PIO는 각 부서의 소셜미디어 사용이 소셜미디어의 적합한 활용, 메시지, 브랜딩을 위한 정책과 부합하는지를 모니터할 것이다.

Chandler(2009: 1) 시의의 경우는 커뮤니케이션과 공보(CAPA: Communication and Public Affairs)부가 시의 공식 대변인, 소셜미디어・네트워킹과 인터넷을 통한 시의 공식 웹 presence를 유지하는 책임을 맡으며, 정보기술(IT: Information Technology)부가 보안문제를 관리하고 정책을 지원하는 조치를 점검하는 책임을 갖는다.

North Carolina(2009: 2-3) 주의 경우엔 PIO가 중요한 역할을 수행한다. PIO의 역할은 우선 사이트의 승인을 포함한 소셜미디어 사이트에 관한 결정을 감시하고 확인한다. 다음으로 소셜미디어 사용에 대한 요청을 평가하고, 소셜미디어 도구를 사용하는 것을 승인받은 직원을 확인 검증한다. 또한 소셜미디어 도메인과 활성화 중인 계정 로그인과 암호의 목록을 유지 관리한다. 관리자인 담당 직원이 변경되었을 때 기관의 통제를 유지하기 위해 암호를 변경하며, 공공기록 보존에 대한 업무를 담당하는 문화자원부(DCR: Department of Cultural Reources)에 대한 자문을 수행한다.

여러 지방정부의 사례를 살펴볼 때 어떤 기관이 소셜미디어 업무를 담당하는가는 매우 다양하지만 수행하는 일은 매우 유사하다.

2) 기관과 부서의 소셜미디어 도입의 과정과 지침

여러 지방정부의 소셜미디어 정책에서 기관과 부서에서 소셜미디어를 도입할 때의 절차와 과정상의 지침을 제시하고 있다.

3) 기관과 부서 담당자의 역할과 지침

지방정부의 각 기관과 부서에서 소셜미디어를 활용하고자 하고, 도입을 추진할 때 각 기관과 부서의 담당자들에 대해 소셜미디어 정책에서 언급하는 예가 있다. 다음 사례는 Arlington County의 정책 (2009: 4)에 포함된 내용이다.

- 각 부서는 소셜미디어 사이트에 자신의 페이지를 구축하고, 출판하며, 업데이트하는 데 전적으로 책임을 진다. 가능하다면 콘텐츠들은 더 많은 정보가 있는 정부 웹사이트에 연결해야 한다.
- 가능하다면 각 부서의 소셜 네트워킹 사이트에서 지방정부의 메인 홈페이지로 링크를 걸어야 한다.
- 지방정부는 정책에서 제시한 규정이 잘 지켜지는지를 지속적으로 확인하기 위해 각 부서의 페이지를 주기적으로 점검한다. 담당부서는 필요하다면 페이지를 지우거나 사이트를 폐쇄할 수 있는 권한도 지닌다.
- 각 부서의 소셜미디어 사이트가 지방정부 사이트로서 인식될 수 있도록 그래픽 표준 매뉴얼에 따라 지방정부의 로고를 기입해야 한다.
- 때때로 새로운 것을 시도할 때 과감해야 한다.

각 부서와 기관의 담당자는 부서와 기관의 소셜미디어 활용목적과 전략에도 충실해야 하지만 지방정부의 통합 홈페이지와 상승작용을 할 수 있도록 각 소셜미디어 사이트를 관리해야 한다. 지방정부의 로고를 사용하고, 지방정부 홈페이지와 디자인상의 통일성을 유지하며, 소셜미디어 페이지에 해당 지방정부의 웹사이트로 연결해 주는 링크를 통해 좀 더 상세한 정보가 필요한 사람들을 지방정부의 홈페이지로 연결해야 한다.

한국의 소셜미디어 관련 조례에서는 게시물의 총괄관리의 책임을 소셜부서의 장에게 기술한 사례가 있다. 기타부서의 장은 조례에 위반한 게시글에 대해 삭제할 권한을 부여하고 있다.

<표 13-5> 동두천시 소셜부서장의 역할

제9조(게시물의 관리)
① 소셜부서의 장은 소셜미디어에 최신의 정보를 게시하고 이용자가 자세한 정보를 직접 제공받을 수 있도록 여건을 조성하며, 이를 유지할 수 있도록 총괄 관리하여야 한다.
② 소셜부서의 장 또는 기타부서의 장은 소셜미디어의 건전한 운영을 위하여 이용자가 구 소셜채널에 올린 게시물 중 다음 각 호의 1에 해당하는 경우 그 게시물의 공개범위와 종류에 상관없이 삭제 또는 차단할 수 있다. 다만, 이 경우 그 이유를 해당 소셜채널에 공개하거나 게시한 자의 소셜ID를 이용하여 당사자에게 삭제 또는 차단한 이유를 통지하여야 한다.
  1. 국가안전을 저해하거나 보안 관련법규에 위배되는 내용을 포함하는 경우
  2. 개인정보보호 등에 위배되는 내용을 포함한 경우
  3. 정치적 목적이나 성향이 있는 경우
  4. 특정기관·단체 및 행정기관을 근거 없이 비난하는 경우
  5. 특정인을 비방하거나 명예훼손의 우려가 있는 경우
  6. 영리목적의 상업성 광고 및 저작권을 침해할 수 있는 경우
  7. 욕설·음란물 등 불건전한 내용
  8. 소셜ID를 사용하지 않았거나 소셜ID가 정상적이지 않은 방식으로 사용된 것으로 판명된 경우
  9. 동일 소셜ID라고 인정되는 소셜ID로 유사한 내용을 1일 2회 이상 게시하는 경우
  10. 그 밖에 연습성 오류, 장난성 내용 등

자료: 동두천시 소셜미디어 관리 및 운영에 관한 조례.

그러나 대부분의 소셜미디어 관리책임과 의무를 주로 자치단체장에게 부여하고 있다.

<표 13-6> 동두천시 시장의 소셜미디어 관련 책임과 의무

동두천시 소셜미디어 관리 및 운영에 관한 조례

제3조(시장의 책무) 동두천시장(이하 "시장"이라 한다)은 소셜미디어를 통한 주민의 행정참여·의견수렴, 주민 상호 간의 소통과 연대 강화, 행정의 투명성 및 업무의 효율성을 위하여 제반환경을 조성하고 이를 위한 시책을 수립·추진하여야 한다.

제5조(소셜미디어의 개설)
① 시장은 주민에게 양질의 행정서비스를 제공하고 주민의 행정참여를 돕기 위해 주요 소셜미디어에 계정을 개설하여야 한다.
② 소셜미디어에 게재할 사항은 다음 각 호와 같다.
 1. 국정·도정·시정·동정 및 의정 전반에 관한 사항
 2. 시정상담에 관한 사항
 3. 교육·문화·예술·체육·건강 및 생활 등의 지역정보
 4. 주민의견·투고 및 반상회 소식 등 주민과 함께할 수 있는 이야기
 5. 기타 시장이 필요하다고 인정하는 사항

제7조(소셜미디어 운영의 위탁)
① 시장은 소셜미디어의 효율적인 운영을 위하여 필요한 경우 그 업무의 일부를 민간에게 위탁할 수 있다.
② 위탁에 따른 세부적인 사항은 시장과 수탁자 간의 협약에 의하여 따로 정한다.
제8조(민간 전문가 위촉 등) ① 시장은 소셜미디어의 효율적인 운영과 업무수행을 위하여 전문성이 요구되는 분야에 대하여 필요한 경우 소관업무 분야의 민간 전문가를 위촉하여 업무를 수행하게 할 수 있다.
② 민간 전문가의 위촉은 「지방계약직공무원 규정」의 지방계약직공무원 채용 자격기준을 준용한다.
③ 제2항의 규정에 따라 민간 전문가로 위촉된 사람에게는 예산범위 안에서 정액보수 및 수당 등을 지급할 수 있다.
④ 제3항의 정액보수 및 수당 등은 「지방공무원 보수규정」·「지방공무원 수당 등에 관한 규정」 및 「공무원 여비 규정」을 준용한다.
⑤ 민간 전문가와 관련한 그 밖의 사항은 「지방계약직공무원 규정」을 준용한다.
(이하 생략)
(부록 참조)

자료: 동두천시 소셜미디어 관리 및 운영에 관한 조례.

4) 공무원(내부 사용자)의 행동지침

대부분의 소셜미디어 정책사례에서 기관과 부서의 소셜미디어 담당자를 비롯해서, 내부의 공무원들이 소셜미디어에 참여하여 활동하는 경우의 지침을 포함하여 정책을 구성한다. 가장 기본적으로는 자신의 임무를 수행하는 데 지켜야 할 표준, 원칙과 지침은 공무원들이 소셜미디어 기술을 사용할 때에도 똑같이 적용된다. 여러 기관의 사례를 참조하여 가장 포괄적인 지침을 제시하면 다음과 같다.

- 소속된 지방정부의 정책, 규칙과 행동표준을 준수한다.
- 공식적 업무에는 공식적인 계정을 사용하라.
- 알고 있는 것에 대해 쓰라. 정부 외부에 정부와 관련 있는 내용을 올릴 때 다음과 같이 밝혀야 한다. '이 게시글은 본인 자신의 생각을 담고 있으며, 지방자치단체, 기관, 부서의 공식적인 견해, 전략, 의견을 대표하는 것은 아닙니다.'
- 투명해야 한다. 실명을 사용하고, 정부에서 일하는 것을 밝히고, 자신의 역할을 분명하게 밝혀야 한다.
- 개인적인 사용과 전문적인 사용을 명확히 구분하여 사용해야 한다.
- 모든 진술은 진실이어야 한다. 소셜미디어에 올리는 글은 오랫동안 지속되므로 신중하고, 주의 깊게 고려해야 한다. 만약 자신의 부모나 동료, 상사가 읽지 않았으면 하는 내용은 올리지 말아야 한다.
- 자신이 올린 글에 대한 책임은 전적으로 자신에게 있다.
- 대화하듯이 소셜미디어에 참여하라. 실제 사람과 이야기하듯이

글을 작성한다. 관료적이거나, 공식적인 언어를 피해야 한다.

- 열린 마음으로 참여하라. 소셜미디어의 가장 큰 이익 중의 하나는 우리가 우리의 고객과 상호작용하는 것이다.
- 자신의 참여를 통해 가치를 부가해야 한다. 본인의 상호작용으로 소속된 정부의 가치가 오르게 해야 한다. 즉, 가치 있는 정보와 시각을 제공하라.
- 문제가 발생한다면 실수를 했다면 인정하고 이를 시정하라. 어떤 일을 했는지를 적시하지 않고 이전의 게시물을 변경하지 마라.
- 주저함이 생긴다면, 게시하지 마라(If it gives you pause, pause).
- 자신의 사생활, 시민의 사생활과 정부의 정보를 보호하라. 모든 사생활 보호법을 따라야 한다. 승인된 지방자치단체의 소셜미디어 사용자는 소셜미디어 보안교육을 이수해야 한다(Orange County, 9).
- 저작권법, 공공기록법, 공공기록보존법 등 업무관련 법을 따라야 한다.
- 본인의 허락 없이 고객, 시민, 동료와 이해관계인을 인용하지 마라.
- 인종적인 차별, 모욕적인 행위, 개인적 공격이나 시의 업무 현장에서 받아들여질 수 없는 행동에 참여를 사용해서는 안 된다. 반대를 불러일으키거나 선동적인 주제나 댓글을 피해야 한다.
- 공무원임을 밝히려 한다면 더욱더 신중하게, 자신이 동료, 시민, 이해관계자에게 어떻게 비춰질지를 염두에 두어야 한다.

5) 고객(참여시민)의 참여지침

소셜미디어 사이트는 전통적인 미디어와는 다르게 정부와 시민간의 상호작용적인 쌍방향 커뮤니케이션이다. 시민들도 오디오, 비디오와 텍스트를 게시할 수 있다. 정부기관과 부서는 쌍방향의 커뮤니케이션을 허용할 것인지를 결정해야 한다. 허용하기로 하는 경우를 대비해서 외부사용자인 시민의 행동지침을 제시하는 사례가 있었다. 이러한 지침은 대부분의 경우 공무원의 사용지침과 유사한 내용을 담고 있다. 시애틀의 경우는 사용자와 방문자가 콘텐츠 중심으로 작성된 동일한 지침을 따르며, 아르바다 시의 경우에는 단지 누가 시민의 댓글이 수용가능한지의 여부를 결정하는 책임을 지는지를 규정하고 있다.

일본 문부과학성의 경우 사용자의 게시물이 다음 사항에 포함되면 삭제할 수 있다는 운영방침을 고지하고 있다.

<표 13-7> 일본 문부과학성의 삭제가능 게시물 목록

(1) 법률, 법령 등에 위반하는 내용 또는 위반하는 우려가 있는 것
(2) 특정 개인·단체 등을 비방 중상하는 것
(3) 정치, 종교 활동을 목적으로 하는 것
(4) 저작권, 상표권, 초상권 등 교육부 또는 제3자의 지적 재산권을 침해하는 것
(5) 광고, 선전, 권유, 영업 활동, 기타 영리를 목적으로 하는 것
(6) 인종·사상·신조 등 차별 또는 차별을 조장시키는 것, 공공질서 또는 선량한 풍속에 반하는 것
(7) 허위 또는 사실과 다른 내용 및 단순한 풍문이나 소문을 조장시키는 것
(8) 본인의 동의 없이 개인정보를 특정하고 공개·유출 등 사생활을 침해하는 내용
(9) 다른 사용자 제삼자 등에 위장한 것
(10) 유해한 프로그램 등
(11) 부적절한 외설적인 표현 등
(12) 문부성의 발신 내용의 일부 또는 전부를 변경하는 것
(13) 문부성의 발신 내용과 관련이 없는 것
(14) 기타 문부성이 부적절하다고 판단한 정보 및 이러한 내용을 포함한 링크 등

자료: 文部科学省, 2015, 文部科学省ソーシャルメディア運用方針.

6) 인터넷 사용정책: 수용 가능한 사용범위

어떤 장소에서 접속하더라고 정부에서 승인한 계정을 사용한다면 공무원은 그 접속을 통해 정부의 공식업무를 수행해야 한다. 승인되지 않은 사용은 사용자의 접속을 못하게 하는 결과를 초래하고, 위반의 심각성에 따라 적절하다고 판단되는 징계가 따른다.

개인적인 사용이 허용되는 경우는 개인적인 취임이나 생일, 출산, 은퇴 등 특별한 날의 커뮤니케이션에 한정된다. 이러한 시간은 접속시간을 기준으로 짧게 진행해야 한다. 짧다는 것은 전형적으로 업무시간 중에 주어지는 개인적인 휴식시간보다 짧은 시간임을 의미한다. 이러한 시간은 정규적으로 주어지는 휴식을 대신하는 것임을 의미한다. 개인적인 사용에 대한 규제는 다음 내용과 같다.

a. 개인적거나 재정적인 수익을 위한 사용

b. 다른 사람과 조직에 대한 무례한 내용을 담은 글의 게시

c. 시가 공식으로 후원하는 이벤트가 아닌 자선캠페인을 포함한 권유

d. 농담, 개인적인 계급, 종교, 성, 인종, 민족, 자애, 성적 취향 등 다른 요인으로 다른 사람을 언급하는 메시지와 연쇄적인 메일 (chain mail)

e. 성인(포르노), 도박 사이트에 접속하는 것. 이러한 경우 공식 업무와 관련해서 승인을 받아야 한다.

7) 콘텐츠의 요건

지방정부와 마찬가지로, 부서와 기관은 소셜미디어 사이트의 콘텐츠에 책임을 져야 한다. 기관과 부서는 소셜미디어 사이트에 게시되는 콘텐츠를 개발하고 유지하는 책임이 있으며, 부적절하거나 기술적으로 해로운 정보와 링크를 방지하는 데 효과적인 조치를 취해야 한다(Orange County, 6).

- 해당 사이트나 블로그의 목적에 부합하지 않은 주제를 다룬 글
- 소송에 개입될 소지가 있는 주제의 글
- 공적인 정보가 아닌 것
- 불법이거나 금지된 내용
- 포르노사진이나 불법적인 자료나 링크
- 명예훼손, 중상모략, 음란한, 품위를 떨어뜨리는 자료
- 자신의 이야기나 다른 사람의 개인사
- 다른 사람이나 다른 사람에 관련된 비난이나 위협적인 댓글
- 개인적이고, 민감하거나 은밀한 정보
- 상업행위
- 불법적 행동의 제시, 장려
- 기밀정보
- 안전이나 공중과 공공 정보시스템 보호를 침해할 소지가 있는 정보
- 인용, 이미지, 문서, 링크 등 저작권을 침해하는 정보
- 보편적 접근[41]이 불가능한 사이트는 "단순한" 텍스트 링크 연결

정부 내 소셜미디어에서 게시되는 콘텐츠는 위의 요건을 위반해서는 안 되며, 이와 관련 있는 게시글과 댓글은 담당자에 의해 삭제될 수 있다. 일반 시민의 게시를 허용한 경우 일반 시민들에게 부적절한 게시글은 삭제될 수 있음을 알려야 한다.

8) 보안과 위험관리

각 지방정부는 소셜미디어가 활용할 때, 외부의 상업사이트를 이용하는 경우가 보편적이기 때문에 새로운 방식의 위험관리와 보안문제의 관리가 필요함을 정책에 반영하고 있다. 소셜미디어를 도입하는 과정에서의 위험평가를 요청하고 있다. 그리고 운영과정에서 보안문제에 주의하여야 하며, 주기적인 사이트 모니터링을 해야 한다.

가. 사전 위험평가

Orange County(2010: 4)의 경우는 소셜미디어 사용을 함에 따라 기대하는 업무상 기회와 위험을 함께 평가하여 소셜미디어 전략을 세울 것을 요구하고 있다. 소셜미디어에 인터넷 접속을 가능하게 하고 승인하기에 앞서 기관의 관리층은 소셜미디어 웹사이트에 사용자의 접속을 허용하는 데 따르는 위험(위험완화전략을 포함해서)에 대한 분석을 포함한다. California(2010) 주에서는 각 기관은 이러한 위험분석을 문건화하고, 최소 2년 동안 보관해야 한다고 규정하고 있다.

---

41) 접근성을 확보하기 위한 조항으로 재활법(The Rehabilitation Act)의 508조(Section 508)가 있다.

나. 보안관리

Orange County(2010: 2)의 소셜미디어 정책에서는 소셜미디어 보안훈련을 받은 직원이 필요하며, 카운티의 정보와 기술자산을 보호하기 위해 보안통제를 실시할 것을 주문하고 있다. 소셜미디어와 관련된 보안문제는 기술의 문제가 아니라 근본적으로 행태적인 이슈이다. 공무원이 소셜미디어 운영자(third parties)에게 정보를 제공함으로써 핵심적인 정부 네트워크가 위험에 노출된다. 따라서 공무원들은 자신이 처한 주요한 위협과 어떻게 위험을 피할 수 있는지를 알아야만 한다. 주요한 소셜미디어 보안위험은 제3자 스피어 피싱, 사회공학, 스푸핑, 웹 애플릿 공격42)이다.

소셜미디어 사이트가 보안공격에 상대적으로 취약하기 때문에 주의가 필요하다. 잠재적인 위험에 대비하기 위해 사용자들은 하나의 공격이 성공적이더라도 가져갈 정보가 최소화되도록 관리해야 한다. 예를 들어 개별 사용자들은 각 사이트의 아이디와 암호가 중복되지 않게 해야 한다. 이렇게 하면 최소한 한 사이트가 공격당하더라도 다른 사이트의 정보는 가져갈 수 없게 된다. 특별히 지방정부 네트워크의 적정 운영하는 것과 정부 시스템에 저장된 정보의 기밀성이 매우 중요하기 때문에 공무원들은 정부 네트워크에서 사용하는 아이디 패스워드를 다른 사이트의 아이디나 패스워드로 사용해서는 안 된다.

---

42) 스피어 피싱은 특정 대상을 목표로 하는 피싱 공격을 말한다. 사회 공학은 스파이웨어나 기타 악성 소프트웨어를 몰래 설치하거나 사용자를 속여 암호 및 기타 중요한 금융 정보와 개인정보를 누설하게 만드는 것을 의미한다. 스푸핑 공격(spoofing attack)은 IP 주소, 호스트 이름, MAC 주소 등을 속이는 공격이며, 웹 애플릿 공격은 플래쉬, 자바 애플릿을 이용한 인트라넷 공격을 의미한다(North Carolina: 9).

다. 사이트 모니터링

기관과 부서는 소셜미디어 사이트를 정규적으로 점검해야 하고, 위기로 커질 수 있는 이슈가 제기되었을 때는 신속한 대응 및 교정 활동이 시행되어야 한다(Orange County: 12-13).

- 기관과 부서 소셜미디어 사이트 관리자는 사이트의 활동과 콘텐츠를 불법 이용하는 사례와 오용사례를 찾기 위해 매일 점검해야 한다.
- 시민이 댓글, 링크와 데이터 자료를 소셜미디어 사이트에 직접 올릴 수 있게 한 조직은 대응과정을 개발해야 한다. 네트워크 외부에서 이용자 규칙을 충족하는 게시물인지를 확인할 수 있도록 해야 한다. 기술적으로 유해하거나 부적절한 게시물에 대한 절차를 마련해야 한다.
- 기관과 부서는 소셜미디어와 소셜미디어 네트워킹 웹사이트를 공무원이 사용하는 것에 대해서도 모니터링 해야 한다.
- 지방자치단체의 내부 네트워크에 위협이 인지되고 알려지면 신속하게 보안 담당자에게 알려야 한다.

9) 기록보존

미국의 지방정부의 소셜미디어 사이트는 대부분 주법(state law)으로 제정된 공공기록법(Public Records Law)을 준수해야 함을 소셜미디어 정책에 포함시키고 있다. 정부의 업무와 관련된, 소셜미디어 포맷에서 유지되는 내용은, 게시자 목록과 통신내용을 포함해서 모두 공공기록으로 간주된다. 소셜미디어를 운영하는 각 부서는 소셜미디어에서의 공공기록에 대한 어떤 기록 요청에도 대응할 책임이 있다. 정부업무에 관련된 콘텐츠는 접근 가능한 형식으로 유지되어야 하며, 그래서 요청에 대응하여 산출될 수 있어야 한다. 가능한 한 해당 사이트들은 모든 게시글과 댓글이 공적인 기록물로서 공적인 공표에 포함됨을 공지해야 한다. 사용자들에게 공적인 기록물이란 부서의 공공 기록 관련 공무원에게 알려진다는 것을 알게 해야 한다. Hampton 시의 경우에도 모든 소셜 네트워크 사이트는 모든 글과 콘텐츠들이 공적으로 공개됨을 밝혀야 한다고 규정한다(Hampton City, 1).

각 부서는 적합한 기록보존기간에 따라 원 자료의 통합성을 유지하고 쉽게 접근 가능한 형태로 시의 서버에서 보존기간 동안 유지될 수 있도록 기록을 보존해야 한다. 적합한 보존형식은 따로 정해둘 수 있다. 지방정부는 부적절한 내용의 게시물을 제한하거나 삭제할 권리가 있다. 게시된 콘텐츠 중 부적합 내용은 삭제되는데, 그 사유와 함께 일정기간 보유해야 한다.

10) 매체별 안내와 지침, 유용한 자료와 링크

Seattle 정부의 소셜미디어 정책(2009: 4)에는 다음 매체별로 표준을 제시하고 있다. Massachusetts 주는 각 매체별로 툴킷(toolkit)을 제공하여, 사용자들이 도움을 받게 한다. North Carolina도 트위터, 페이스북, 플리커, 유튜브 등 주요 소셜미디어 서비스의 사용팁에 대해 정책안에서 제공한다. 이러한 접근은 안내서의 형식을 간략하게 담는 것으로 이해할 수 있다. 이러한 경우 정책의 내용이 너무 방대해질 수 있는데, 이를 극복하기 위해서 유용한 자료를 링크하는 방식으로 대응하는 지방정부도 많이 있다. 또한 온라인상에서 소셜미디어에 대한 간략한 상의를 남은 온라인 튜토리얼[43]을 도입한 노스캐롤라이나의 경우는 참조할 만하다.

4. 소셜미디어 정책의 도입 방향

한국의 지방자치단체는 이제 소셜미디어를 활용하기 시작하는 단계이다. 이러한 소셜미디어의 도입과 활용을 통해 기존의 커뮤니케이션 방식이 가졌던 한계를 다양한 방식으로 극복할 수 있는 기회를 갖게 된다는 점에서 매우 의미가 크다. 이를 통해 지방자치단체는 정부의 투명성을 향상시킬 수 있으며, 주민의 요구를 좀 더 쉽게 파악할 수 있다는 점에서 정책을 만들기 전에 경향을 파악하고, 신속한 응대를 가능하게 해준다. 또한 주민이 올 때까지 기다리지 않고 다가가서 이야기할 수 있고, 주민이 알고 싶어 하는 것에 즉시 답할 수 있다. 또한 새로운 연령층의 주민들에게 다가갈 수 있는 다양한 매체가 있다는 점 또한 매력적이다. 이러한 효용에 비해 위험에 빠질 가능성이 있는데, 이러한 위험의 가능성을 줄이고, 그 효과를 극대화하기 위해서 지방자치단체는 소셜미디어 활용에 대한 좀 더 포괄적인 정책이 필요하다. 이 연구에서는 미국의 지방자치단체에서

---

43) http://www.records.ncdcr.gov/socialmedia/index.html

활용되고 있는 소셜미디어의 효과를 인정하고, 해당 지방자치단체에서 결정하고 집행 중인 소셜미디어 정책을 분석 대상으로 하여 분석을 진행하였다. 분석결과 지방자치단체의 소셜미디어 정책에는 다양한 요소가 필요하며, 이러한 요소를 적절하게 포괄하여 소셜미디어 정책을 준비하는 것이 필요하다는 결론에 도달하였다.

지방자치단체의 소셜미디어 정책에 포함되어 구체적으로 논의되고 포함되어야 하는 요소는 소셜미디어 담당 부서의 책임과 역할, 기관과 부서의 소셜미디어 도입과정과 지침, 기관과 부서 담당자의 역할과 지침, 내부 사용자의 행동지침, 고객(참여시민)의 행동지침, 수용 가능한 사용, 콘텐츠의 요건, 보안과 위험관리, 기록보존, 매체별 안내와 지침 및 유용한 자료와 링크 등이었다. 지방자치단체의 소셜미디어 정책에는 소셜미디어 담당부서에 대해 언급하고 부서의 업무와 책임을 정해야 한다. 또한 기관과 부서에 소셜미디어를 도입, 활용하는 절차를 포함시켜, 부서와 기관이 소셜미디어를 도입하는 과정에서 도움을 받을 수 있게 해야 한다. 그리고 도입 후에 부서와 기관에서 소셜미디어를 담당한 공무원에 대한 역할과 지침을 포함해야 하고, 이러한 관리자를 포함하여 전체 공무원들이 정부 소셜미디어 사이트를 합법적으로 사용하는 방법과 내용을 게시할 때 도움이 되는 지침을 제공해야 한다. 이러한 지침과 유사하게 외부 시민들이 유의해야 할 내용을 담은 지침도 별도로 제공해야 한다. 또한 보안문제와 공공기록 보존의 문제도 소셜미디어 정책에 포함시켜야 한다. 정부 공식사이트가 갖고 있는 정보의 중요성을 생각해볼 때, 소셜미디어를 통해 정보공식 사이트가 공격당할 빌미를 제공하지 않는 보안전략과 관리가 필요하다. 또한 공공기록으로서 소셜미디어의 콘텐츠를 인식하고 이를 지방자치단체의 공공기록으로 관리하고, 일정기간 보존하는 노력도 필요하다. 마지막으로 자치단체의 공무원이 적극적으로 활용하려고 할 때 도움이 될 수 있는 온라인 교육자료와 링크를 함께 제공한다면 지방자치단체의 소셜미디어 도입의 활용목적이 좀 더 용이하게 달성될 수 있을 것이다.

1) 소셜미디어 정책의 목표와 구성

앞 장의 분석을 통해 소셜미디어 정책이 포괄할 수 있는 범위에 대해 논의하였다. 다양한 형태의 소셜미디어 정책이 존재하고, 강조점에 따라 다양한 형태로 구성되어 있어, 합치된 필수요소는 찾아내기 힘들지만 다양한 관련자에게 의미 있는 메시지를 구성하기 위해서는 여러 가지 요소가 포함되어야 함을 확인하였다. 이러한 요소별로 소셜미디어 정책을 구성하면 현재 기관 공식 소셜미디어가 도입되는 한정적인 상황에서 부서와 기관별로 소셜미디어를 활용하는 단계로 진입하는 시기를 당길 수 있을 것이다. 이를 통해 각 지방자치단체는 소셜미디어가 갖고 있는 강점을 활용하여, 시민을 좀 더 적극적으로 행정에 참여시키고, 효과적으로 정부가 하는 일을 홍보하여 순응과 지지를 이끌어내며, 효율적으로 정부서비스를 제공할 수 있을 것이다.

이를 위해 소셜미디어 정책은 포괄적으로 다음과 같은 요소를 포함하여 구성하여야 한다. 소셜미디어 담당 부서의 책임과 역할, 기관과 부서의 소셜미디어 도입과정과 지침, 기관과 부서 담당자의 역할과 지침, 내부 사용자의 행동지침, 고객(참여시민)의 행동지침, 수용 가능한 사용, 콘텐츠의 요건, 보안과 위험관리, 기록보존, 매체별 안내와 지침 및 유용한 자료와 링크 등이 그것이다.

2) 소셜미디어 정책의 구성요소

(1) 소셜미디어 담당 부서의 책임과 역할

소셜미디어를 도입, 활용하고자 하는 기관과 부서를 설정하고, 효과적으로 업무를 분장하며, 이하의 여러 가지 분야의 정책과 절차를 준수해야 한다.

(2) 기관과 부서의 소셜미디어 도입과정과 지침

기관과 부서는 소셜미디어를 활용하는 것이 가져오는 위험과 효과를 잘 평가하여, 활용전략을 세우고, 부서장의 승인을 받아 도입과정을 진행한다. 이 과정에서 성공사례를 적극적으로 참조할 필요가 있다.

(3) 기관과 부서 담당자의 역할과 지침

기관과 부서는 지방정부가 승인한 소셜미디어만을 활용하며, 소셜미디어를 사용할 권한을 누구에게 줄 것인지를 결정하고, 어느 수준까지 접근하게 할 것인지를 결정할 책임을 져야 한다. 자치단체 공식 사이트의 특징과 일관성 있게 개발, 유지해야 하며, 부적절하거나 기술적으로 해로운 정보와 링크를 방지하는 조치를 취해야 한다.

(4) 내부 사용자의 행동지침

내부 사용자는 자신이 공적인 업무를 수행할 때 지켜야 하는 윤리강령 및 행동지침을 지켜야 하며, 자치단체 네트워크의 보안을 위해 보안문제를 이해하고 대응해야 한다.

(5) 고객(참여시민)의 행동지침

참여시민은 자신이 자치단체 소셜미디어에 올린 글이 공공기록임을 알아야 하며, 따라서 개인의 자유권이 일부 제한된다. 따라서 자신의 게시글과 댓글을 작성할 때 콘텐츠의 요건을 인식하여 사용한다.

(6) 수용 가능한 사용

공무원의 소셜미디어 사용은 공식업무 사용, 전문적 사용, 개인적인 사용이 있다. 업무시간에는 공식업무에 한하여 사용할 수 있다. 전문적, 개인적인 사용은 제한적인 경우에 최소한의 시간에 허용된다.

(7) 콘텐츠의 요건

지방자치단체와 관련된 소셜미디어 사이트에 게시된 글은 불법적인 내용, 주제에서 벗어난 내용, 성적인 내용, 폭력적인 내용, 저작권을 위반하는 요소를 포함하는 글 등은 게시할 수 없다. 이러한 글은 관리자의 결정에 따라 지워지며, 내용은 공공기록으로 남겨야 한다.

(8) 보안과 위험관리

소셜미디어는 정부 네트워크 외부의 제3자 사이트를 활용하는 경우가 일반적이다. 이러한 경우 정부는 새로운 보안위협에 대비해야 한다. 넓은 의미의 사회공학적인 공격이 일반적이다. 따라서 이에 대한 대비를 철저하게 해야 한다. 활용전략을 수립하기 전에 위험을 분석해야 하고, 보안계획을 작성하고 보안교육을 실시하며, 운영 중에는 모니터링을 통해 위험요인을 평가하고 대응해야 한다.

(9) 기록보존

자치단체의 소셜미디어를 통해 작성된 게시글과 댓글 등은 공공기록이다. 따라서 제3자 사이트의 정책에 따른 보존과 별개로 지방자치단체에 일정기간 동안 공공기록으로 보존하는 방안을 모색해야 한다.

(10) 매체별 안내와 지침 및 유용한 자료와 링크

지방자치단체가 자치단체 공식사이트만으로는 그 효과가 제한적이다. 소셜미디어를 효과적으로 활용하기 위해서는 부서와 기관별로 소셜미디어를 활용하는 것이 중요하다. 이러한 경우 체계적인 교육과 정보제공이 필요하다. 온라인 교육을 통하거나, 유용한 링크를 제공함으로써 효과를 향상시킬 수 있다.

<표 13-8> 소셜미디어 정책의 구성요소별 포함내용

구성요소		포함내용	비고
기관·부서의 소셜미디어 도입과정과 절차		공식계정을 등록하여 사용하는 절차 및 유의사항 및 지침	9장 참조
계정 관리자 지침	소셜미디어 담당부서	대표계정 운영부서와 부서장, 운영자의 역할, 지침	
	기관과 부서 담당자	공식계정 운영부서와 부서장, 담당자의 역할, 지침	9장 참조
내부 사용자의 행동지침*		공식성(개인견해 금지), 적절한 대응(상대방 파악), 진정성(소통), 공감 표현(단순 정보전달 X), 신속한 대응, 실시간 소통, 소모적 논쟁 회피, 긍정적 정보 지향, 객관적 사실에 근거한 반박, 차별화된 정보제공(다양한 형태, 이슈), 의미 있는 정보제공, 유익한 정보공유(재배포, 확산), 적극성(친밀감), 책임감(책임의식), 구체적인 내용 링크페이지 게재	14장 참조
고객(참여시민) 지침		소셜미디어에 게시하거나, 댓글을 다는 시민의 이용지침(이용약관으로 제시가능)	
인터넷 사용정책: 수용 가능한 사용범위		게재시간 규정(개인, 업무용 분리)	
콘텐츠의 요건		차별화된 정보제공(다양한 형태, 이슈), 의미 있는 정보제공, 유익한 정보공유(재배포, 확산)	
보안과 위험관리		위기관리지침, 개인정보 및 보안사항 유출 금지	
법적 문제: 기록보존 등		지적재산권 존중, 공공기록 보존, 개인정보 보호 등	
매체별 안내와 지침, 유용한 자료와 링크		플랫폼별 정보, 활용팁 등	

제14장

공무원의
소셜미디어 사용법

소셜정부에서 가장 중요한 역할을 하는 것은 공무원이다. 대표계
정의 운영자이거나, 공식계정의 운영자이거나, 개인 사용자로서 소
셜미디어를 사용을 통해 소셜정부기관의 효과적인 소통과 상호작용
의 가능성을 키울 수 있다. 이러한 중요성 때문에 앞서 논의한 소셜
미디어 정책에서도 중요한 구성요소로 자리 잡고 있는 것이다. 또한
많은 정부기관에서 소셜미디어 사용자로서 공무원이 도움을 받을
지침을 독립적으로 제공하는 것도 이러한 중요성을 뒷받침하는 것
이다.

일본의 경우 총무성, 내각관방, 경제산업성이 공동으로 '국가, 지
방자치단체 등 공공기관의 개인 소셜미디어를 활용한 정보발신에
관한 지침'을 발표한 바 있다. 이후 많은 중앙 부처와 지방자치단체
에서 소셜미디어 활용 가이드라인이나 운영지침 등을 발표하였는데,
대표적인 가이드라인과 지침은 이전 장에서 제시한 바와 같다. 특히
타지미시와 치바시의 경우에는 소셜미디어 가이드라인의 명칭을 '직
원 소셜미디어 활용 가이드라인'이라 하여 공무원의 업무관련 소셜

미디어 사용과 개인적인 사용에 대해 상세한 지침을 제시하고 있다.

한국에서도 매우 긍정적인 변화가 있었음은 앞에서 살펴보았다. 15년 이후로 50여 개 지방자치단체에서 소셜미디어 관련 조례를 만든 것은 법적 기반을 조성하는 데 매우 중요한 진전이라고 보인다.

그만큼 공무원이 어떻게 소셜미디어를 사용하는가가 정부조직의 소셜미디어 활용목적을 달성하는 데 중요하다는 의미를 반증하는 것으로 볼 수 있다.

이 장에서는 공무원의 소셜미디어 사용의 중요성을 인식하고, 여러 지침과 정책사례에서 논의된 내용을 좀 더 상세하게 상황별로 설명하고자 한다.

1. 소셜미디어 활용의 기본자세

기관과 공무원이 시민들과 진정한 소통을 이루기 위해 그 운영 목적을 올바르게 이해하고 어떻게 대응하는 것이 바람직한지에 대한 구체적인 내용을 포괄적으로 제시하고자 한다.

<표 14-1> 지방자치단체의 소셜미디어 운영지침, 규정 및 가이드라인 내용분석

소셜미디어 운영 관련 항목	부산	대전	충남	춘천
공식성(개인견해 금지)	○			
적절한 대응(상대방 파악)	○			
진정성(소통)	○			
공감 표현(단순 정보전달 X)	○			
신속한 대응, 실시간 소통	○	○	○	

소모적 논쟁 회피, 긍정적 정보 지향	○		○	
객관적 사실에 근거한 반박	○			
차별화된 정보제공(다양한 형태, 이슈)	○	○	○	
의미 있는 정보제공			○	
유익한 정보공유(재배포, 확산)			○	
적극성(친밀감)			○	○
책임감(책임의식)			○	
구체적인 내용 링크페이지 게재		○		
민원처리 과정 및 방법		○		
SNS 연계 활용방안(접근채널 다각화)				○
게재시간 규정		○		
개인정보, 보안사항 유출 금지	○			
위기관리지침(위기대응노력)	○		○	
지적재산권 존중			○	
SNS 담당인력(운영책임자)				○
SNS 분기별 디자인				○

자료: 지역정보개발원, 2012, 지방자치단체의 소셜미디어 운영 및 활용 가이드라인 연구, 13.

일단 소셜미디어 운영지침이나 가이드라인을 보유하고 있는 자치단체의 규정내용을 보면 대체로 주의해야 할 사항에 대한 것이 주를 이루고 있다. 공공기관이 운영하는 소셜미디어로서 객관적인 사실에 근거한 정보를 사적인 견해 없이 전달하고 무엇보다 신속한 대응으로 실시간 소통에 진정성을 가지고 충실할 것을 요구하고 있다. 또한 타인의 지적재산권을 존중함은 물론 개인정보를 침해하거나 보안사항을 유출하지 않도록 주의를 요하고 있다. 그리고 시민들의 관심을 유발할 수 있는 이슈를 차별화된 다양한 형태의 자료로 제공할 수 있도록 하며 보다 적극적으로 책임감 있게 대응할 것을 규정하고 있다.

일본의 가이드라인에는 좀 더 자세하게 규정하고 있다. 종합적으로 기본적인 주의사항을 정리하면 다음과 같다.

(1) 공무원임을 자각하고, 책임 있는 발언을 해야 한다.
(2) 공무원법, 지방공무원법을 비롯한 관계 법령 및 직원의 복무에 관한 규정 등을 준수한다.
(3) 기본 인권, 초상권, 프라이버시, 저작권 등을 침해하지 않는다.
(4) 한번 게시한 정보는 완전히 지울 수 없으며, 즉시 확산됨을 항상 의식한다. 소셜미디어상의 모든 정보는 기본적으로 모든 이용자가 볼 수 있는 상태에 있고, 리트윗 등의 정보공유 기능에 의해 순간적으로 불특정 다수에게 확산될 수 있다.
(5) 게시한 정보는 정확해야 하며, 오해의 소지가 없도록 표현에 세심하게 주의한다.
(6) 의도하지 않게 다른 이용자의 마음을 상하게 하거나 오해를 불러일으킨 경우에는 성실하게 대응한다.
(7) 상사가 부하에게 '팔로우' 또는 친구승인, '좋아요'를 강요하거나, 심각하게 사생활을 침해해서는 안 된다.[44]
(8) 다음과 같은 정보를 발신하지 않는다.
  - 법령 및 미풍양속에 위반되는 내용
  - 인종, 사상, 신념, 직업 등으로 차별하거나 차별을 조장하는 내용
  - 불법행위 또는 불법행위를 조장하는 내용

---

44) 나가노시 소셜미디어의 이용지침, 長野市ソーシャルメディアの利用に関するガイドライン.

- 직무상 알게 된 비밀 또는 개인정보를 포함한 내용
- 소속기관의 보안을 위협할 우려가 있는 내용
- 신뢰할 수 없는 정보나 소문이나 풍문 등을 조장하는 내용
- 외설적인 내용
- 기본적 인권, 초상권, 프라이버시, 저작권 등을 침해하는 내용
  (개인 식별이 가능한 사진아-영상, 글 등을 게시할 경우에는 사전에 본인과 소속 단체, 기업 등에 양해를 얻는 등 충분히 유의)
- 기타 불특정 다수에 발신하는 정보로서 부적당한 내용
- 나가노시 정보공개 조례 제7조 제1호 내지 제6호에서 정하는 "개인정보"

2. 근무 중 소셜미디어의 개인적인 사용은?

공무원은 국가공무원법, 지방공무원법의 복무관련 조항에 따라 성실근무 의무가 있다. 따라서 원칙상 근무시간 중엔 개인적인 소셜미디어를 사용하는 것은 원칙적으로 허용되지 않는다는 것이 일반적인 견해다. 소셜미디어에서 정보의 게시는 대체로 게시 시간이 표시된다. 근무 시간 동안 게시하는 것이 다른 사용자에게 오해의 소지가 있는 행위이므로 자제하는 것이 좋다.

또한 점심시간 자유롭게 이용할 수 있는 것이 원칙이지만, 일반적인 점심시간(오후 12시부터 오후 1시) 이외의 시간이 점심시간이 되는 경우에 해당 게시시간에 대해 다른 사용자가 오해할 우려가 있다는 점도 고려할 만하다.

출장 중인 이동 시간과 초과 근무 시간이었다고 해도, 근무 시간 중에는 사용하지 않는 것이 바람직하다(船橋市ソーシャルメディア運用ガイドライン). 물론 직무의 일환으로 소셜미디어를 활용한 홍보 활동은 근무의 연장이기 때문에 제한되지 않는다.

3. 공무원의 소셜미디어상 정보게시

1) 게시내용의 선별

기본자세에서 설명한 바와 같이 게시하는 정보는 정확하게 설명하고, 그 내용에 대해 오해의 소지가 없도록 유의해야 한다. 일단 네트워크에 공개된 정보는 완전히 제거할 수 없음을 이해하는 것이 필요하다.

- 모멸적인 발언(總社市), 불경스러운 말투를 포함하는 정보
- 차별 또는 차별을 조장하는 정보
- 불법적인 정보 또는 불법행위를 부추기는 정보
- 유포시키는 것을 목적으로 하는 잘못된 정보
- 열람자에게 손해를 주는 사이트 및 음란사이트에 대한 정보(總社市)
- 외설적인 내용을 포함하는 웹사이트에 대한 링크
- 해당기관 또는 타인의 권리를 침해하는 정보
- 기타 미풍양속에 반하는 발언

2) 공무원 신분을 밝히고 게시하는 것이 좋은가?

행정정보(이미 공개된 정보와 관광정보 등 일반적으로 알려져 있는 정보는 포함되지 않음)를 게시하는 경우에는 시민이나 고객을 이해시키기 위해서는 직원임을 분명히 하는 것이 바람직할 수 있다. 따라서 행정에 관한 정보를 발신하는 것을 계획하는 경우 미리 직원임을 분명히 하는 것이 바람직하다(치바시 직원의 소셜미디어 이용에 관한 가이드라인 FAQ). 그리고 직원임을 밝히는 경우 정보는 정확하게 알림과 동시에 자각과 책임을 가져야 한다.

비록 자신의 본명, 소속, 직무 내용 등을 명시하지 않고 발신한다고 해도 과거에 게시한 정보나 친구 관계에서 비교적 쉽게 이러한 사항을 확인할 수 있다. 소셜미디어의 익명성을 과신하지 않고, 절도 있는 이용이 필요하다. 잘못된 정보를 게시한 것이 발단이 되어 발신자의 정보가 공개되어 인터넷에 노출될 수 있다.

- 업무에서 알게 된 비밀 정보의 노출(배우 ○○씨가 청사를 방문했다 등등)
- 과거의 범법 행위의 자랑(부정 승차를 했었다, 음주 운전을 했었다 등등)
- 타인을 비방하는 발언
- 명확한 근거 없는 비판

익명 게시의 문제는 두 가지로 볼 수 있다.

첫째는 비방과 중상이다. 비방은 익명으로 하는 경우 "누가 발신했는지 모를 것"이라 생각하고 안이하고 무책임하게 게시하기 때문에 발생된다. 그러나 관련법을 통하여 인터넷의 정보 게시에 의해 자기의 권리를 침해된 자는 공급자 등에 게시자의 성명 또는 명칭,

주소, 이메일 주소 등을 공개 청구할 수 있다. 다음 사례는 이러한
상황을 잘 보여주고 있다.

<사례> 공무원의 익명댓글 사례

대전 도시철도 2호선과 관련한 유언비어에 적극 대응하겠다던 염홍철 대전시장이 자신
을 비방한 누리꾼을 명예훼손 혐의로 처벌해달라며 경찰에 고소했다. 이 누리꾼은 정용
기 대덕구청장이 염 시장을 비난하며 언급한 '염정(廉政)에 염증(炎症)난다'는 말을 아
이디로 사용, "도시철도 2호선을 임기 중에 추진하려는 이유는 돈을 받기 위해서다"라
는 비방 글을 썼다.
그런데 문제의 누리꾼을 찾고 보니 정용기 대덕구청장 비서실장이었다. 시는 '염정에 염
증난다'는 아이디로 봐 글 쓴 사람이 대덕구와 관련 있을 것이라고는 생각했지만 구청
장 비서실장일 줄 몰랐다고 했다.
대전시 산하 자치구의 현직 공무원이 업무시간에 사무실 컴퓨터를 이용해 시장을 비난
하는 악의적이고 반복적인 댓글행각을 벌였다면 명백한 징계감이다. 일반 공무원도 아
니고 구청장을 그림자처럼 수행하는 비서실장으로서 이런 행동을 했다는 것은 본인뿐
아니라 정 구청장, 염 시장 모두를 욕보인 꼴이다. 도시철도와 관련한 불만을 이런 식으
로 푸는 건 정당하지 못하다. 당사자는 물론 구청장도 사과하고 재발방지 약속을 해야
한다.

(중략)

4년 전 염 시장이 데리고 있던 수행비서도 박성효 시장을 상대로 악플을 달았다가 허위
사실 유포 등의 혐의로 300만 원의 벌금형을 받은 바 있다. 당시 박 시장도 지금의 염
시장처럼 누군지 모르고 수사의뢰했더니 염 위원장 비서라 놀랐다고 했으며 그 수행비
서 또한 자신이 쓴 글은 염 위원장과 아무 관련이 없다고 말했다.
염 위원장 수행비서는 이후 한 언론과의 인터뷰에서 "댓글 때문에 공직에서 사퇴하고
직장생활도 어려움을 겪었다"며 "죄는 미워해도 사람은 미워하지 말라고 했는데 고위
공직자가 이런 식으로 사람을 매장시키면 되겠느냐"며 박 시장에 대한 불만을 토로했었
다. 자신의 비서가 한 번의 실수로 이런 고통을 받는 것을 보며 염 시장 마음도 편치 않
았을 것 같다. (이하 생략)

자료: 임연희, '염증' 댓글과 표현자유, 중도일보, 2011년 8월 10일자.

둘째는 정부기관이나 지방자치단체의 공무원임을 밝히지 않고 관
련 행정정보를 게시한 후 해당 게시자가 해당기관의 공무원인 것이
판명된 경우에는 기관 전체 신용이 손상될 수 있다는 점이다. 예를

들어, 특정기관의 행정정보의 게시에 익명으로 댓글을 달은 후 해당 댓글이 공무원에 의해 게시된 것으로 밝혀지면, 해당 댓글이 비판적이고, 긍정적이든 상관없이, 또한 사실에 입각한 게시라 하더라도 익명으로 게시한 것 자체가 다른 이용자들에게 오해를 줄 수 있음을 주의해야 한다.

3) 직무와 관련한 내용의 게시

직무와 관련된 내용은 물론 게시하는 것이 허용된다. 기본원칙과 유의사항을 지켜 게시한 글과 댓글은 시민에게 유용한 정보가 될 수 있기 때문에 제한할 필요가 없다는 것이 일반적이다.

업무관련 행정정보를 게시할 때의 다음 사항을 유의해야 한다.

첫째, 업무관련 이해관계에 있는 사람이나 단체의 비밀에 관한 정보를 발신해서는 안 된다.

둘째, 소속기관 및 타인의 권리를 침해하는 정보를 게시해서는 안된다.

셋째, 소속기관의 보안을 위협할 우려가 있는 정보를 게시해서는 안 된다.

넷째, 자신의 직무에 관한 정보를 발신하는 경우 기밀을 준수하고, 의사 형성 과정에 있어서 정보의 취급에 각별히 유의할 필요가 있다.

다섯째, 자신이 직접 직무상 관련되지 않는 사항이라도 소속기관의 행정정보를 게시하는 경우, 이를 읽는 사람은 일정한 관계자로 오해할 수 있다는 것을 충분히 주의해야 한다.

여섯째, 현재 정책결정 과정에 있는 내용도 게시하지 않는다.

일곱째, 정부기관의 정책에 반하는 내용은 게시하지 않는다.

치바시의 경우 다음과 같이 구체적으로 잘못된 게시의 사례를 제시하고 있다.

- 본래 보육 입소 접수 기간은 ○월부터인데 "△월부터 보육 입소 접수를 시작합니다"라는 잘못된 내용을 게시하는 경우
- 아이디어 단계일 뿐이고, 결정되지 않았음에도 불구하고 "○○업무를 △△로 변경하려고 생각하고 있습니다"라고 근거 없는 내용을 게시하는 경우
- "○○요금의 개정은 △달 의회에 상정할 것입니다"라고 치바시의 정책결정 과정에 있는 내용을 전송하는 경우
- "탈재정 위기선언 이후 전 기관 내부에서 재무 체질의 개선에 노력하고 있지만, 담당자가 ○○사업의 폐지에 납득이 가지 않는다"라고 치바시의 정책에 위반되는 내용을 게시하는 경우

이미 일반적으로 알려진 내용이면 게시해도 상관없지만, 정확하고 오해의 소지가 없도록 표현해야 한다.

- 이미 시정 소식 등으로 일반적으로 양지되고 있는 것에 대해 "○○수당 신청 접수 기간은 △월 △일~□월 □일까지이므로, 수속이 끝나지 않은 분은 서둘러 ○○과에 신청하십시오"라는 정확한 내용으로 게시하는 경우

다른 이용자에게 오해를 주고 혼란을 초래하지 않도록 하기 위해서는 스스로 관련 업무에 대해서는 자신의 직책 범위 내까지 게시한다. 또한 그 범위의 판단을 하기 어려운 경우에는 그 내용에 관하여

소셜미디어에 발신하는 것에 대해 상사의 허락을 얻는 것이 바람직하다.

4) 직무와 관련되지 않은 내용의 게시

직무와 관련되지 않는다고 해서 게시할 수 없다는 제한은 소극적인 소셜미디어 정책인 경우의 선택지이다. 현재와 같이 적극적으로 소셜미디어의 효과를 누리고자 하는 문화 속에서는 직무와 관련 없는 내용에 대해 게시하는 것을 제한하지 않는 것이 일반적이다.

공식 정보제공과는 별도로 개인으로 기관에 관한 정보를 게시하는 것은 소셜미디어 사용의 기본원칙과 유의사항에 반하지 않는 한 제한할 필요가 없다. 이미 공개된 정보와 소속기관의 행정에 관한 일반적인 지식(청사의 위치 및 업무 시간 안내 등)에 대해서는 오히려 적극적으로 정보를 게시하는 것이 바람직하다. 그러나 공무원이 게시하는 정보는 시민에 미치는 영향이 큰 것을 감안하여 다음의 세 가지 점에 주의해야 한다.

첫째, 개인으로서의 정보발신이며, 시로서의 공식 견해가 아님을 명확하게 밝혀야 한다.

둘째, 항상 정확한 정보를 게시하도록 주의를 기울여야 한다.

셋째, 다른 이용자에게 오해를 주고 혼란을 초래할 우려가 있는 내용, 기관의 현재 정책 결정 과정 중에 있는 내용, 조직의 정책에 반하는 내용 등의 게시는 자제해야 한다.

5) 소셜미디어에 게시하는 경우 저작권이나 초상권 문제

소셜미디어상에 음악이나 사진을 걸 때 저작권이나 초상권 침해의 우려가 있는지 점검해야 한다. 혹시 저작권이나 초상권 침해여부가 확신이 서지 않는 경우는 게시하지 않는다.

[예] 저작권을 침해할 가능성이 있는 것
 - 신문이나 잡지의 기사, 소설, 만화, 타인의 블로그 등의 댓글 등
   음악, 악보, 가사 등
 - 사진 다른 사람이 만든 CG, TV와 영화 동영상 등

[예] 초상권을 침해할 가능성이 있는 것
 - 사진 내에 포함되어 있는 본인의 승낙을 받지 않은 사진
 - 군중 사진의 경우 일반적으로 문제가 되지 않지만, 특정 사람에 초점을 맞추고 있는
   경우 등은 그 사람의 동의가 필요
 - 재산 가치를 가진 동식물 등을 그 소유자의 승낙 없이 사용하는 것

자료: 치바시 직원의 소셜미디어 이용에 관한 가이드라인 FAQ.

6) 정치적 행위의 제한

국가 공무원법 제65조, 지방공무원법 57조에서 공무원의 정치운동을 제한하고 있다. 따라서 법에서 규정하고 있는 것처럼 투표를 하거나 하지 아니하도록 권유하는 내용, 서명운동을 기도, 주재하거나 권유하는 내용, 기부금을 모집 또는 모집하게 하거나, 공공자금을 이용 또는 이용하게 하는 내용, 타인에게 정당이나 그 밖의 정치단체에 가입하게 하거나 가입하지 아니하도록 권유하는 내용은 정치운동과 밀접하게 관련되어 게시하는 경우 문제가 커질 것이다.

소셜미디어로 게시하는 경우 정치적 행위의 제한에 저촉되지 않

도록 주의해야 한다. 또한 저촉 여부 판단이 혼동스러운 경우 게시하지 않는 것이 바람직하다.

국가공무원법

제65조(정치 운동의 금지) ① 공무원은 정당이나 그 밖의 정치단체의 결성에 관여하거나 이에 가입할 수 없다.

② 공무원은 선거에서 특정 정당 또는 특정인을 지지 또는 반대하기 위한 다음의 행위를 하여서는 아니 된다.

1. 투표를 하거나 하지 아니하도록 권유 운동을 하는 것
2. 서명 운동을 기도(企圖)·주재(主宰)하거나 권유하는 것
3. 문서나 도서를 공공시설 등에 게시하거나 게시하게 하는 것
4. 기부금을 모집 또는 모집하게 하거나, 공공자금을 이용 또는 이용하게 하는 것
5. 타인에게 정당이나 그 밖의 정치단체에 가입하게 하거나 가입하지 아니하도록 권유 운동을 하는 것

③ 공무원은 다른 공무원에게 제1항과 제2항에 위배되는 행위를 하도록 요구하거나, 정치적 행위에 대한 보상 또는 보복으로서 이익 또는 불이익을 약속하여서는 아니 된다.

---

7) 개인정보에 관련한 정보

소셜미디어에 공개범위 설정 기능이 제공되고 있다. 이를 통해 의도하지 않은 정보확산을 방지할 수 있다. 각자 적절한 공개범위를 설정하여 사용해야 한다. 자신의 게시물 내용을 특정범위의 사용자로 한정해 다른 사용자에게는 보이지 않도록 할 수 있다. 예를 들어 트위터에서 개인정보 설정을 ON으로 하면 그 계정을 팔로우 하고 있는 사용자 이외에는 트윗이 보이지 않게 되며, 새로 계정을 팔로우하는 경우에도 승인이 필요하다.

위치 부여 기능을 이용하는 경우에 위치정보를 발신할 경우 미치는 영향에 대해 유의하고, 필요에 따라 해당 기능의 정지 등의 조치

를 취하는 것이 좋다. 위치정보 기능은 소셜미디어에 많이 채용되는 기능으로서 지도상에서 자신의 현재 위치를 선택하여 발언이나 사진에 위치정보를 부여할 수 있다. GPS(위성 위치 확인 시스템)와 IP수소(인터넷 송수신기의 판별 번호)를 통해 게시에 자동으로 위치정보를 추가할 수도 있다.

4. 소셜미디어 재앙의 대응

실수로 자신이 게시한 정보로 타인을 다치게 하거나 오해를 초래한 경우에는 성실하게 대응하고, 제대로 이해되도록 노력하여야 한다. 또한 자신이 게시한 정보에 관해 공격적인 반응이 있는 경우에는 냉정하게 대응하고 불필요한 논쟁이 되는 것은 피해야 한다.

1) 문제의 예방

다른 이용자들의 의견에 대해서는 냉정하고 성실하게 대응해야 한다. 잘못은 즉시 인정하고 정정해야 한다. 잘못을 즉시 인정하지 않는 경우 사소한 문제가 소셜미디어 재앙으로 발전할 가능성이 있다. 또한 공식계정에서 다른 이용자의 게시물을 인용하거나 제3자가 관리 또는 운영하는 페이지에 링크의 게재는 해당 게시물과 페이지의 내용을 신뢰할 수 있는 것으로 주어지는 가능성도 있기 때문에 신중하게 할 필요가 있다.

2) 소셜미디어 재앙

충분히 주의를 기울였음에도 불구하고, 혹은 사소한 실수로 소셜미디어 재앙으로 발전할 수 있다. 이런 경우 우선 침착해야 한다. 소셜미디어 위기상황에서 가장 안 좋은 것은 정색하여 반박하고, 도발하는 것이다. 다른 이용자들의 반론이나 항변은 냉정하게 대응할 필요가 있다. 문제 상태가 발생한 경우에는 반론이나 항변에 앞서 문제가 된 부분을 인정하고, 수정하고 사과해야 한다. 대응에 시간이 걸릴 경우는 시간이 걸리는 이유를 설명하고 무시하는 등의 불필요한 오해를 초래하지 않도록 해야 한다.

3) 스푸핑

스푸핑은 자신의 계정을 유명인이나 기업, 단체의 것이라고 사칭하는 것을 의미한다. 많은 소셜미디어는 익명성이 높고, 실제 계정을 확인하는 방법이 제한적이기 때문에 비교적 쉽게 사칭하는 것이 가능하다. 최근 들어 페이스북의 경우 공식 인증절차를 도입하기는 했지만 의무절차는 아니기 때문에 여전히 스푸핑의 가능성이 있다.

스푸핑의 위험을 줄이기 위해서는 이용하고 있는 소셜미디어 계정의 프로필란 등에 공식계정을 소개하고, 기관대표 홈페이지의 URL을 기재하는 것이 좋다. 또한 해당 소셜미디어 플랫폼에 공공기관의 계정임을 증명할 수 있는 서비스를 이용하여 공식계정을 인정받도록 한다.

기관의 계정에 대한 스푸핑이 발생하고 있는 것을 발견한 경우에는 해당 소셜미디어 관리자에게 삭제 요청을 하고, 기관대표 홈페이지 및 모바일 사이트에 공지하고, 피해 규모 등의 상황에 따라 언론에 자료를 제공한다.

4) 계정 해킹

소셜미디어의 메일 기능에 기억이 없는 메일이 오는 경우 또는 이메일로 URL이 게재되는 경우 계정 해킹을 목적으로 했지만 가능성이 있기 때문에 함부로 열어서는 안 된다.

공식계정 해킹이 발생한 경우에는 즉시 비밀번호를 변경한다. 그래도 해킹 피해가 계속된다면 해당 소셜미디어가 정하는 문제해결의 안내에 따라 대책을 강구해야 한다.

소속기관의 대표 홈페이지 및 모바일 사이트에 공지하고, 피해 규모 등의 상황에 따라 언론에 자료를 제공하며 해킹 피해가 있었음을 알린다. 또한 해킹된 계정에서 다른 계정을 빼앗긴 후 2차 피해를 방지하기 위해 계정 해킹이 발생한 경우 즉시 전 직원에게 알려야 한다.

소셜미디어 가이드라인과
소셜미디어 정책사례

Arlington

- 목적
- 범위
- 정책의 구체적인 내용: 소셜미디어의 정의, 소셜미디어의 강점, 소셜미디어 사용 시 규칙, 금기시되는 내용, 소셜미디어 활용의 도입방법, 고려사항(부서 준수사항), 관련 정보 링크
- 담당부서: 카운티 매니저 사무처, 커뮤니케이션부

목적

소셜미디어 출구를 통해 카운티의 공무원들이 대중과 관계를 형성하는 것을 고무하고자 한다. 정책문건을 통해 소셜미디어에서 업무수행 중에 지켜야 할 지침과 규칙을 제시하고자 한다.

범위

공무원, 소셜미디어를 기획하고 구축하는 외부계약자

정책상세

소셜미디어 = 상호작용

소셜미디어는 상호작용을 위한 새로운 모델이다.

소셜미디어 플랫폼을 무시하는 것은 선택이 아니다. 소셜미디어는 우리의 업무과정과 책임에 자리 잡게 해야 한다.

업무목적을 성취하는 데 도움을 줌: 범죄예방(Arlington Police on MySpace 사례), 트위터를 통한 대통령 취임일의 교통소통 정보제공, 유튜브의 서베일런스 비디오 공개를 통한 현상범 체포

논쟁주제(hot topic)와 새로 부각되는 쟁점을 모니터하고 대응

현재 쟁점과 프로젝트와 성공스토리에 대한 이야기를 적극적으로 공유

새로운 방식으로 새로운 사람들에게 다가감

왜 소셜미디어를 사용하는가?

정부의 투명성을 증대

신속한 응대를 가능하게 함

업무 착수 전의 경향의 파악

주민과 고객의 소리듣기

다가가서 대화하기-올 때까지 기다리지 말기

여과장치 없이 지역사회의 소리 직접 듣기

콘텐츠의 전달시스템의 확장을 위한 커뮤니케이션 도구

알고 싶어 하는 것에 대한 응답

신문의 사망에 따라 생긴 진공상태를 채움

소셜미디어 사용규칙

- 공식적 업무에는 공식적인 계정을 사용하라.
- 알고 있는 것에 대해 쓰라. 카운티 외부에 카운티와 관련 있는 내용을 올릴 때 kdma과 같이 밝혀야 한다. '이 게시글은 본인 자신의 생각을 담고 있으며, 본 카운티의 공식적인 견해, 전략, 의견을 대표하는 것은 아닙니다.'
- 투명하라: 실명을 사용하고, 정부에서 일하는 것을 밝히고, 자신의 역할을 분명하게 밝혀야 한다.
- 인식은 실재이다(Perception is reality).
- 신중하라(Be judicious). 모든 진술은 진실이어야 한다. 소셜미디어에 올리는 글은 오랫동안 지속되므로 신중하고, 주의 깊게 고려해야 한다. 만약 자신의 부모나 동료, 상사가 읽지 않았으면 하는 내용은 올리지 말아야 한다.
- 책임: 자신이 올린 글에 대한 책임은 전적으로 자신에게 있다.
- 대화: 전문적인 상황에서 실제 사람과 이야기하듯이 독자에게 이야기해야 한다. 관료적이거나, 공식적인 언어를 피해야 한다. 열린 마음으로 독자의 반응을 이끌어낼 수 있도록 이야기하라. 호전적일 필요는 없다.
- 열린 마음: 소셜미디어의 가장 큰 이익 중의 하나는 우리가 우리의 고객과 상호작용하는 것이다.
- 가치를 부가해야 한다.
- 문제가 발생한다면(Did you screw up): 실수를 했다면 인정하고 이를 시정하라.
- 주저함이 생긴다면 그만두라(If it gives you pause, pause).
- 규칙을 따르라.

금기시되는 주제

- 소송에 개입될 소지가 있는 주제
- 공적인 정보가 아닌 것
- 불법이거나 금시된 내용, narcotics
- 포르노사진이나 불법적인 자료
- 명예훼손(defamatory), 중상모략(libelous), 음란한(offensive), 품위를 떨어뜨리는(demeaning) 자료
- 자신의 이야기나 다른 사람의 개인사
- 다른 사람이나 다른 사람에 관련된 비난이나 위협적인 댓글
- 어떤 종류의 개인적이고, 민감하거나 은밀한 정보

각 부서에서 새로운 소셜미디어 플랫폼을 활용하고 싶다면 커뮤니케이션부(카운티 매니저 사무실 산하)와 조정해야 한다. 요청 성격에 따라 기술지원부, 인터넷 정책그룹, 기술리더십위원회 등이 개입할 것이다.

- 1단계: 달성하고 하는 목적을 확인하라. 목적을 달성하는 데 가장 도움이 되는 도구를 선택해서 설정하는 것이 중요하다.
- 부처의 커뮤니케이션 계획을 개발하기 위해서는 부처의 커뮤니케이션 관리자에게 자문을 받아야 한다. 목록을 확인하기 위해서는 Document & Resources Library를 방문하라.
- Resources Library에서 카운티 정부에서 활용할 수 있는 커뮤니케이션 도구를 찾을 수 있다.
- 커뮤니케이션 계획에 소셜미디어가 들어 있다면 우선 자신의 것을 만들기 전에 기존의 플랫폼(트위터나 페이스북과 같은)을 사용할지를 고려해야 한다.
- 몇몇 카운티 부서와 그룹은 이미 잘 갖추어진 성공적인 소셜미디어 체제를 활용하고 있으니 이들의 지식과 경험에서 이점을 취할 수 있다.

- 모든 카운티 조직들은 이와 같은 새로운 이니셔티브와 관련하여 CMO의 커뮤니케이션부에서 점검을 받아야 한다.

기억해야 할 점

- 각 부서는 소셜미디어 사이트에 자신의 페이지를 구축하고, 출판하며, 업데이트하는 데 전적으로 책임을 진다. 가능하다면 콘텐츠들은 더 많은 정보가 있는 카운티 웹사이트에 연결해야 한다.
- 가능하다면 각 부서의 소셜네트워킹 사이트에서 카운티의 메인 홈페이지로 링크를 걸어야 한다.
- 카운티는 이 문건의 지침에서 제시한 규정이 잘 지켜지는지를 지속적으로 확인하기 위해 각 부서의 페이지를 주기적으로 점검할 것이다. 커뮤니케이션부는 필요하다면 페이지를 지우거나 사이트를 폐쇄할 수 있는 권한도 지니고 있다.
- 각 부서의 소셜미디어 사이트가 공식적인 카운티 사이트로서 인식될 수 있도록 그래픽 표준 매뉴얼(Graphic Standard Manual)에 따라 카운티의 로고를 기입해야 한다.
- 때때로 새로운 것을 시도할 때 용감해야 한다. 우리는 때때로 금을 기다리기보다는 주석표준(tin standard)으로 가야 한다.

추가적인 정보

AC Sources - 리소스
socialmediatoday.com 커뮤니케이터 교류 사이트
ragan.com - 전문 커뮤니케이터 사이트
연방정부 관련 사이트
govloop.com - 정부 커뮤니케이터 공유 네트워크
webcontent.gov - 정부사이트의 최상사례

City of Arvada

- 목적
- 정책
- 정의
- 절차: 일반, 사용, 저자와 commenter
- 담당부서: 정보기술위원회(IT Council), PIO, 웹위원회

목적

공무원들이 소셜미디어를 적절한 사용을 보장하기 위하여 해야 할 일을 규정하기 위함이다.

정책

(생략)

정의:

소셜미디어: 웹 콘텐츠 생산 커뮤니케이션과 대화를 만들기 위한 다양한 형태의 정보공유와 사용기술이 포함된다.

IT위원회가 시와 각 부서가 어떤 소셜미디어 출구를 사용하는 것이 적합한가를 승인하고, 웹카운슬은 각 부서를 교육하는 역할을 수행할 것이다. 어떻게 다양한 소셜미디어를 각 부서의 목적을 달성하는 데 최상으로 활용할 수 있는가를 교육시키고, ITC에 승인을 받기 위해 새로운 도구와 활용방법에 대해 제시하는 역할을 수행한다.

IT위원회: 시의 IT투자를 감독, 구성원은 IT director가 임명한다.

웹위원회: 시 공무원으로 구성된 위원회로서 시의 웹상의 지위나 서비스를 지속적으로 발전시키기 위한 전략적 지침이나 비전을 제공하는 역할을 수행한다.

PIO(Public infoemation Officer): 부관리자가 맡으며, 매체와의 접촉을 책임진다.

절차

1. 일반

- 공식적인 소셜미디어 사이트와 서비스는 시의 정보네트워크의 확장으로 고려된다.
- 소셜미디어를 사용하는 부서는 연방 주와 카운티의 법, 규정과 정책을 준수해야 한다. 이러한 예로는 저작권, 기록보유, 정보자유법, First Amendment 헌법 수정 제1항 ≪언론·신문·종교의 자유를 보장한 조항≫, 사생활보호, common decency, 정보보호정책
- 가능하다면, 더 상세한 정보를 위한 링크는 시의 공식 웹사이트에 연결해야 한다.
- 각 부처와 부서는 자신의 정보가 최신의, 정확한 정보임을 보장할 수 있어야 한다. 콘텐츠는 시의 스타일과 로고 사용지침을 준수해야 한다.
- 이러한 기준을 위반하는 경우 부서의 페이지는 삭제될 수 있다. PIO가 이러한 권한을 갖고 있다.

2. 사용

- 모든 시의 부서는 업무상의 이유로 소셜미디어 도구를 사용하는 것을 고무받을 수 있다. 이러한 도구의 사용은 부서장에 의해서 승인받는다.

- 시관리인은 각 부서가 소셜미디어를 사용하고자 요청할 때 직접 검토하거나, 혹은 웹위원회나 PIO에게 위임할 수 있다.
- 웹위원회는 각 부처가 자신에게 주어진 임무를 달성하는 데 적합한 소셜미디어 도구를 추천하고, 돕는 역할을 수행한다.
- 각 공무원들은 소셜미디어를 사용할 때 시에 대한 공무원의 충성 의무하에 시의 소속임을 지속적으로 표시해야 한다.
- PIO는 각 부서의 소셜미디어 사용이 소셜미디어의 적합한 활용, 메시지, 브랜딩을 위한 정책과 부합하는지를 모니터할 것이다.
- 사생활을 보호하기 위해 사회보장번호, 전화번호, 개인적인 이메일 주소 등의 개인을 확인할 수 있는 정보를 포함하지 말아야 한다. 시정책 2200.01 민감한 자료에 관한 전자적 커뮤니케이션의 사용, 시정책 2500.02 수용할 수 있는 사용과 수용할 수 없는 사용과 허용된 서비스 등을 참조하면 더 상세한 내용을 알 수 있다.
- 다른 사람의 사생활을 보호하기 위해 사회보장번호, 전화번호, 개인적인 이메일 주소 등의 개인을 확인할 수 있는 정보를 포함하지 말아야 한다. 시정책 2200.01 민감한 자료에 관한 전자적 커뮤니케이션의 사용, 시정책 2500.02 수용할 수 있는 사용과 수용할 수 없는 사용과 허용된 서비스 등을 참조하면 더 상세한 내용을 알 수 있다.
- 모든 코멘트는 수용가능(acceptable)해야 한다. 시정책 2500.02 수용할 수 있는 사용과 수용할 수 없는 사용과 허용된 서비스 등을 참조하면 더 상세한 내용을 알 수 있다.
- 소셜미디어를 사용하는 것은 업무상의 커뮤니케이션(business communication)이거나, 업무를 수행하기 위한 것(the purpose of fulfilling job duties)이어야 하며, 개인적인 사용(personal use)은 아니어야 한다.

- 소셜미디어 계정의 사생활 보호문제는 시정책 2200.01 전자적 커뮤니케이션의 사용에 개략적으로 제시되어 있다.

3. 저자와 자문위원

- 모든 아바다시의 소셜미니어의 게시글 작성자와 덧글 작성자는 실명으로 게시글과 댓글이 작성되어야 하며, 익명 게시는 허용되지 않는다.
- 공적인 댓글을 기재할 때는 바른 접촉정보, 이름과 이메일 등을 밝혀야 한다. 유튜브, 플리커, 트위터 등 외부(third-party) 서비스에 올리는 글은 각 사이트의 타당한 계정에 승인을 받을 때만 가능하다.
- 아바다시의 게시글과 댓글 작성자의 글에 대한 인증자격증명(authentication credentials)은 시의 비밀번호 표준(City's password standard)을 따라야 한다.

City of Chandler social media/social networking (administrative regulation)

- 목적
- 책임
- 정의
- 절차
- 담당조직 CAPA, CIO

목적

소셜미디어 웹을 이용하고 소셜 네트워킹에 참여하기 위해 시가 제공하는 전자적/컴퓨터 자원을 사용하는 시의 공무원, 선출공무원, 자원봉사자와 부속기관(affiliated organization)에게 지침을 제시하기 위한 것이다.

책임

커뮤니케이션과 공보(CAPA: Communication and Public Affairs)부 - 시의 공식 대변인, 소셜미디어/네트워킹과 인터넷을 통한 시의 공식 웹 presence를 유지하는 책임

정보기술(IT: Information Technology)부 - 보안문제를 관리하고 정책을 지원하는 조치를 점검

모든 부서와 공무원 - 소셜미디어/네트워킹에 참여를 통해서 수행하는 업무를 CAPA와 IT와 조정

이 정책을 온전하게 준수하는 책임은 각 부서의 장과 관리자, 개별 공무원에게 있다.

정의

소셜미디어-다양한 형태의 토론과 정보공유의 형태를 의미하는 것으로 소셜 네트워크, 블로그, 비디오 공유, 포드캐스트, 위키, 메시지보드와 온라인 포럼 등이 포함된다.

소셜네트워킹-웹기반의 어플리케이션을 통해 업무적이고 사회적인 접촉수를 증대시키는 실체를 의미한다.

절차

A. 이메일과 인터넷 접속은 부처 책임자에 의해 할당(assigned)받을 수 있으며, IT Division에 의해 설정되고 감독받을 수 있다. 공무원들은 시의 이메일과 전자적 커뮤니케이션의 수용되는 사용정책에 따라 규제와 정책에 따라야 한다. 공무원들이 소셜미디어와 네트워킹을 사용할 때 관련되는 그러한 정책의 몇몇 측면은 다음과 같다.

1. 어떤 장소에서 접속하더라고 시에서 승인한 계정을 사용한다면 공무원은 그 접속을 통해 시의 공식 업무를 수행해야 한다.

2. 시가 제공하는 인터넷, 인터넷 이메일과 로터스 노트를 사용하는 것은 특권이다. 승인되지 않은 사용은 사용자의 접속을 못 하게 하는 결과를 초래하고, 위반의 심각성에 따라 적절하다고 판단되는 징계가 따를 것이다.

3. 공무원들은 인터넷과 관련 기술을 사용하는 것은 제약과 제한이 있음을 인식해야 한다. 개인적인 사용이 제한적으로 허용되기는 하지만, 공무원들은 그러한 개인적 사용에 대해 보수적이어야 하며, 공적 기록법(public records law)에 의해 언론매체와 공중에 의해 상세한 조사의 대상이 될 수 있음을(under scrutiny) 이해해야 한다.

개인적인 사용이 허용되는 경우는 개인적인 취임이나 생일, 출산, 은퇴 등 특별한 날의 커뮤니케이션에 한정된다. 이러한 시간은 접속시간을 기준으로 짧게 진행되어야 한다. 짧다는 것은 전형적으로 업무시간 중에 주어지는 개인적인 휴식(personal break)으로서 받아들여지는 시간보다 짧은 시간임을 의미한다. 이러한 시간은 정규적으로 주어지는 휴식을 대신하는 것임을 의미한다.

개인적인 사용에 대한 규제는

a. 개인적거나 재정적인 수익을 위한 사용
b. 다른 사람과 조직에 대한 또는 함께 무례한 커뮤니케이션
c. 시가 공식으로 후원하는 이벤트가 아닌 자선캠페인을 포함한 권유 (solicitation)
d. 농담, 개인적인 계급, 종교, 성, 인종, 민족, 자애, 성적 취향 등 다른 요인으로 다른 사람을 언급하는 보잘것없는(frivolous) 메시지와 연쇄적인 메일(chain mail)을 발행하고 전달하는 것
d. 성인(포르노), 증오그룹, 도박 사이트에 접속하는 것. 이러한 경우 공식 업무와 관련해서 승인을 받아야 한다.
4. 시의 이메일과 인터넷 커뮤니케이션은 사적인 것이 아니며 모니터할 수 있다.

B. 소셜미디어 사이트의 사용
1. 근무시간 중의 개인적이고 사적인 공무원의 블로깅이나 소셜미디어 사이트의 사용은 금지된다. 시의 컴퓨터나 블랙베리와 같은 PDA도 사적으로 사용해서는 안 된다. 공무원들은 사적인 블로깅을 할 때 시에 대한 개인적인 진술, 의견이나 신념을 밝혀서는 안 된다. 공무원들은 기밀정보(Confidential Information)를 누설해서는 안 되며, 어떤 경우든 시 컴퓨터 시스템의 보안을 침해해서도 안 된다. 시의 로고와 상

표를 사용하는 것도 금지된다. 공무원들이 학대, 증오, 폭력과 관련된 자료를 게시하는 것도 금지된다. 공무원들은 블로깅과 관려된 위험을 가정해야 한다. 시는 시의 임무를 훼손하고, 업무현장을 어지럽히는 자료에 대해 즉시 제거를 요구할 수 있으며, 징계를 내릴 수도 있다.

2. 부처의 공식적인 대변인으로서 소셜미디어 사이트를 사용하거나 블로깅을 할 때는 부서의 책임자에게 승인을 받아야 하며, 시의 CAPA와 IT부서와 조정을 해야 한다. CAPA는 소셜미디어/네트워킹 사이트에서 공식적인 대변인으로서 역할을 수행한다.

3. LinkedIn과 같은 비즈니스 성격의 소셜미디어를 사용하거나 시가 승인한 회원전용의 전문조직 사이트를 사용하는 것은 승인받아야 한다. 이러한 경우 개인적이기보다는 전문적인 성격에 가까워야 하며, 접속시간은 짧게 지속되야 한다. 짧다는 것은 전형적으로 업무시간 중에 주어지는 개인적인 휴식(personal break)으로서 받아들여지는 시간보다 짧은 시간임을 의미한다. 이러한 시간은 정규적으로 주어지는 휴식을 대신하는 것임을 의미한다.

C. 이러한 정책을 위반하는 경우 징계의 대상이 되며, 법을 위반하는 경우 형사상의 소추가 이루어질 수 있다.

City of Seattle, Social Media Use Policy

목적

빠르게 변하는 인터넷 지형과 주민의 의사소통방법에 대응하고, 온라인으로 정보를 수집하기 위하여, 시의 각 부서는 좀 더 넓은 청중에 다다르기 위해 소셜미디어 도구를 사용하는 것을 고려할 수 있다. 시는 시의 목적을 달성하고 각 부서의 미션을 충족시키기 위해 소셜미디어의 사용을 장려한다.

시는 소셜미디어 사이트에서 시를 위해 무엇이 이야기되어야 하는지를 결정하는 데 지대한 관심과 기대를 가지고 있다.

일반

1. 시의 모든 각 집행부서에서 게시하는 소셜미디어 사이트는 시의 커뮤니케이션 디렉터에 의해 승인을 받아야 한다.
2. 시의 웹사이트(Seattle.gov, SeattleChannel.org, SeattleCenter.com, SPL.org, etc.)는 시의 인터넷 중심이며 주간이다.
    1) 시의 소셜미디어 도구의 최상의, 가장 적절한 사용은 다음의 두 가지 범주에 포함된다.
    (1) 가능한 빨리 전달되어야 하는 시간에 민감한 정보를 전달하기 위한 채널로서
    (2) 시가 좀 더 넓은 시민에게 메시지를 전달하는 능력을 증가시키기 위한 마케팅과 홍보 채널로서
    2) 가능한 한, 시의 소셜미디어 사이트에 올리는 내용은 시의 메인 웹에도 사용 가능해야 한다.
    3) 가능한 한, 시의 소셜미디어 사이트에 올리는 내용은 좀 더 상세한

정보를 찾는 데 도움이 될 수 있도록 시의 공식 웹사이트의 링크를 포함해야 한다.

3. 시의 웹사이트의 사례와 같이 각 부서의 직원들은 소셜미디어 사이트에 올려진 내용에 대해 책임을 져야 한다.

4. 가능한 한 시의 모든 소셜미디어 사이트는 모든 시의 적절한 정책과 절차를 따라야 한다. 다음과 같은 정책과 절차를 포함하지만 이에 국한되지는 않는다.

   1) 시의 디지털 장비, 인터넷 접속, 전자적 통신과 다른 앱의 사용한계 (Acceptable Use of City Digital Equipment, Internet Access, Electronic Communications and Other Applications)

   2) 웹 프리젠테이션과 접속 표준

   3) 블로그 정책

   4) 온라인 사생활보로와 보안정책

   5) 비-정부 정보와 링크에 대한 정책

   6) 포괄적인 구제와 공적 책무 집행명령과 포괄적 공적 책임 정책 어떠한 예외도 DoIT의 시 전체 웹팀에서 승인해야 하며, CTO (Chief Technology Office)와 적절한 공적 정보담당부서에 의해 검토되어야 한다.

5. 시의 소셜미디어 사이트는 시애틀의 윤리와 선거 강령, 행정규칙에 따라야 한다.

6. 시의 소셜미디어 사이트는 워싱턴 주의 공공기록법(public records laws)을 준수해야 한다. 시의 업무와 관련된, 소셜미디어 포맷에서 유지되는 내용은, 게시자 목록과 통신내용을 포함해서 모두 공공기록이다. 소셜미디어를 운영하는 각 부서는 소셜미디어에서의 공공기록에 대한 어떤 기록요청에도 대응할 책임이 있다. 시의 업무에 관련된 콘텐츠는 접근 가능한 형식으로 유지되어야 하며, 그래서 요청에 대응

하여 산출될 수 있다(시의 Twitter, Facebook and CityLink 표준을 참조). 가능한 한 해당사이트들은 모든 게시글과 댓글이 공적인 기록물에 포함됨을 공지해야 한다. 사용자들에게 공적인 기록물이란 부서의 공공 기록관련 공무원에게 알려진다는 것을 알게 해야 한다.

7. 워싱턴 주법과 상응하는 시의 기록보유 스케줄은 모든 소셜미디어 포맷과 소셜미디어 콘텐츠에 적용된다. 특정한 소셜미디어 표준서류가 제정되지 않았지만, 각 부서는 적합한 기록보존 스케줄에 따라 원자료의 통합성을 유지하고 쉽게 접근 가능한 형태로 시의 서버에서 보존기간 동안 유지될 수 있도록 기록을 보존해야 한다. 적합한 보존형식은 시의 Twitter, Facebook and CityLink 표준에 잘 기술되어 있다.

8. 소셜미디어 사이트의 사용자와 방문자에게 사이트의 목적이 시의 부서와 시민들 간의 커뮤니케이션을 원활하게 하기 위한 것임을 알 수 있도록 해야 한다. 시의 소셜미디어 사이트의 게시글과 댓글은 다음과 같은 내용이 포함되어서는 안 된다.

1) 댓글은 특정 사회매체기사에 주제측면에서 연결되어선 안 됨
2) 정치적 캠페인이나 투표대책(ballot measures)에 대한 지지나 반대 글
3) 모욕적인 언어나 내용
4) 인종, 신조, 피부색, 나이, 종교, 성, 결혼지위, 공적보조에 따른 지위, 원국가, 신체적 정신적 장애와 성적 취향에 따른 차별과 관련된 내용
5) 성적인 내용과 성적내용에 대한 링크
6) 상거래 유도
7) 불법적인 활동에 대한 유도
8) 안전과 보안과 관련된 정보
9) 어떤 정당의 법적 지분 이익(legal ownership interest of any other party)을 위반하는 내용

이러한 지침은 사용자에게 제시되거나 링크를 연결해 알 수 있도록 해야 한다. 이러한 지침에 따라 삭제한 내용도 가능한 때에 게시자의 신원과 일시 등을 포함해 보유해야 한다(시의 트위터, 페이스북, 시티링크 표준 참조).

9. 시는 이런 소셜미디어 정책과 다른 적용 가능한 법률에 저촉되는 경우 콘텐츠를 제한하거나 삭제할 권리가 있다.

10. 시는 가능한 한 지속적으로 소셜미디어 도구를 사용하는 접근을 할 것이다.

11. 모든 새로운 소셜미디어 도구는 CTO와 적절한 부서의 공공정보 담당자에 의해 승인받게 될 것이다.

12. 시의 소셜미디어 사이트의 관리(Administration)

   1) DoIT 시 전체 웹팀은 시의 부서와 관계직원이 활용할 수 있도록 승인받은 소셜미디어 도구의 목록을 유지한다.

   2) 팀은 시의 모든 소셜미디어 사이트의 로그인 아이디와 암호를 포함한 목록을 관리 유지해야 한다. 각 부서의 공공정보담당자는 새로운 소셜미디어 사이트나 기존 사이트의 변동 시 팀에게 알려야 한다.

   3) 시는 소셜미디어 사이트의 콘텐츠를 즉시 편집하거나 제거할 수 있어야 한다.

13. 시에서 사용이 승인된 소셜미디어 도구를 위해 다음의 관련 서류들이 개발되고 채택되어야 한다.

   1) 운용과 활용 지침

   2) 소셜미디어 사이트의 계정을 관리하기 위한 표준과 절차

   3) 시와 부서의 브랜딩 표준

   4) 전사적인 디자인 표준

   5) 소셜미디어 사이트의 관리를 위한 표준

소셜미디어 표준

Video - Video Posting Standard

Twitter - Twitter Standard

Facebook - Facebook Standard

CityLink - CityLink Standard

---

http://www.seattle.gov/pan/SocialMedia_Facebook.htm

시애틀 시 페이스북 표준

목적

페이스북은 소셜 네트워킹 사이트로서 35세에서 54세 사이의 연령그룹으로부터 특별히 인지도가 큰 사이트이다. 기업과 정부는 페이스북을 사용함으로써 개인들을 활동, 프로그램, 프로젝트나 이벤트에 참여시킨다. 이 표준은 시의 각부서가 웹페이지와 연동시켜 시의 활동에 대해 더 많은 사람에게 알리게 하는 데 목적이 있다. 이 표준은 시의 블로깅 정책, 소셜미디어 사용정책, 비디오 게시정책과 연동하여 사용되어야 한다. 페이스북이 변화함으로써 이 표준도 필요에 따라 최신화될 수 있다.

---

http://www.seattle.gov/pan/SocialMedia_Twitter.htm

시애틀 시 트위터 표준

목적

트위터는 마이크로 블로깅 도구로서 계정의 소유자가 140자 이내의 트윗에 정보를 담아 팔로우어에게 전달할 수 있다. 트위터를 사용함으로써 시의 각 부서는 팔로우어들에게 정보를 직접 제공할 수 있고, 뉴스를 통해 경고할 수 있으며, 상세정보를 위해 웹페이지로 연결시킬 수 있다.

http://www.seattle.gov/html/citizen/socialmedia.htm

City of Hampton, Social Media Policy

2009.8.1

IT Governance Board

목적

시의 부서는 소셜미디어를 활용하여 시의 목적과 목표를 달성하는 데 지원을 해줄 다양한 조직과 커뮤니케이션을 강화할 수 있다. 시의 공무원가각 부서들은 다양한 미디어를 통해 시의 임무를 수행하는 것과 관련한 기사를 제공하고, 토론을 촉진시키고, 정보를 전달할 수 있다. 소셜미디어는 대중들에게 인터넷을 통해 다양한 방식으로 참여할 기회를 제공함으로써 시의 쟁점, 운영과 서비스에 대한 토론을 활성화할 수 있다.

정책

1. 시의 모든 소셜미디어 사이트는 (1) 부서장이 요청하여 DoIT(Director of Information Technology)의 승인을 받아야 하며; (2) 시에서 승인된 소셜 네트워킹 플랫폼과 도구를 사용하여야 하며; (3) DoIT의 웹팀과 디자이너(designee)에게 관리감독을 받아야 한다. 디자이너는 부서의 직원이거나 자원봉사자로서 이 정책을 완벽하게 이해하고, 적절한 콘텐츠와 기술상의 경험을 가진 사람들이다.

2. 시의 소셜 네트워크 사이트는 적용 가능한 주, 연방, 지방 법, 규칙과 정책을 따라야 한다. 여기에는 정보기술과 기록관리에 대한 시의 정책을 포함한다.

3. 정보자유법과 e-discovery 법[45]과 정책은 소셜미디어 콘텐츠에 적용된다. 따라서 콘텐츠는 이러한 법에 따라 관리되고, 저장되며 검색될 수

있어야 한다.

4. 시의 소셜 네트워크 사이트는 버지니아 도서관의 공공기록법에 따라야 한다. 시와 버지니아도서관의 기록보관 스케줄은 소셜 네트워크 사이트의 콘텐츠에 적용된다. 적합한 기록보존계획(relevant records retention schedule)에 따라 원자료의 통합성을 유지하고 쉽게 접근 가능한 형태로 시의 서버에서 보존기간 동안 유지될 수 있도록 기록을 보존해야 한다.

5. 모든 소셜 네트워크 사이트에서 모든 글과 콘텐츠들이 공적으로 공개됨을 밝혀야 한다.

6. 게시된 콘텐츠 중 부적합 내용은 삭제되는데, 삭제된 콘텐츠를 삭제 사유와 함께 일정기간 보유해야 한다.

7. 시는 부적절한 내용의 게시물을 제한하거나 삭제할 권리가 있다.

8. 시의 소셜 네트워크 사이트는 소개문장에서 블로그와 소셜 네트워크 사이트의 목적과 주제의 범위를 명확하게 밝혀야 한다. 가능한 한 소셜 네트워크 사이트는 형식, 서류, 다른 정보를 위해 시의 공식적인 인터넷 사이트에 연결되어야 한다.

9. 다음 내용을 담은 글은 게시될 수 없다.

   a. 특정 사이트나 블로그의 목적에 부합하지 않은 주제를 다룬 글
   b. 모욕적인 언어나 내용
   c. 차별
   d. 성적 내용이나 링크
   e. 상업행위
   f. 불법적 행동의 행위나 장려
   g. 안전과 보안을 위협하는 정보
   h. 어떤 정당의 법적 ownership interest를 위반하는 내용

---

45) 기업이 소송에 처했을 때 이메일, DB 접근기록 등 전자정보를 소송개시일 120일 이내에 제출할 것을 명시한 E-discovery 법안이 2007년 1월 제정되었다.

10. 모든 시의 소셜 네트워크 모더레이터는 시의 정책의 측면에서, 정책에 부합하는 콘텐츠와 게시글을 검토할 책임을 포함하여 훈련받아야 한다.

11. 모든 소셜 네트워크 사이트는 시에 의해 유지 관리되고 있음을 명시해야 하며 시의 접촉정보를 제시해야 한다.

12. 적절한 시의 IT 보안정책을 소셜 네트워크 사이트와 글에 적용해야 한다.

13. 소셜미디어를 통해 시정부를 대표하는 공무원은 항상 시의 대표로서 행동해야 하며, 시의 인력정책에 따라 행동해야 한다. 첨부한 공무원 지침을 참조하라.

14. 공무원이 이러한 정책을 위반하는 경우 해고를 포함한 제재조치를 받게 될 수 있다.

첨부A. 정의

1. 소셜미디어: 인터넷을 통해 접근 가능하고 확장 가능한 기술을 사용하여 개인에 의해 만들어진 콘텐츠

2. 사의 모더레이터: 소셜 네트워크 사이트에 올려진 게시글과 댓글을 검토하고 승인하는 시의 권위 있는 담당자

첨부B. 블로그 표준

(생략)

첨부C. 소셜 네트워크 사이트에 참여하는 공무원의 지침

시는 소셜 네트워크와 인터넷 서비스가 업무현장에서 시민과 이해관계자들 사이에 커뮤니케이션 방식으로 일반화되고 있음을 이해하고 있다. 소셜

네트워크는 사람과 조직의 온라인 공동체로 관심을 공유하고 광범위하고 다양한 인터넷 기술을 활용하여 풍부하고 건전한 경험을 만들 행동을 공유하게 한다. 다음 지침에 따라 소셜 네트워크에 참여해야 한다.

1. 시의 정책, 규칙과 행동표준을 준수한다. 시의 이메일 주소와 커뮤니케이팅의 사용은 시의 업무를 수행하는 데 국한해야 한다.

2. 공무원은 시의 업무를 수행하기 위해 소셜 네트워크 사이트나 서비스를 만들려고 한다면 부서 책임자나 IT부서에 알려야 한다.

3. 부서는 소속 공무원이 기존의 소셜 네트워크 사이트에 업무의 한 부분으로 참여하는 것을 허용할 수 있다. 부서장은 공무원의 참여를 허용, 혹은 불허할 수도 있다.

4. 자신의 사생활, 시민의 사생활과 시의 정보를 보호하라. 모든 사생활 보호 법률을 따라야 한다.

5. 저작권법, 공공기록법, 공공기록보존법, 공정한 사용과 재정보고법과 업무와 관련된 다른 법들을 따라야 한다.

6. 본인들의 허락 없이 판매자, 공급자, 고객, 시민, 동료와 이해관계인을 인용하지 마라.

7. 시를 위해서가 아니라 자신을 위해서 이야기함을 분명하게 밝혀라. 시 사이트가 아닌 곳에서 콘텐츠를 올릴 때, 시와 관련된 주제이거나 본인이 하는 일과 관련된 글을 올릴 때 "이 게시글은 본인의 생각이며, 시의 공식적인 의견이 아닙니다(The postings on this site are my own and don't necessarily represent the City's positions or opinions)"라고 밝혀야 한다.

8. 인종적인 비방(slurs), 모욕적인 행위, 개인적 공격이나 시의 업무현장에서 받아들여질 수 없는 행동에 참여를 사용해서는 안 된다. 반대를 불러일으키거나 선동적인 주제나 댓글을 피해야 한다.

9. 시의 공무원임을 밝히려 한다면 더욱더 신중하게, 자신이 동료, 시민, 이해관계자에게 어떻게 비춰질지를 염두에 두어야 한다.
10. 실수를 수정하라. 어떤 일을 했는지를 적시하지 않고 이전의 게시물을 변경하지 마라.
11. 본인의 상호작용으로 시의 가치가 오르게 해야 한다. 가치 있는 정보와 시각을 제공하라.

http://www.hampton.gov/social_media.html

Orange County, County Social Media
Use Policy and Procedure

County Executive Office

2010.3.10

Ⅰ. 목적

카운티는 전통적인 커뮤니케이션 방법 소셜미디어 채널을 사용함으로써 보강할 필요에 직면하고 있다. 이러한 필요는 공공의 수요로부터 나오며, 소셜미디어를 통해 효과적으로 주민과 커뮤니케이션할 수 있다는 사실에 따라 각급 정부에서 소셜미디어를 사용하는 정도가 빠른 속도로 커지고 있음으로부터 기인한다. 소셜미디이어의 사용은 개별 카운티의 기관과 부서에게 기회와 위기를 동시에 가져다준다. 카운티 전체로서도 마찬가지이다. 일반적으로 카운티는 업무 사명과 목적을 충족시키기 위해 커뮤니케이션, 협력과 정보교환을 향상시키는 것을 지지한다.

이 서류는 카운티 전반의 소셜미디어 사용 정책, 프로토콜과 절차를 수립하고자 한다. 이는 소셜미디어 기술을 사용함으로써 발생할 수 있는 위험을 완화시키기 위한 것이다. 카운티는 소셜미디어 사용에서 지향점을 변화시킬 것이며, 이 정책에 따라 기관/부서의 소셜미디어 활동도 조정될 것이다.

Ⅱ. 적용

이 정책은 모든 카운티의 공무원과 카운티의 기관·부서를 위해 업무를 수행하는 승인된 자원봉사자, 자문위원, 서비스 공급자와 계약자에게도 적용된다.

카운티의 소셜미디어 사용정책이 집행되기 전 이미 소셜미디어 기술을 사용하는 기관·부서는 정책이 발효된 후 90일 이내에 정책에 완전하게 부합해야 한다.

Ⅲ. 책임

카운티의 소셜미디어 정책은 카운티의 감독위원회(the County Board of Supervisors)에 의해 승인되었다.

CEO(The County Executive Officer) 혹은 그의 지명자(designee)는 이미 제정된 보드룰과 프로토콜과 부합하여 카운티의 소셜미디어 정책을 촉진할(facilitating) 책임이 있다. 이러한 책임에는 기관과 부서의 소셜미디어 사용을 감사하고 정책에 따를 것을 강제하는 것을 포함한다.

Ⅳ. 정책

1. 소셜미디어 기술을 사용하는 기관과 부서는 이곳에서 언급되는 정책, 프로토콜과 절차를 따라야 한다.
2. 기관과 부서는 소셜미디어를 사용키로 한 결정은 위기를 가져올 수 있는 업무로 부서장에 의해 승인받아야 한다.
3. 소셜미디어 네트워크에 접속하는 것은 공식적인 카운티 업무를 수행할 때의 개인과 충분한 정보와 기술보안 통제가 이루어지는 기관과 부서에 한해서 허용된다.
4. 부서장이나 지명인은 누가 기관·부서를 위해 소셜미디어를 사용한 권한을 누구에 줄 것인지를 결정하고 어느 수준까지 접근케 할 것인지를 결정할 책임을 가진다.
5. 기관·부서는 카운티가 승인한 소셜미디어 네트워크만을 사용해야 한다.
6. 기관·부서의 소셜미디어 사이트는 카운티의 소셜 네트워크 사용표준과 일치하여 개발되고 유지되어야 하며 카운티 공식사이트의 특징과

일관성 있게 개발되고 유지되어야 한다.

7. 기관·부서는 소셜미디어사에 게시되는 내용을 만들고 유지하는 책임이 있으며, 부적절하거나 기술적으로 해로운 정보와 링크를 방지하는 데 효과적인 조치를 소유한다.

8. 카운티 공무원이 자신의 할당된 임무를 수행하는 데 적용된 표준, 원칙과 지침은 공무원들이 소셜미디어 기술을 사용할 때에도 똑같이 적용된다.

9. 기관·부서의 소셜미디어 사용은 쉽게 접근할 수 있는 방식으로 서류화되고 유지되어야 한다. 계정정보를 추적할 수 있어야 하고, 캘리포니아 공공기록법에 의해 공표될 기록으로 고려되고, 정부강령에 따라 보유해야할 아이템으로 보존되어야 하는 형식으로 서류화되고 유지되어야 한다.

10. 기관과 부서의 소셜미디어 사이트는 정규적으로 모니터되어야 하고, 위기를 키울 수 있는 잠재력이 있는 이슈가 제기되었을 때는 신속한 교정활동이 시행되어야 한다.

V. 절차

정책 1. 카운티 소셜미디어 기술 사용

기관과 부서는 소셜미디어 기술의 사용은 여기서 언급되는 정책, 프로토콜과 절차에 따라야 한다.

1.1 연방, 주, 카운티의 법, 규칙과 정책의 준수-저작권법, 기록보존, 주공공기록법, 1차 수정조항, 사생활보호법, 임용관련법, 카운티의 인력, 정보와 기술, 전자정부와 소셜미디어 사용정책

1.2 카운티의 소셜미디어 참여지침에 따른 소셜미디어 활동을 수행

1.3 카운티의 승인 소셜미디어 네트워크와 사용표준에 따른 소셜미디어의 개발 및 유지

정책 2. 기관·부서의 소셜미디어 채용 결정

기관과 부서는 소셜미디어를 사용키로 한 결정은 위기를 가져올 수 있는 업무로 부서장에 의해 승인받아야 하며 기관과 부서의 임무와 목적, 청중, 법적 위험과 기술적인 능력과 잠재적인 편익을 고려하는 깅한 업무사례에 의해 지지받는다.

2.1 효과적인 업무결정을 하기 위해서는 소셜미디어 사용과 연관된 위험에 대해 정확히 이해해야 함

2.2 업무상의 기대하는 기회와 비교하여 특정한 카운티 승인 소셜 네트워크 사이트를 활용하는 위험을 평가하기 위하여 내부적인 부서·기관 IT 위험관리와 카운티 카운슬 대표에 참여

2.3 잘 준비된 소셜미디어 전략을 세움

2.4 기관과 부서의 특정 소셜미디어 정책과 절차를 개발하고 유지함 HR은 노동영향에 대해 자문을 제공

2.5 소셜미디어 보안훈련을 받은 직원이 필요

2.6 카운티의 정보와 기술자산을 보호하기 위해 보안통제를 실시

2.7 기관과 부서의 소셜미디어 활동과 정책순응을 감독하는 책임을 지는 소셜미디어 조정관을 임명

정책 3. 소셜미디어 네트워크에 접속

소셜미디어 네트워크에 접속하는 것은 공식적인 카운티 업무를 수행할 때의 개인과 충분한 정보와 기술보안 통제가 이루어지는 기관과 부서에 한해서 허용된다.

3.1 소셜미디어 사이트에 접속하는 데 사용되는 카운티 컴퓨터와 랩탑과 모바일 장치들은 파괴적인 기술상의 사고에 보호하기 위해 최신의 소프트웨어를 설치해야 한다.

3.2 CEO IT와 기관·부서 IT의 노력이 필요

3.3 카운티가 호스팅하는 사이트는 검증되지 않은(uncensored) 콘텐츠가 자동으로 제공되게 해서는 안 된다. 카운티 웹사이트에 올리기 위해 콘텐츠를 승인하기 앞서 기관과 부서는 콘텐츠와 링크가 적합한지, 기술상의 유해한 공격으로부터 무관한지의 측면에서 점검하는 프로토콜을 지원해야 한다.

정책 4. 권한 있는 사용

부서장이나 지명인은 누가 기관·부서를 위해 소셜미디어를 사용한 권한을 누구에 줄 것인지를 결정하고 어느 수준까지 접근하게 할 것이지를 결정할 책임을 가진다.

4.1 소셜미디어 네크워크 접속은 포럼을 사용하는 명백한 목적을 지닌 사람에게 한정해야 한다.

4.2 적절한 접속은 무슨 사이트, 어떤 종류의 사이트, 어떤 개인이 사용할 수 있는지의 내용이 포함된다. 아울러 출판(publish), 편집, 댓글달기, 보기 등의 권한의 규정을 포함한다.

4.3 공식적인 대변인, 공공정보담당관과 선정된 개인만이 카운티의 기관과 부서를 위해 글을 만들고, 게시하고, 댓글을 달 수 있도록 허용된다.

4.4 권한 있는 사용자에게는 카운티의 소셜미디어 정책이 제공되며, 그들이 이해하고 수용하고 있음을 확인하는 과정이 필요하다.

정책 5. 승인된 소셜미디어 네트워크

기관·부서는 카운티가 승인한 공식 카운티 소셜미디어 사이트를 호스팅하기 위한 소셜미디어 네트워크만을 사용해야 한다.

5.1 소셜미디어 네크워크는 CEO와 CEO IT가 자문을 들어 검토하고 승인한다. 자문은 카운티 카운슬과 HR, 위기관리 담당자로부터의 자문이다.

5.2 각각의 승인된 소셜미디어 네크워크를 위해 사용표준이 개발될 것이다. 카운티 소셜미디어 사용정책과 카운티의 전반적인 업무책임과 관련성에 따라 정부의 사이트 사용을 최적화하기 위해 개발될 것이다.

5.3 CEO IT는 승인된 소셜미디어 네트워크의 목록과 사용표준을 유지하는 책임을 진다.

5.4 소셜미디어 네트워크는 2년마다 사용 약정의 측면에서 변화를 위해 검토해야 한다.

5.5 기관과 부서는 필요하다면 소셜미디어 네크워크의 검토와 승인을 요청받을 수 있다.

정책 6. 공식적인 카운티 소셜미디어 사이트

기관·부서의 소셜미디어 사이트는 카운티의 소셜 네트워크 사용표준과 일치하여 개발되고 유지되어야 하며 카운티 공식사이트의 특징과 일관성 있게 개발되고 유지되어야 한다.

6.1 소셜미디어 네크워크 사용표준은 CEO IT로부터 접근 가능하다.

6.2 카운티의 소셜미디어 네크워크 계정은 공식적인 카운티 이메일 계정으로 만들어져야 한다.

6.3 사이트는 공식적인 카운티의 사이트임을 확인할 수 있도록 시각 요소를 포함해야 한다. 공식 카운티 휘장, 부서나 기관의 브랜드, 기관이나 부서 웹사이트로의 링크와 접촉정보 등을 제시해야 한다.

6.4 카운티 소셜미디어 사이트는 카운티의 소셜미디어 면책조항(disclaimer)과 다른 적용 가능한 eGovernment 정책으로의 링크를 제시하고 제공해야 한다.

정책 7. 사이트 콘텐츠

기관·부서는 소셜미디어 사이트에 게시되는 콘텐츠를 개발하고 유지하는 책임이 있으며, 부적절하거나 기술적으로 해로운 정보와 링크를 방지하는 데 효과적인 조치를 취해야 한다.

7.1 카운티의 웹사이트와 같이, 부서와 기관은 소셜미디어 사이트의 콘텐츠에 책임을 져야 한다.

7.2 카운티 웹사이트는 인터넷 정보의 가장 기본적이고 중요한 소스이다.

7.3 소셜미디어 콘텐츠는 카운티의 전자정부 콘텐츠 적합성 정책(eGovernment Appropriateness of Content Policy)에 따라야 한다.

7.4 소셜미디어 채널을 통해 공유되는 정보와 댓글은 기관과 부서의 커뮤니케이션 정책과 절차를 따라야 하며, 기밀정보(confidential or proprietary information)를 누설해서는 안 된다.

7.5 다른 사람이 소유한 콘텐츠를 공유하거나 게시하는 것은 저작권, 공정사용과 기존 법에 따라야 한다. 이러한 사항은 인용, 이미지, 문서, 링크 등에만 국한되는 것은 아니다.

7.6 Section 508의 접속 가능한 웹사이트가 아닌 사이트의 사용(Use of sites that are not Section 508 web accessible)은 호환 웹사이트 나 다른 소셜미디어 네트워크에 있는 해당 자료에 연결하는 "단순한" 텍스트 링크를 포함시킨다.

7.7 카운티나 공중의 한 구성원에 의해 게시된 전자적 정보는 캘리포니아 주의 공공기록법에 적용을 받는 기록으로 간주된다.

7.8 자유로운 연설을 보호받을 권리를 보장하기 위한 방식으로 소셜미디어 사이트를 사용하는 것은 바람직한 것은 아니다. 각 기관과 부서는 게시글을 모니터링하고, 적절하지 않거나 기술적으로 유해한 정보나 링크로부터 일반 사이트의 일반 방문자를 보호하기 위해 필요하다면 적절한 행동을 취하는 데 대한 책임을 진다.

7.9 공중의 댓글을 허용하는 사이트는 방문자에게 사이트의 목적을 알리고, 공중의 댓글을 위해 시도하는 토론주제에 대해 명확하게 진술하여 제송해야 한다. 이를 통해 공중은 토론의 제한적 속성을 인식하고

부적절한 게시글은 삭제될 수 있음을 인식한다. (다음을 포함하지만 다음 형태의 글에만 국한되는 것은 아니다(including but not limited to the following types of postings regardless of format)).

7.9.1 주제와 관련 없는 댓글

7.9.2 모욕적인 언어와 콘텐츠

7.9.3 인종, 신념, 피부색, 나이, 종요, 성, 결혼지위, 공적 부조와 관련한 지위, 국가배경, 신체적이거나 정신적인 장애와 성적 지향에 따른 차별을 추구하거나, 양성하거나 영속시키는 내용

7.9.4 성적인 내용과 성적인 내용으로의 링크

7.9.5 상거래 관련 내용

7.9.6 불법적 활동의 행위 및 장려

7.9.7 안전이나 공중과 공공 정보시스템에 대한 보호를 침해할 소지가 있는 정보

7.9.8 다른 정당 party의 법적인 소유이익을 침해할 소지가 있는 콘텐츠

7.10 카운티 소셜 네트워크 사이트에 공중이 글을 게시할 수 있도록 허용하거나 블로그를 만들기로 한 기관과 부서는 카운티의 전자정부 댓글정책(eGovernment Comment Policy)을 잘 보이도록 제시하거나 링크를 걸어야 한다.

7.11 공중의 댓글을 허용하기로 한 기관과 부서는 카운티 자문관의 자문을 받아 카운티의 법적 필요를 충족하기 위한 기관과 부서만의 선언(disclaimer)을 개발해야 한다.

정책 8. 사용자 행동

카운티공무원이 자신의 할당된 임무를 수행하는 데 지켜야 할 표준, 원칙과 지침은 공무원들이 소셜미디어 기술을 사용할 때에도 똑같이 적용된다.

8.1 소셜미디어 기술을 사용할 수 있도록 승인받은 카운티 공무원은 이

문건에 포함된 기관과 부서의 정책 4에 규정된 범위 안에서 사용한다. 그리고 모든 카운티 인력정책, 전자정부정책, IT정책과 관행과 규약을 준수하여 사용한다.

8.2 소셜미디어 사용은 카운티의 이미 제정된 소셜미디어 지침 내에서 수행한다.

8.3 카운티 업무와 관련된 소셜 네트워크 토론에 개인적으로 참여하는 공인 소셜 네트워크 대변인은 자신의 관점이 개인적일 뿐 카운티의 견해를 반영한 것이 아님을 분명히 밝혀야 한다.

8.4 승인된 카운티의 소셜미디어 사용자는 소셜미디어 보안교육을 이수해야 한다.

8.5 정규 근무 시간 외에 카운티의 소셜미디어 작업을 수행하는 근무자는 사전에 부서와 기관으로부터 승인을 받아야 한다.

8.6 공무원은 소셜미디어를 사용할 때 1939년의 Hatch 법을 포함해 관련 법규를 준수해야 한다.

정책 9. 기록관리

기관·부서의 소셜미디어 사용은 쉽게 접근할 수 있는 방식으로 서류화되고 유지되어야 한다. 계정정보를 추적할 수 있어야 하고, 캘리포니아 공공기록법에 의해 공표될 기록으로 고려되고, 정부강령에 따라 보유해야 할 아이템으로 보존되어야 하는 형식으로 서류화되고 유지되어야 한다.

9.1 부서와 기관은 소셜미디어 계정을 만들고, 관리하고, 삭제하는 과정에 책임을 진다.

9.1.1 계정 암호정보는 부서장에 의해 임명된 권한 있는 직원과 지명자만이 계정관리의 역할을 수행하기 위해 공유한다.

9.1.2 암호는 카운티의 암호복잡성 요구정도에 따라야 한다.

9.1.3 계정암호는 계정관리자로서 직원이 교체되면 신속하게 재설정

되어야 한다.

9.2 기관과 부서는 카운티 사용을 위해 만들어진 소셜미디어 사이트의 기록을 유지해야 한다. 기록에는 다음 사항을 포함하지만 이에 국한되는 것은 아니다.

  9.2.1 소셜미디어 네트워크의 이름을 포함한 로그 화일, 계정 아이디, 암호, 등록된 이메일 주소, 생성일시, 권한 있는 대표와 계정을 만든 사람과 사용약정이나 정책에 동의한 사람의 이름 등

  9.2.2. 사이트가 만들어진 당시의 사용약정과 최신 버전 등에 대한 기록

  9.2.3 권한 있는 사이트 콘텐츠 저자와 편집자의 목록

9.3 카운티 또는 허용되었다면 공중에 의해 소셜미디어 사이트에 게시된 전자정보는 캘리포니아 주의 공공기록법의 적용을 받는 기록으로 간주된다.

  9.3.1 글 작성자 목록과 카운티와 주민이 올린 글을 포함하여, 카운티의 업무와 관련된 소셜미디어 포맷에서 유지되는 어떤 콘텐츠도 공공 기록이 될 수 있다. 기관과 부서는 출판된 소셜미디어 콘텐츠를 보존하는 절차를 가져야 한다.

  9.3.2 기관과 부서는 소셜미디어에서 공공기록물을 위한 요청에 완전하고 정확하게 부응해야 할 책임이 있다.

  9.3.3 사이트의 콘텐츠는 관련 기록보유기간 규정과 카운티의 IT정책과 절차에 맞추어 유지되어야 한다. 콘텐츠가 공공기록으로 인정된다면 특별한 예외에 포함되지 않는다면(unless an exemption applies) 공중에게 공개되어야만 한다.

  9.3.4 정책 7에서 언급된 기술적으로 유해하거나 부적절한 게시물은 시속하게 삭제되어야 하며, IT정책과 기록물 보존과 삭제절차에 따라 저장되어야 한다.

9.4 기관과 부서는 각 권한 있는 사용자를 위해 서명된 소셜미디어 정책

기록을 유지해야 한다.

정책 10. 사이트 모니터링

기관과 부서의 소셜미디어 사이트는 정규적으로 모니터되어야 하고, 위기를 키울 수 있는 잠재력이 있는 이슈가 제기되었을 때는 신속한 교정활동이 시행되어야 한다.

10.1 기관과 부서 소셜미디어 사이트 관리자는 사이트의 활동과 콘텐츠를 불법이용과 오용을 찾기 위해 매일 점검해야 한다.

10.2 공중에게 댓글, 링크와 데이터자료를 소셜미디어 사이트에 직접 올릴 수 있게 한 기관과 부서는 일련의 과정을 개발해야 한다. 그러한 과정에는 카운티 네트워크 외부에서 이 문건의 정책 7에 의해 만들어진 규칙에 충족하는 게시를 확인할 수 있는 기술적인 능력을 포함해야 한다. 기술적으로 유해하거나 부적절한 게시물은 9.3.4의 절차에 따라 다루어져야 한다. 기관과 부서는 카운티의 법적 필요를 충족시키기 위해 카운티 카운슬의 도움을 받아 기관과 부서만의 선언을 개발해야 한다. 카운티 카운슬은 이 정책을 위반하는 댓글을 삭제할지의 여부도 자문할 수 있다.

10.3 기관과 부서는 소셜미디어와 소셜미디어 네트워킹 웹사이트를 공무원이 사용하는 것에 대해서도 모니터링해야 한다.

10.4 카운티의 내부 네트워크에 위협이 인지되고 알려지면 신속하게 CEO IT의 보안담당자에게 보고되어야 한다.

VI. 관련 참고 문건

1. 카운티 승인 소셜미디어 네트워크와 표준
2. 카운티 소셜미디어 참여 지침
3. 카운티 전자전무 정책과 표준

4. 카운티 인터넷과 데이터 시스템 사용약정

5. 카운티 전자적 기록관리 정책

6. 카운티 법적 legal hold 정책

7. 캘리포니아 공공기록법

8. 기관과 부서의 공공정보 정책과 절차

Ⅶ. 정의

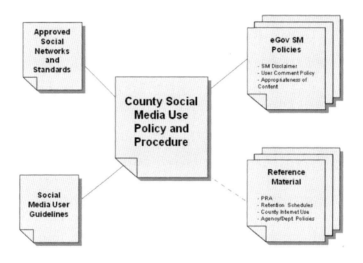

소셜미디어와 web 2.0-미국 정부는 이를 기술, 사회적 상호작용과 콘텐츠 생산을 통합하는 다양한 활동을 의미함으로써 우산용어(umbrella terms)라고 규정한다. 소셜미디어를 통해 개인들이나 개인들의 협력에 의해 웹 콘텐츠가 만들어지고 조직되며, 편집되거나 콘텐츠에 댓글이 달리고, 콘텐츠를 공유한다.

문부 과학성 소셜미디어 운영 방침

2015년 10월 1일 문부 과학성 대신관방 총무과 홍보실

1. 계정 정보

문부 과학성은 소셜미디어 공식 계정(이하 '본 계정'이라 한다)으로 다음 계정을 개설하고 있습니다.

(1) Twitter@mextjapan(http://mobile.twitter.com/mextjapan)

(2) Facebook MEXT(http://www.facebook.com/mextjapan)

2. 목적

이 계정은 문부 과학성(이하 '문부성'이라 한다)의 시책에 관한 정보발신을 주된 목적으로 합니다.

3. 운용 방침

(1) 이용자가 본 계정에 게시된 의견이나 링크 기타 콘텐츠(이하 '코멘트 등'이라 한다)는 문부성의 의견을 반영하지 않습니다. 교육부의 공식 발표·견해 내용은 홈페이지(http://www.mext.go.jp/)에서 확인해주십시오.

(2) 댓글 등의 회신 등은 원칙적으로 하지 않습니다. 문부성에 대한 의견·문의는 '문부과학성에 관한 의견·문의창구 안내'(http://www.mext.go.jp/mail/index.html)에서 접수하고 있습니다.

4. 책임의 한계

(1) 본 계정의 게재 정보의 정확성에 만전을 기하고 있습니다만, 문부성은 이용자가 당 계정의 정보를 이용해 실시하는 일체의 행동에 대한 책임을 시시 않습니다.

(2) 문부성은 이용자가 게시된 이 계정에 대한 의견 등에 대해 책임을 지지 않습니다.

(3) 문부성은 본 계정 관련하여 이용자 간 또는 이용자와 제3자 간에 문제나 분쟁이 발생한 경우에도 책임을 지지 않습니다.

(4) 댓글 등 게시물에 걸릴 저작권 등은 해당 게시물을 실시한 이용자 본인에게 귀속되지만 게시된 것을 가지고, 이용자는 교육부에 게시 콘텐츠를 전 세계에 무료로 비독점적으로 사용할 수 있는 권리를 허락한 것으로, 한편 교육부에 저작권 등을 행사하지 않는 것에 동의한 것으로 합니다.

5. 이용자에 의한 게시물 삭제 등

다음의 각 항에 해당하는 경우 예고 없이 삭제 등을 할 수 있기 때문에, 미리 양해 바랍니다.

(1) 법률, 법령 등에 위반하는 내용 또는 위반하는 우려가 있는 것

(2) 특정 개인·단체 등을 비방 중상하는 것

(3) 정치, 종교 활동을 목적으로 하는 것

(4) 저작권, 상표권, 초상권 등 교육부 또는 제3자의 지적 재산권을 침해하는 것

(5) 광고, 선전, 권유, 영업 활동, 기타 영리를 목적으로 하는 것

(6) 인종·사상·신조 등 차별 또는 차별을 조장시키는 것, 공공질서 또는 선량한 풍속에 반하는 것

(7) 허위 또는 사실과 다른 내용 및 단순한 풍문이나 소문을 조장시키는 것

(8) 본인의 동의 없이 개인정보를 특정하고 공개·유출 등 사생활을 침해

(9) 다른 사용자 제삼자 등에 위장한 것

(10) 유해한 프로그램 등

(11) 외설적인 표현 등 부적절한 것

(12) 문부성의 발신 내용의 일부 또는 전부를 변경하는 것

(13) 문부성의 발신 내용과 관련이 없는 것

(14) 기타 문부성이 부적절하다고 판단한 정보 및 이러한 내용을 포함한
    링크 등

6. 저작권에 대해

이 계정의 내용에 대해서 개인적 사용 또는 인용 등 저작권법상 인정된
행위를 제외하고 본 사이트에 무단으로 전재할 수 없습니다. 인용 등을 할
때 적당한 방법으로 반드시 출처를 명시하세요.

7. 운영 방침주지·변경 등

본 정책의 내용은 문부성 홈페이지에 게재합니다. 또한 본 방침은 필요
에 따라 사전 고지 없이 변경하는 것으로 합니다.

연락처

대신 관방 총무과 홍보실

長野市ソーシャルメディアの利用に関するガイドライン抜粋

나가노시 소셜미디어의 이용지침(발췌)

2016년 12월 기획정책부 홍보광청과

시작하기

시에서는 시민 등에 대하여 정보를 신속하게 널리 알리고 또한 시민들에게 정보의 상호 관계를 구축함으로써 시민 서비스의 향상을 도모하는 것을 목적으로 시 홈페이지와 함께 소셜미디어를 인터넷에 의한 정보발신 수단으로 활용합니다.

경제산업성에서는 내각 관방, 총무성과 공동으로 국가, 지방 자치 단체 등 공공 기관에서 민간 소셜미디어를 이용할 때의 유의점 등을 정리한 「국가, 지방 자치 단체 등 공공 기관에서 민간 소셜미디어를 활용한 정보발신에 관한 지침」이 발표되었고, 또한 IT 방재 생명선 추진 협의회에 의한 「IT 방재 라이프 라인 구축을 위한 기본 방침 및 액션 플랜」에서는, 지진 재해 시에 필요한 정보 전달 경로의 하나로서 소셜 네트워킹 서비스(SNS)의 이용을 추진하기 위해 표시되어 있습니다.

한편, 인터넷 관계는 예측 불가능한 사안의 발생이 예측되며, 특히 소셜미디어는 부정확하고 부주의한 기술이 의도하지 않은 문제가 발생하고 사회에 엄청난 영향을 미칠 수 있기 때문에 리스크 대책을 충분히 실시하지 않으면 안 됩니다. 따라서 소셜미디어를 활용하려면 그 이용자가 소셜미디어의 특성과 자신에 관한 사회적 규범 등을 충분히 이해할 필요가 있습니다. 이러한 상황을 근거로 소셜미디어를 올바르게 사용되어 그 유용성을 충분히 활용할 수 있도록 나가노시 소셜미디어의 이용에 관한 가이드라인을 정합니다.

1. 적용 범위

이 지침은 본시가 개설자로서 소셜미디어를 개설·운용하는 경우에 적용한다(본시가 사업자에게 위탁하는 경우도 포함한다). 또한 "7 안전하게 활용하기 위한 고려 사항"은 본시의 모든 직원(비상근 직원 등을 포함한다)에 적용한다.

2. 소셜미디어의 개설과 관리

(1) '나가노시 공식 계정'은 전청에서 사용하는 '대표 계정'과 부국 또는 소속 단위로 개설하는 '소속 등 계정'으로 한다.

(2) '나가노시 공식 계정'의 계정 관리자는 기획정책부 홍보광청과 장으로 한다.

(3) '대표 계정'의 운용은 계정 관리자가 관리한다. '대표 계정'을 이용하는 경우에는 '대표 계정 소셜미디어 이용 개시 (변경) 신청서 겸 인터넷 블록 해제 신청서'(양식 1)에 의해 공식 계정 관리자 및 정보 정책 과장에 신청하여 승인을 받게 한다. 또한, 신청은 1년 주기로 한다. 그러나 트위터 내용은 정보 정책 과장에게 신청은 필요로 하지 않는다.

(4) '소속 등 계정'의 운용은 공식 계정 관리자의 승인을 받고, 담당 부국의 소속 장이 관리한다. 소속 등 계정을 개설하는 경우에는 '소속 등 계정 소셜미디어 이용 개시(변경·폐지) 신청서 겸 인터넷 블록 해제 신청서'(양식 2)에 의해 공식 계정 관리자 및 정보 정책 과장 신청 승인을 받게 한다. 그러나 트위터 내용은 정보 정책 과장에게 신청은 필요로 하지 않는다.

(5) '나가노시 공식 계정'에서 정보발신을 함에 있어서는 '소셜미디어 활용 표'(양식 3)은 소속 장의 결재를 받게 한다. 그러나 다음의 경우는 결재 불필요하고 미리 각 소속으로 게재에 관한 규칙을 동의한 후에 게재하고 게재 후 즉시 소속 장에게 보고한다.

- 이미 우리 시 홈페이지·홍보지 등으로 발신하고 있는 이벤트 내용 등에 대해 발신하는 경우
- 행사, 경기 결과 등 기성 사실을 발신하는 경우
- 법령에 정해져 있는 내용을 전송하는 경우
- 대규모 재해 시의 긴급 정보 등을 발신하는 경우

또한 본시 공식 홈페이지 콘텐츠 관리 시스템(CMS)의 Twitter 연동 기능을 이용하여 홈페이지의 업데이트 정보를 발신하는 경우에는 양식 3에 관계없이 소속 장에서 CMS에서 공개 승인을 가지고 결재를 받은 것으로 본다. 동시에 4 (9)의 규정은 적용하지 아니한다.

(6) '나가노시 공식 계정'은 정보전달의 목적에 적응하는 미디어를 사용하는 것으로 사용하는 미디어 이름, 활용 방법 등에 대해서는 따로 정한다.

3. 지침의 개정

공식 계정 관리자는 정보 통신 기술의 발전과 사회 정세의 변화에 따라 지침을 수시로 개정한다.

4. '나가노시 공식 계정' 운영

(1) 업무 목적 이외에 사용해서는 안 된다.

(2) 「나가노시 정보 보안 정책」에 규정된 중요도 중 이상의 정보를 발신한다.

(3) 행정의 책임 향상과 시민 서비스 향상을 도모하기 위해 소셜미디어를 적극 활용한다.

(4) 소셜미디어의 장점인 다음의 사항을 최대한 활용하여 업무에 활용한다.

- 실시간성(긴급 정보를 즉시 전송할 수 있다)
- 확산성(발신한 정보를 이용자끼리 공유함으로써 정보를 확산할 수 있다)
- 양방향(정보에 대해 이용자는 언제든지 의견 등의 의사 표시를 할 수 있다)

(5) 본시 홈페이지에 '나가노시 공식 계정'의 명칭 및 이 계정에 표시되는 페이지에 대한 링크를 명시하고, 소셜미디어 페이지에 이들을 게재한 시 홈페이지의 URL을 명기한다.

(6) 발신하는 정보는 정확하고 간결하게 기술하고, 그 내용에 대해 오해의 소지가 없도록 해야 한다.

(7) 기존 매체에 의해 주지하고 있는 내용과의 정합성을 도모한다.

(8) 배너 등의 광고주 및 광고 내용은 '시 추천' 등 오해의 소지가 없도록 배려한다.

(9) 'URL 단축 서비스'를 이용하면 본래의 URL을 모르고 이용자에게 불안감을 줄 수 있기 때문에 원칙적으로 사용하지 않는다.

(10) 업무로 전청 네트워크 단말기에서 소셜미디어를 사용하는 직원은 인터넷 차단 해제 후 사용할 수 있는 것으로 한다(보안, 전청범위의 SNS에 관한 인터넷 차단 해제는 하지 않는다).

5. 계정 관리

(1) 공식 계정 관리자 및 소속 등 계정을 관리하는 소속 장(이하 '계정 관리자'라 한다)은 관리 계정의 암호를 주기적으로 변경해야 한다.

(2) 비밀번호를 알게 된 직원은 이를 타인에게 알려지지 않도록 관리하여야 한다.

(3) 비밀번호가 외부에 유출된 우려가 있는 경우에는 소속장을 통해 공식 계정 관리자에게 즉시 보고 암호를 변경해야 한다.

(4) 공식 계정은 필요시에만 로그인이, 필요한 업무가 종료되었을 때 로그아웃해야 한다.

6. 문제 등에 대한 대응

(1) 자신이 발신한 정보로 타인을 다치게 하거나 오해를 불러일으키거나 하는 경우는 성실하게 대응하고, 제대로 이해되도록 노력한다. 또한, 쓰기 등에 오류가 있는 경우 정정이나 사과를

기록하는 등 성실하고 신속한 대응을 실시한다.

(2) 금지 준수 사항에 저촉되는 쓰기 등을 발견한 경우에는 즉시 삭제 등의 조치를 실시한다.

(3) 비판과 불만이 쇄도하여 수습이 되지 않는 상태(염상)가 된 경우는 직원의 판단에 따른 반론이나 항변은 하지 않고 직속 공식 계정 관리자 및 정보정책과와 협의하여 필요에 따라 설명・정정・사과 등의 작성 등을 실시한다. 또한 대응에 시간이 걸릴 경우는 그 취지 쓰기 등을 실시해 해당이 되지 않는 등의 비판을 초래하지 않도록 한다.

(4) '나가노시 공식 계정'에 대한 스푸핑 사례를 발견한 경우 해당 관리자에게 삭제 요청을 실시하는 것과 동시에, 본시 홈페이지에서 알린다. 또한 필요에 따라 언론에 정보 제공 등을 실시하여 스푸핑이 있는지 주의를 환기시킨다.

7. 안전하게 활용하기 위한 유의점

소셜미디어를 안전하게 활용하기 위해 다음 사항에 유의해야한다 (업무 외에 개인으로 사용하는 경우를 포함한다).

(1) 다음의 사항을 게재하지 않는다.

- 법령 및 미풍양속에 위반되는 내용
- 인종, 사상, 신념, 직업 등으로 차별하거나 차별을 조장하는 내용
- 불법행위 또는 불법행위를 조장하는 내용
- 직무상 알게 된 비밀 또는 개인정보를 포함한 내용
- 본시의 보안을 위협할 우려가 있는 내용
- 신뢰할 수 없는 정보나 소문이나 풍문 등을 조장하는 내용

- 외설적인 내용
- 기본적 인권, 초상권, 프라이버시, 저작권 등을 침해하는 내용 (개인 식별이 가능한 사진의 영상, 글 등을 게시할 경우에는 사전에 본인과 소속 단체, 기업 등에 양해를 얻는 등 충분히 유의)
- 기타 불특정 다수에 발신하는 정보로서 부적당한 내용
- 나가노시 정보 공개 조례 제7조 제1호 내지 제6호에서 정하는 "개인정보"

(2) 다음의 사항을 준수해야 한다.
- 게재한 정보가 인터넷에 순간적으로 퍼져 미디어에 따라 시간 및 발신 위치가 특정되는 것을 이해하고 이용하고, 지방공무원법 기타 직원의 복무에 관한 법령을 준수하고 직원으로서의 자각과 책임을 가져야 한다.
- 직무상 알게 된 비밀 정보는 비밀 유지 의무를 준수하고, 나가노시 개인정보 보호 조례 제12조 기타 정보의 취급에 관한 법령의 규정을 준수하고, 개인정보의 취급에 충분히 주의해야 한다.
- 바이러스 공격 등의 위협에 대한 대책으로서 신뢰할 수 없는 방문자의 게시물에 게재되어 있는 연결 설정을 사용하지 않는다.
- 게시물을 인용 또는 제삼자가 관리 또는 운영하는 페이지에 링크의 게재는 해당 게시물과 페이지의 내용을 신뢰할 수 있는 것으로 받아들일 될 수 있으므로 주의한다.

- 업무로 정보발신을 할 경우를 제외하고 근무 시간 중의 이용은 엄격히 자제한다(소셜미디어로의 발신은 발신 시간이 표시되기 때문에 직무의 일환으로 활용 이외의 근무 시간 동안 발신이 다른 사용자에게 어떻게 받아들여지는지 충분히 인식한 후에 오해를 일으킬 소지가 있는 행위는 하지 않는다).
- 상사가 부하에게 '팔로우' 또는 '친구 승인', '좋아요'를 강요하거나 사생활에 침해하는 등의 행위(소셜 괴롭힘)는 금지된다.
- '직원의 개인 계정'은 각자가 시 직원으로서의 자각과 책임을 가지고 관리하는 것으로, 직원의 정보발신은 시민에 미치는 영향이 큰 것을 감안하여 다음의 세 가지 사항에 주의해야 한다.
  (가) 시정 정보발신을 할 경우 직원으로서의 신분을 밝힌다. '게시물 내용 개인적 견해와 의견이며 나가노시 및 소속 부서의 견해를 대표하는 것은 아니다'는 취지의 면책에 관련한 내용을 프로필란 등에 게재하는 것이 바람직하다.
  (나) 항상 정확한 정보를 발신하도록 유의한다.
  (다) 다른 이용자에게 오해를 주고 혼란을 초래할 우려가 있는 내용, 본시 시책의 의사 형성 과정의 미확정 정보 등(퍼블릭 코멘트 등 규칙을 결정한 다음 시가 의견 등을 널리 구하는 경우를 제외한다)의 발신은 하지 않는다.

8. 기타

이 지침에 정하는 것 외 필요한 사항은 「나가노시 정보 보안 정책」에 의한 것 외에 공식 계정 관리자가 따로 정한다.

동두천시 소셜미디어 관리 및 운영에 관한 조례

(제정) 2013.08.08 조례 제1681호

제1장 총 칙

제1조(목적) 이 조례는 다양한 인터넷 소통매체(이하 "소셜미디어"라 한
　다)를 활용하여 주민들의 행정에 대한 이해와 참여를 높이고, 시와 주
　민 및 주민 상호 간에 소통할 수 있는 기반을 마련하기 위해 필요한 사
　항을 규정함을 목적으로 한다.

제2조(정의) 이 조례에서 사용하는 용어의 뜻은 다음과 같다.

　1. "소셜미디어"라 함은 개인의 생각이나 의견, 경험, 정보 등을 인터
　　넷으로 서로 공유하고 타인과의 관계를 생성 또는 확장시킬 수 있
　　는 개방화된 양방향성 온라인 플랫폼을 말한다.

　2. "소셜채널"이라 함은 블로그, 트위터, 페이스북, 구글플러스, 유튜
　　브, 카카오톡 등과 같이 특정한 소셜미디어 한 개의 서비스를 의미
　　한다.

　3. "소셜ID"라 함은 소셜미디어를 이용하기 위하여 로그인할 때 사용
　　하는 계정정보로 소셜채널 안에서 특정 이용자와 직접 의견을 주고
　　받을 수 있는 일종의 개인식별정보를 말한다.

　4. "소셜민원"이라 함은 민원인의 권리·의무의 형성, 변동 등 법률적
　　영향을 미치지 않는 것으로 민원인의 의사표시를 문서로 증명할 필
　　요 없이 문서(전자문서 포함) 외의 방식으로 신청하는 민원을 말한
　　다. 다만, 소셜민원은 「민원사무 처리에 관한 법률」에 의한 민원으
　　로 보지 아니한다.

　5. "소셜민원창구"라 함은 행정기관이 주민과의 신속·편리한 의사소

통을 위해 기존에 운영하고 있던 전자민원창구와는 별도로 소셜미디어와 스마트폰 어플리케이션 등 정보통신망을 기반으로 자체적으로 운영하는 민원창구를 말한다.

6. "콘텐츠"라 함은 부호·문자·도형·색채·음성·음향·이미지 및 영상 등의 자료 또는 정보를 말한다.

7. "행정콘텐츠"라 함은 공공정보·행정정보 및 각종 온라인에서 제공하고 있는 행정서비스를 콘텐츠의 형태로 가공·편집하여 소셜미디어로 배포한 것을 말한다.

8. "소셜기자"라 함은 시장의 위촉을 받아 소셜미디어를 활성화하기 위해 취재활동을 통해서 소셜미디어에 게시할 수 있는 각종 콘텐츠를 생산하는 자를 말한다.

9. "소셜댓글"이라 함은 소셜ID를 이용하여 웹사이트에 게시물을 등록하는 것을 말한다.

10. "CCL(Creative Commons License)"이라 함은 자신의 창작물에 대하여 일정한 조건하에 다른 사람의 자유로운 이용을 허락하는 내용의 자유이용 라이센스(License)를 말한다.

제3조(시장의 책무) 동두천시장(이하 "시장"이라 한다)은 소셜미디어를 통한 주민의 행정참여·의견수렴, 주민 상호 간의 소통과 연대 강화, 행정의 투명성 및 업무의 효율성을 위하여 제반환경을 조성하고 이를 위한 시책을 수립·추진하여야 한다.

제4조(적용범위) 소셜미디어 개설 및 운영에 관하여 법령 및 다른 조례에서 특별히 정한 경우를 제외하고는 이 조례가 정하는 바에 따른다.

제2장 소셜미디어 개설 및 운영

제5조(소셜미디어의 개설) ① 시장은 주민에게 양질의 행정서비스를 제공하고 주민의 행정참여를 돕기 위해 주요 소셜미디어에 계정을 개설

하여야 한다.

② 소셜미디어에 게재할 사항은 다음 각 호와 같다.

1. 국정·도정·시정·동정 및 의정 전반에 관한 사항

2. 시정상담에 관한 사항

3. 교육·문화·예술·체육·건강 및 생활 등의 지역 정보

4. 주민의견·투고 및 반상회 소식 등 주민과 함께할 수 있는 이야기

5. 기타 시장이 필요하다고 인정하는 사항

제6조(사전협의 및 운영점검) ① 시본청·직속기관·사업소 및 동 주민 센터(이하 "기타부서"라 한다)에서 소셜미디어를 개설·운영하고자 할 경우에는 사전에 시 대표 소셜미디어 운영부서(이하 "소셜부서"라 한 다)의 장과 협의를 거쳐야 한다.

② 소셜부서는 기타부서의 소셜미디어 개설 및 운영을 위한 기술적인 지원을 하여야 한다.

③ 소셜부서의 장은 소셜채널을 가지고 있는 기타부서의 소셜미디어 운 영 실태를 점검할 수 있다.

제7조(소셜미디어 운영의 위탁) ① 시장은 소셜미디어의 효율적인 운영 을 위하여 필요한 경우 그 업무의 일부를 민간에게 위탁할 수 있다.

② 위탁에 따른 세부적인 사항은 시장과 수탁자 간의 협약에 의하여 따 로 정한다.

제8조(민간 전문가 위촉 등) ① 시장은 소셜미디어의 효율적인 운영과 업 무수행을 위하여 전문성이 요구되는 분야에 대하여 필요한 경우 소관 업무 분야의 민간 전문가를 위촉하여 업무를 수행하게 할 수 있다.

② 민간 전문가의 위촉은 「지방계약직공무원 규정」의 지방계약직공무 원 채용 자격기준을 준용한다.

③ 제2항의 규정에 따라 민간 전문가로 위촉된 사람에게는 예산범위 안 에서 정액보수 및 수당 등을 지급할 수 있다.

④ 제3항의 정액보수 및 수당 등은 「지방공무원 보수규정」·「지방공무

원 수당 등에 관한 규정」 및 「공무원 여비 규정」을 준용한다.

⑤ 민간 전문가와 관련한 그 밖의 사항은 「지방계약직공무원 규정」을 준용한다.

제9조(게시물의 관리) ① 소셜부서의 장은 소셜미디어에 최신의 정보를 게시하고 이용자가 자세한 정보를 직접 제공받을 수 있도록 여건을 조성하며, 이를 유지할 수 있도록 총괄 관리하여야 한다.

② 소셜부서의 장 또는 기타부서의 장은 소셜미디어의 건전한 운영을 위하여 이용자가 구 소셜채널에 올린 게시물 중 다음 각 호의 1에 해당하는 경우 그 게시물의 공개범위와 종류에 상관없이 삭제 또는 차단할 수 있다. 다만, 이 경우 그 이유를 해당 소셜채널에 공개하거나 게시한 자의 소셜ID를 이용하여 당사자에게 삭제 또는 차단한 이유를 통지하여야 한다.

1. 국가안전을 저해하거나 보안 관련법규에 위배되는 내용을 포함하는 경우

2. 개인정보보호 등에 위배되는 내용을 포함한 경우

3. 정치적 목적이나 성향이 있는 경우

4. 특정기관·단체 및 행정기관을 근거 없이 비난하는 경우

5. 특정인을 비방하거나 명예훼손의 우려가 있는 경우

6. 영리목적의 상업성 광고 및 저작권을 침해할 수 있는 경우

7. 욕설·음란물 등 불건전한 내용

8. 소셜ID를 사용하지 않았거나 소셜ID가 정상적이지 않은 방식으로 사용 된 것으로 판명된 경우

9. 동일 소셜ID 또는 동일 소셜ID라고 인정되는 소셜ID로 유사한 내용을 1일 2회 이상 게시하는 경우

10. 그 밖에 연습성 오류, 장난성 내용 등

제10조(소셜 주민 행정참여) 시장은 주민을 대상으로 하는 통계조사, 민원처리에 대한 만족도 조사, 설문, 모니터요원 및 각종 위원회 운영 등

주민의 의견과 참여를 기반으로 하는 행정업무 추진 시 소셜미디어를 활용하는 방안을 적극적으로 강구하여야 한다.

제11조(주민 소셜공간 지원) ① 시장은 주민 상호 간에 자유롭게 의견을 교환할 수 있도록 소셜미디어에 주민 연대를 위한 소통공간이 개설 및 운영을 지원하고, 주민이 이를 활용할 수 있는 방안을 마련하여야 한다.

② 시장은 주민 소셜공간 활성화를 위하여 다음 각 호의 사업을 예산범위 안에서 지원할 수 있다.

1. 주민 상호 간의 소통을 위한 소셜미디어 활용 교육에 관한 사업

2. 자생단체·비영리 시민단체 등의 소셜미디어 운영 지원에 관한 사업

3. 중·소상공인 및 전통시장 등의 소셜미디어 운영 지원에 관한 사업

제12조(주민 참여행사의 운영) ① 시장은 소셜미디어 이용자들이 적극적인 시정참여·홍보, 주민 간 상호소통·지역공동체 강화 등을 위하여 필요한 경우 소셜미디어를 기반으로 다음 각 호의 주민참여 행사를 운영할 수 있다.

1. 주요 시책사업 등에 관하여 여론을 수렴하거나 홍보하고자 하는 경우

2. 축제·문화행사 및 체육행사 등 시가 주최하는 각종 행사 홍보 또는 기념하는 경우

3. 시의 소셜미디어 활성화를 위한 경우

4. 주민 소셜공간의 활동을 지원하고자 하는 경우

5. 그 밖에 시정을 홍보하거나 지역주민의 행정참여를 필요로 하는 경우

② 시장은 제1항에 따라 참여행사를 운영하는 경우 예산범위 안에서 참여자에게 기념품이나 상품권 등 경품을 제공할 수 있다.

③ 시장은 제2항에 따라 제공하는 기념품이나 상품권의 종류, 액면가 등과 그 밖에 행사운영에 필요한 사항은 행사시작 전에 소셜미디어 및 시 홈페이지를 통하여 주민에게 알려야 한다.

제13조(외국어 소셜미디어의 설치·운영) ① 시장은 국외 및 다문화 가정 등 외국어 사용 주민과의 소통을 위하여 외국어 소셜미디어를 설치·

운영할 수 있다.

② 외국어 소셜미디어는 국제 협력, 교류, 관광유치 및 통상 등에 관한 정보를 제공하고 이용자와 의견을 교환할 수 있도록 구성하여야 한다.

③ 시장은 외국어 소셜미디어의 효율적인 운영을 위하여 외부 전문기관에 외국어의 번역 및 감수 등 업무의 일부를 위탁할 수 있다.

제14조(개인정보 보호) ① 시장은 소셜미디어를 통해 개인정보가 타인에게 노출되지 않도록 하는 등 개인정보 보호를 위하여 안전대책을 강구하여야 한다.

② 시장은 소셜미디어 운영과 관련하여 취득한 개인정보를 본인의 승낙 없이 제3자에게 누설 또는 배포할 수 없으며 타 용도로 사용할 수 없다. 다만, 다음 각 호에 해당하는 경우에는 예외로 한다.

1. 정보주체의 동의가 있거나 정보주체에게 제공하는 경우

2. 관계법령에 의하여 수사상 목적으로 관계 기관으로부터 요구가 있는 경우

3. 통계작성·학술연구 또는 시장조사를 위하여 필요한 경우로써 특정 개인을 알아볼 수 없는 형태로 가공하여 제공하는 경우

4. 그 밖에 관계법령에서 정한 절차에 따라 요청한 경우

제15조(소셜미디어의 보안) ① 시장은 소셜미디어의 보안을 위하여 안전대책을 강구하여야 한다.

② 시장은 콘텐츠 등의 손상, 파괴, 소셜채널 서비스 중단 등의 사고에 대비하여 일정한 주기로 자료를 내려 받고 별도의 안전한 장소에 보관하여야 하며 사고 발생 시 신속하게 복구하여야 한다.

제3장 행정콘텐츠 생성 및 관리

제16조(명칭) 시장은 소셜미디어를 기반으로 방송·앨범·신문 등의 신규 행정서비스를 만드는 경우 주민들이 기억하고 부르기 쉽도록 고유

한 명칭을 사용하여야 한다.

제17조(발행인) 소셜미디어로 발행된 모든 행정콘텐츠의 발행인은 시장으로 한다.

제18조(발행주기) 시장은 행정콘텐츠를 소셜미디어를 통해서 수시로 발행할 수 있다.

제19조(콘텐츠의 저작권) 소셜미디어로 발행된 행정콘텐츠는 CCL(creative common lisence)에 따라 원칙적으로는 다른 이용자가 재사용할 수 있다. 다만, 콘텐츠의 원저작자가 따로 있는 경우 등과 같이 특수한 경우에는 해당 콘텐츠에 별도 표시한 저작권 규정에 따른다.

제20조(소셜기자의 운영) ① 시장은 소셜미디어를 활성화하기 위하여 행정콘텐츠의 자료를 수집하고 시의 고유한 지역소식을 주민에게 전달하기 위해 동두천시 소속 공무원 및 주민을 대상으로 소셜기자를 위촉할 수 있다.

② 소셜기자의 임기는 1년으로 하고 연임할 수 있다.

③ 소셜기자는 행정시책 홍보와 생활주변에서 일어나는 각종 지역소식을 수시로 취재하여 취재 원고를 소셜부서에 제출하여야 한다.

④ 시장은 소셜기자가 다음 각 호의 1에 해당하는 경우에 해촉할 수 있다.

1. 본인이 해촉을 희망한 경우

2. 질병 등 정당한 사유 없이 3개월 이상 활동 실적이 없는 경우

3. 사회적 물의 및 민원야기 등으로 품위를 손상시킨 경우

4. 그 밖의 사유로 기자 활동이 어렵다고 시장이 판단하는 경우

제21조(원고료 지급) 시장은 동두천시 소속 공무원 및 주민으로부터 접수한 콘텐츠와 소셜기자의 취재원고 등에 대해서는 소셜미디어에 게시하고 예산범위 안에서 원고료를 지급할 수 있다.

제22조(실비변상) 시장은 소셜기자 중 공무원이 아닌 자에 대해서는 콘텐츠 기획회의 참석 등 오프라인상의 기자 활동 참여 시 예산범위 안에서 일정액의 활동비를 지급할 수 있다.

제23조(지원 등) ① 시장은 소셜기자의 전문성 향상을 위하여 교육, 연수 및 견학 등에 필요한 예산을 지원할 수 있다.

② 시장은 소셜미디어를 통해 시정발전에 기여한 주민 또는 공무원 등에 대하여 「동두천시 표창 조례」에서 정하는 바에 따라 표창을 실시할 수 있다.

제4장 소셜미디어 운영위원회

제24조(소셜미디어 운영위원회 설치) 시장은 소셜미디어 업무의 효과적인 추진을 위하여 소셜미디어 운영위원회(이하 "위원회"라 한다)를 설치할 수 있다.

제25조(위원회의 기능) 위원회는 다음 각 호의 사항을 논의한다.

1. 신규 행정콘텐츠의 발굴, 소셜채널의 개설 및 폐지 등 소셜미디어 운영에 관한 종합기획 및 조정
2. 소셜미디어를 활용한 시정시책의 효율적인 주민전달 및 이해촉진 방안
3. 시정의 주요정책에 대한 소셜미디어상의 여론 및 의견수렴 방안
4. 소셜민원의 접수 및 처리에 관한 사항
5. 소셜기자 운영 전반에 관한 사항
6. 주민 행정참여 관련 정책제안 및 의견제시
7. 소셜미디어를 활용한 행정업무 효율성 제고에 관한 사항
8. 기타 소셜미디어 기반의 시정수행과 관련하여 자문이 필요하다고 판단되는 사항

제26조(위원회의 구성 등) ① 위원회는 위원장 1인을 포함한 9인 이내로 구성한다.

② 위원장은 부시장이 되고 부위원장은 위촉위원 중에서 호선한다.

③ 위원은 당연직 위원과 위촉직 위원으로 구분하고, 당연직 위원은 위

원장을 포함하여 공무원은 4인 이내로 임명하며 위촉위원은 소셜미디어·언론·주민자치 및 시정운영 등에 관하여 전문성과 경험이 풍부한 자 중에서 시장이 위촉하되 다음 각 호의 1에 해당하는 사람으로 하여야 한다. 다만, 추천자가 없을 경우에는 그러하지 아니한다.

1. 시의회가 추천하는 시의원 2명

2. 미디어·콘텐츠 학회 또는 단체에서 추천하는 자 2명

3. 지역 내 언론 관련 시민단체 또는 학계 등에서 추천하는 자 1명

④ 당연직 위원이 아닌 위촉직 위원의 임기는 2년으로 하되 연임할 수 있으며, 위촉 위원 사임 등으로 인하여 새로 위촉하는 경우 임기는 전임자의 남은 기간으로 한다.

⑤ 위원회 사무를 처리하기 위하여 간사 1명을 두며, 간사는 소셜부서의 소셜업무 담당이 된다.

⑥ 시장은 위원이 다음 각 호의 1에 해당하는 경우에는 해촉할 수 있다.

1. 본인이 해촉을 희망할 경우

2. 정당한 사유 없이 위원회의 회의에 2회 이상 불참할 경우

3. 사회적 물의 및 민원야기 등으로 품위를 손상시킨 경우

4. 그 밖의 사유로 위원회 활동이 어렵다고 시장이 판단하는 경우

제27조(위원장 등의 직무) ① 위원장은 회의를 총괄하고 위원회를 대표한다.

② 부위원장은 위원장을 보좌하고 위원장이 부득이한 사유로 직무를 수행할 수 없을 경우에 그 직무를 대행한다.

제28조(회의운영) ① 위원회 회의는 반기별 1회 개최함을 원칙으로 하되, 위원장이 필요하다고 인정할 경우에는 수시로 개최할 수 있다.

② 위원회는 소셜미디어를 기반으로 한 온라인 회의 개최를 원칙으로 하되, 필요한 경우 오프라인으로 회의를 개최할 수 있다.

③ 위원회 회의는 재적위원 과반수의 출석으로 개회하고, 출석위원 과반수의 찬성으로 의결한다.

④ 간사는 회의를 개최할 때에 회의록을 작성하고 이를 공개하여야 한다.

제29조(활동지원) ① 시장은 위원회 위원의 전문성 향상을 위한 소셜미디어 활용교육, 견학 등에 필요한 경비를 예산범위 안에서 지원할 수 있다.

② 시장은 위촉직 위원에게는 「동두천시위원회실비변상조례」에 따라 예산범위 안에서 수당과 여비를 지급할 수 있다.

제5장 소셜민원의 처리

제30조(소셜민원창구 설치·운영) ① 시장은 소셜미디어를 기반으로 소셜민원을 접수하고 처리할 수 있는 소셜민원창구를 설치·운영하여야 한다.

② 시장은 제5조에 따라 개설한 소셜채널을 활용하여 제1항의 소셜민원창구의 역할을 수행할 수 있다.

제31조(소셜민원의 신청·접수 등) ① 민원인은 소셜ID를 이용하여 시가 운영하는 소셜채널에 소셜민원을 신청할 수 있으며, 소셜댓글과 같이 민원인의 소셜ID가 명확하게 들어나는 경우 블로그나 다른 웹서비스를 통해서도 소셜민원을 신청할 수 있다.

② 소셜부서에서는 소셜민원 중 「민원사무처리에 관한 법률」에 의한 전자민원에 해당되는 사항을 민원업무 총괄부서에 지체 없이 전달하여 접수 및 처리할 수 있도록 조치하여야 한다.

제32조(시행규칙) 이 조례의 시행에 관하여 필요한 사항은 규칙으로 정한다.

부 칙 <2013.8.8 조례 제1681호>

이 조례는 공포한 날부터 시행한다.

참고문헌

FKII, 소셜미디어(Social Media)란 무엇인가?, IT Issue Report, 2009.
http://bbs1.agora.media.daum.net/gaia/do/debate/read?bbsId=D003&articleId=
4327858
http://blog.chosun.com/blog.log.view.screen?logId=5529988&userId=f3fonly
http://blog.hani.co.kr/civ3/37888
http://www.kapa21.or.kr/epadic/epadic_view.php?num=596&page=1&term_ca
te=&term_word=거버넌스&term_key=&term_auth=)

LG경제연구소, 정직으로 소통하면 결점도 소비자 마음을 얻는 통로 될 수 있
다, LG Business Insight, 2012.4.18.
강물(2014), 페이스북에 떠도는 솔깃한 이야기, 소망 말씀나눔 2014(10),
164-167.
강병서(2002), 인과분석을 위한 연구방법론, 서울: 무역경영사.
강원도청(2014), SNS 소셜마케팅 추진결과 및 향후 추진계획.
강은숙·이달곤(2005), 정책사례연구에 대한 방법론적 논의, 행정논총 43(4).
경태원·김경훈(2011), 공공기관의 소셜미디어 활용 현황 및 활성화 방안, 「
한국콘텐츠학회」, 9(1): 13-17.
공영일(2010), 스마트폰의 함의와 시사점, 방송통신정책, 22(4), 1-22.
관계부처 합동(2011), 「한미_FTA_오해와_진실(최종)」.
국방부(2012), 「군 장병 SNS 활용 사례집」.
국방부(2012), 「군장병을 위한 SNS활용 가이드라인」.
권상희(2011), 스마트폰의 진화와 문화자본(Cultural Capital)에 관한 연구, 문
화경제연구, 14(2), 3-33.
권이섭(2013), 소셜미디어 이용자 유형 분석을 통한 군 홍보정책 연구, 한남
대학교 행정학과 박사학위논문.
금희조(2010), 온라인 소셜미디어와 참여적 사회자본: 한국과 미국 대학생의
연결적 vs. 결속적 이용을 중심으로. 한국방송학보, 24(5): 9-46.
금희조·조재호(2010), 스마트폰, 커뮤니케이션 격차, 그리고 정치 참여: 소

설미디어 효과에 대한 스마트폰 이용의 조절역할을 중심으로, 한국언론학보, 54(5), 348-371.

김계수(2013), AMOS 18.0 구조방정식 모형 분석, 서울: 한나래출판사.

김구(2009), 지방정부에 있어서 정부신뢰를 통한 전자시민참여 활성화방안 탐색-웹 2.0을 중심으로, 한국지역정보화학회지, 12(1): 131-154.

김상묵 외(2004), 중앙정부 정책과정과 시민참여, 한국행정논집, 16(4): 861-885.

김상배(2014), 소셜미디어, 정치사회변환, 글로벌 거버넌스, 소셜미디어 시대를 읽다, 서울: 한울.

김석주(2004), 한국 전자민주주의 활성화 방안 모색, 한국지역정보화학회지, 7(1), 167-180.

김선경(2007), 전자적 시민참여 단계의 분석모형 구축 및 평가에 관한 연구, 도시행정학보, 20(1) : 33-60.

김성태(2003), 전자정부론: 이론과 전략, 서울: 법문사.

김수기·김채환(2011), 소셜미디어를 활용한 지방자치단체의 정책홍보: 부산광역시청 트위터분석, 정치커뮤니케이션연구, 23: 59-102.

김용철 외(2005), E-Governance 구축의 전략적 모색: 정책결정의 관점에서, 한국정치학회보, 39(5), 199-214.

김용철·윤성이(2006), 전자민주주의, 새로운 정치패러다임의 모색, 서울: 오름.

김은미·양소은(2013), '디지털 네이티브'의 시민성, 한국언론학보, 57(1).

김재일(2011), 정부신뢰와 소통 제고를 위한 Public Relations 시스템 구축-중앙정부와 지방정부 간 국정소통 현황 분석 및 개선방안, KIPA 연구보고서 2011-42-3.

김재환(2011), 소셜미디어를 통한 정책여론형성과정에 관한 연구-구제역 관련 트위터 리트윗(RT) 분석을 중심으로, 연세대학교 광고홍보전공 석사학위논문.

김정헌(2007), 정책학NOTE, 서울: 학문사.

김종호·김강민(2004), IT 활용을 통한 정책과정의 시민참여 활성화 방안, 한국행정연구, 13(3), 85-115.

김주원 외(2011), 국정운영 선진화를 위한 소셜미디어 분석 기반의 국민공감 정책방안 수립, IT정책연구시리즈.

김준한(2010), 전자정부 이용실태조사에 대한 벤치마킹 연구: '전자정부이용'

의 정의 및 측정방법, 한국지역정보화학회지, 13(4), 121-150.

김한국(2011), 국가적 재난 대응에 있어서의 소셜미디어 활용 방안 연구, 「한국엔터데인먼트산업학회논문지」, 5(4): 147-153.

김한국・조성남(2011a), 재해 발생 시의 소셜미디어 활용 방안 연구-동일본 대지진 사례를 중심으로-, 「한국엔터테인넌트산업학회 춘계학술대회 논문집」.

김한국・조성남(2011b), 소셜미디어를 활용한 대국민 정보서비스 구축 사례 연구-KISTI 사례를 중심으로-, 「한국엔터테인먼트산업학회 추계학술대회논문집」.

김형렬(2000), 정책학, 서울: 법문사.

김형성・김경애(2011), 소셜미디어의 적극적 실현을 위한 헌법적 연구, 「미국헌법연구」, 22(1): 81-126.

김희연・오주현(2011), 국내외 SNS의 현황과 사회적 의미, 방송통신정책 24(12), 19-42.

나태준(2010), 정책수단으로서 시민참여의 역할과 한계: 서울시 사례를 중심으로, 현대사회와 행정, 20(1).

남궁근(2010), 행정조사방법론, 서울: 법문사.

남궁근(2012), 정책학, 서울: 법문사.

남기범(2010a), 정부조직의 소셜미디어 사용자지침에 관한 연구, 「한국지역정보화학회보」, 13(3): 41-63.

남기범(2010b), 정부 내 소셜미디어 활용에 대한 비교연구, 한국비교정부학보 14(2), 57-82.

남기범(2011), 지방자치단체의 소셜미디어 정책의 도입방안에 관한 연구: 외국사례 분석을 중심으로, 한국비교정부학보 15(3), 79-102.

남기범(2011), 한국 지방자치단체의 소셜미디어 활용의 이슈와 과제, 「한국지역정보화학회 2011년 하계학술대회 발표논문집」.

노기영(2012), 소셜미디어와 협력사회, 서울: 한울.

노사평・박희서・박영미(2008), 정책학의 이해, 서울: 비앤엠북스.

노화준(2001), 부수효과평가모형, 한국행정학회 홈페이지, 행정학전자사전, http://www.kapa21.or.kr/data/kapa_dictionary_view.php?num=154&page=1&term_cate=&term_word=효과&term_key=&term_auth=

노화준(2001), 정책평가론, 서울: 법문사.

노화준(2003), 정책학원론, 서울: 박영사.

농식품부(2013), 버킷리스트 결과보고(참여의견 정리) 자료.

대구시청(2014), SNS통합허브시스템(대구톡톡) 추진성과 자료.

더피알편집부(2010), The PR, December.

류광택 외(2012), 미래 전자정부 모델에 대한 탐색적 연구: 지속가능한 발전을 위한 전자정부3.0의 가치와 개념을 중심으로, 한국정보화진흥원.

류석진 외(2011), 스마트-소셜시대의 민주주의와 거버넌스 , 정보통신정책연구원.

류지성(2007), 정책학원론, 서울: 대영문화사.

류태건(2010), 정치효능·정치신뢰·정치참여의 이론과 현실, 지방정부연구, 14(2): 243-267.

류한석(2009), 트위터 열풍과 소셜미디어의 진화, DigiEco Focus, KT경제경영연구소.

명승환(2010), 미래 전자정부 발전 방안 및 추진전략 수립 연구: 한국정보화진흥원.

명승환(2012), 스마트사회 전환에 따른 Gov 3.0 기반의 전자정부 개념과 패러다임 변화, 한국정책학회 추계학술대회 전주대학교.

문신용(2009), e-거버넌스와 시민들의 온라인 정책참여: 광역자치단체사례를 중심으로, 한국지역정보화학회지, 12(2).

문화체육관광부(2010), 보도자료, 2010. 10. 22.

문화체육관광부(2011), 공직자를 위한 SNS 사용 길라잡이, 문화체육관광부.

민주노동당(2010), 「한미FTA 독소조항 12가지」ver 1.0.

민주노동당(2011), 「한미FTA 독소조항 12가지 더 완벽정리」 ver 2.0.

박선주·정원모(2010), 공공부문의 성공적인 소셜미디어 도입 및 활용방안, CIO 리포트, No. 24, 한국정보화진흥원.

박성복 외(2000), 정책학원론, 서울: 다산출판사.

박준·최홍·박성민(2011), 소셜미디어가 여는 새로운 정책환경, 삼성경제연구소 CEO Information, 제808호.

박준수·서진완(2008), "사이버공동체의 평가모형 및 방법: 정책참여 역량을 중심으로", 한국공공관리학보, 22(3), 1-30.

박치성·명성준(2009), 정책의제 설정과정에 있어 인터넷의 역할에 관한 탐색적 연구: 2008년 미국산 쇠고기 재협상 사례를 중심으로, 한국정책학회보, 18(3).

박희봉(2011), 정부신뢰와 소통 제고를 위한 Public Relations 시스템 구축-국정소통 증진을 위한 정부 PR 시스템 개선방안, KIPA 연구보고서 2011-42.

방민석(2006), 지방자치딘체 입법과징의 전자적 시민참여, 한국행성학회 2006년도 하계학술대회 발표논문집.

보건복지부(2011), 「FTA 오해와 진실」.

사재명(2006), 정책과정에서 시민참여 활성화 방안, 한국행정과 정책연구, 4(1), 69-99.

삼성경제연구소(2012), 당신은 소셜한가? 소셜미디어가 바꾸는 인류의 풍경, 서울: 삼성경제연구소.

삼성경제연구소(2011), 정보홍수 속에서 금맥찾기: 빅데이터 분석활용, SERI 경영노트.

서순복(2002), 인터넷 내용규제에 관한 연구, 한국행정학회 춘계학술대회 논문집, 729-749.

서우종·Syamsul Nurdin·홍진원·박재호(2012), 조직구성원의 소셜미디어 사용과 정책에 대한 탐색적 연구: 페이스북을 중심으로, 산업혁신연구, 28(2).

서원석·조세현·송희준(2012), 정부신뢰와 소통제고를 위한 Public Relations 시스템 구축사업-소셜미디어를 이용한 정부 PR 체계 구축방안, KIPA 연구보고서 2012-42-1.

서진완·박준수(2010), 사이버공동체의 정책참여와 정부정책의 변화, 한국지역정보화학회지13(2), 107-128.

서진완·남기범(2011), 「지방자치단체 소셜미디어 활용방안 연구」, 한국지역정보개발원.

서진완·남기범·김계원(2012), 지방자치단체의 소셜미디어 활용 현황분석과 의미, 「한국행정학보」, 46(1): 131-155.

서현식·송인국(2011), 자치행정PR을 위한 자치행정조직의 SNS 활용이 지역주민과의 관계 및 커뮤니케이션 증진과 행정의 관리 효과에 미치는 영향: 자치행정조직과 지역주민간의 견해차 비교를 중심으로, 한국인터넷정보학회, 12(5), 137-158.

석호익(2008), U-Society 구현을 위한 IT 발전전략, 정보와 통신(1월).

소셜미디어연구포럼(2014), 소셜미디어의 이해, 서울: 미래인, 개정증보판.

송경재(2011), 이슈형 사이버 커뮤니티 네트워크의 시민참여: 2008년 촛불시위를 중심으로, 국가전략, 17(2).

송수근(2013), 소셜미디어 시대의 정부홍보 방안 연구-SNS 이용자의 정부 온라인서비스 태도 및 평가를 중심으로, 경희대학교 행정학과 박사학위논문.

송영조(2013), 빅데이터 시대! SNS의 진화와 공공정책, 2013 IT 21 Global Conference 전자정부연구회 워크샵 발제문.

송지준(2014), SPSS/AMOS 논문작성에 필요한 통계분석방법, 서울: 21세기사.

신영진(2005), 전자정부에서의 국민참여를 통한 전자민주주의 구현, 한국지역정보화학회지, 8(1), 75-101.

신용우(1986), 공공행정에 있어서 시민참여제도 역할, 상명대학교 논문집, 17, 33-54.

안해균(1990), 정책학원론, 서울: 다산출판사.

양승일(2013), 정책과정론, 한국행정학회 홈페이지 행정학전자사전,
http://www.kapa21.or.kr/data/kapa_dictionary_view.php?num=957&page=1&term_cate=&term_word=정책과정&term_key=&term_auth

양혁승(2013), 비전공자를 위한 통계방법론, 서울: 오래.

엄석진·황한찬·윤영근(2014), 광역자치단체장의 트위터 활용: 누가 어떻게 트위터를 행정에 활용하는가?, 한국행정학보, 48(3): 381-412.

에릭 퀄먼 지음/inmD 옮김(2010), 소셜노믹스, 서울: 에이콘.

오가와 가즈히로저, 천재정 역(2010), 「소셜미디어 마케팅, 무엇이고 어떻게 활용할 것인가」, 서울: 더숲.

외교통상부(2011), 「쉽게 풀어쓴 소위 "한·미 FTA 독소조항 주장"에 대한 반론」.

유훈(2002), 정책학원론, 서울: 법문사.

윤상오(2002a), 전자민주주의 연구의 동향과 과제, 정보화정책, 9(4).

윤상오(2002b), 전자정부 성숙도 평가모형의 개발과 적용에 관한 연구, 한국정책학회보, 11(4): 243-272.

윤상오(2003), 전자정부의 시민참여에 관한 연구, 한국정책과학학회보, 7(1): 79-105.

윤상오(2009), 정보화와 정부 의사결정의 진화, 한국정보화진흥원.

윤상오(2010), 정보화가 정부 의사결정에 미치는 영향: 미국산 쇠고기 수입 의사결정에 대한 인터넷 집단지성의 영향을 중심으로, 한국지역정보화학회지 13(3).

윤상오(2011), 정치와 정책에 미치는 ICT의 영향, 한국정보화진흥원.

윤상오 · 이유대(2011), 공공사이트와 민간사이트 간 온라인 정책참여 차이에 관한 연구, 한국지역정보화학회지14(4), 111-143.

윤성이(2006), 정책과정에서 온라인 시민참여의 제도화 방안, 사회이론, 187-211.

윤성이 · 김용철(2009), 디지털 컨버전스 환경에서 정치거버넌스의 변화, 정보통신정책연구원.

윤성이 · 송경재(2010), 컨버전스 세대의 정치의식과 시민참여, 정보통신정책연구원.

윤영민(2012), 소셜미디어와 행정환경의 변화, 한국지역정보화학회지 15(2) 19-35.

윤영민 · 김동욱 · 조희정(2007), 온라인 국민참여 확대사례연구, 서울.

윤종현(2007), 전자적 시민참여 활성화를 위한 정부활동과 시민참여 정도 간의 경로분석연구, 한국거버넌스학회보, 4(1): 287-314.

윤주명(2001), 시민참여와 행정의 대응성: 인터넷 시민참여에 대한 도시정부의 반응을 중심으로, 한국지방자치학회보, 13(2): 143-163.

이스토리랩(2010), "정부부처/지자체 SNS 활용 현황", http://estorylab.com/73

이승종(1993), 시민참여론, 서울: 삼영.

이승종(2006), 거버넌스와 시민참여, 국정관리연구, 1(1): 64-82.

이승종 · 김혜정(2011), 시민참여론, 서울: 박영사.

이원태 · 김춘식 · 이나경(2010), 소셜미디어에서 온라인 정치담론의 특성, 정보통신정책연구원.

이원태 · 조성은 · 최진원(2012), 스마트미디어 환경에서의 정보사회 규범 재정립, ≪KISDI Premium Report≫ 12-07, 정보통신정책연구원(7.31).

이원태 · 차재권 · 신호철(2012), 스마트미디어 환경에서 SNS 이용과 정책참여 활성화 방안 연구, 방송통신위원회.

이원태 · 차재권 · 홍순식(2008), 웹2.0시대 의사결정방식의 변화와 정책적 대응방안, 정보통신정책연구원.

이유택 · 서현범(2011), 시민의 온라인 정책참여 행태 및 영향력분석, SMART

SOCITY 스마트사회 실현을 위한 전략과 과제 1부 5절, 서울: 한국
정보화진흥원.

이윤희(2014), 국내 SNS의 이용현황과 주요 이슈 분석, Internet & Security Focus, 20(August).

이재성(2001), 인터넷을 활용한 주민참여에 관한 연구, 리서치아카데미논총, 제4권(2001.12).

이재성(2004), 서울시 25개 자치구의 온라인 주민참여에 대한 실태분석, 한국행정학회 춘계학술대회발표논문집.

이재성(2006), 지방정부의 온라인주민참여, 서울시 25개 자치구를 중심으로, 한국학술정보.

이종수·윤영진 외(2010), 새행정학, 서울: 대영문화사.

이종혁(2012), 소셜미디어 PR, 서울: 커뮤니케이션북스.

이종환(2011), SPSS를 이용한 조사방법 및 통계분석의 이해와 적용, 서울: 공동체.

이중대(2009), 소셜미디어 도입운영위한 7단계전략, 동아비즈니스, 2009년 09월, http://www.dongabiz.com/TrendnIssue/IndustryTechnology/article_content.php?atno=1102017701&chap_no=1

이해하기 쉽게 쓴 행정학용어사전, '시민참여', http://terms.naver.com/entry.nhn?docId=76988&cid=485&categoryId=485

이형석(2006), 실증연구방법, 서울: 한경사.

임광현(2008), 전자민원서비스 활성화 방안에 관한 연구, 한국자치행정학보, 22(2).

임준형(2006), 도시전자정부가 시민참여에 미치는 영향: 환경의제를 중심으로, 한국행정학보 40(3).

장우영(2010), 네트워크 개인주의와 시민저항: 2008년 촛불시위를 사례로, 한국정치연구, 19(3), 25-55.

전채남(2011), SNS를 활용한 지방자치단체 커뮤니케이션 방안에 관한 연구: 대구시의 SNS활용을 중심으로, 박한우(편), 인터넷 소셜미디어 개론: 이론과 사례, 영남대학교 출판부.

정명선 외(2011), 소셜미디어 부작용 유형 분석 및 대응방향, 한국정보화진흥원.

정보문화진흥원(2009), 「IT issues weekly」, 2009년 11월 19일.

정영철·이기호·배하석(2012), 보건복지 부문의 소셜미디어 활용현황 및 정책과제. 한국보건사회연구원, 연구보고서 2012-43.

정정길·이시원·정준금·최종원(2003), 정책학원론, 서울: 대명출판사.

정정길·최종원·이시원·정준금·정광호(2010), 정책학원론, 서울: 대명출판사.

정제우·유명숙·주효진·조주연(2011), 소셜미디어 이용동기와 만족도에 관한 연구: 코레일 트위터를 중심으로, 한국행정학회 하계학술발표논문집.

정진우(2006), 국내외 사례비교를 통한 온라인 주민참여 활성화 전략 탐색, 한국지역정보화학회지, 9(1), 59-77.

조아신(2008), 풀뿌리운동과 롱테일 법칙, http://changeon.org/블로그와-시민운동14-풀뿌리운동과-롱테일-법칙-2/

조영태·김윤기(2012), 도시행정에 있어서 소셜미디어를 활용한 온라인 주민참여의 활성화 방안, 한국지적학회지 28(1): 107-120.

조화순(2012), SNS와 정당정치변화, 제38대 한국언론학회 발표자료.

조화순·송경재(2004), 인터넷을 통한 시민 정책참여: 단일이슈네트운동의 정책결정과정, 한국행정학보, 197-214.

조희정(2011), 전자정부 시민참여 서비스의 전환과 정부 모바일 애플리케이션의 쟁점: 중앙정부와 지방정부의 활용 현황을 중심으로, 의정연구 33.

조희정(2011), 스마트모바일 정부의 구현: SNS와 모바일 앱 활용 사례를 중심으로.

조희정(2011), 스마트모바일 정부의 구현: SNS와 모바일 앱 활용 사례를 중심으로, 미발표보고서.

조희정·박설아(2012), 정당의 소셜미디어 활용 현황과 과제: 의제·자원·확산 전략을 중심으로, 한국정치학회보, 46(1): 113-139.

조희정·황성수(2011), 온라인 커뮤니티의 주민참여 기회공간으로서의 가능성: 대구지역 아파트 온라인 커뮤니티 사례를 중심으로, 한국지역정보화학회 추계학술대회, 강원대학교.

차재권·장우영·박정은(2010), 융합환경에서 정책결정과정의 변화와 전망, 서울: 정보통신정책연구원.

천현진(2009), "비즈니스 관점에서의 소셜미디어의 기회와 위협", 넷 트렌드 No.48.

최상한(2013), 지방정부의 소셜미디어로 주민참여는 실현 가능한가?, 지방정부연구, 17(2), 415-440.

최영훈 외(2006), 전자정부론, 서울: 대영문화사.

칸다 토시야키 저 김정환 역(2010), 트위터 혁명, 서울: 스펙트럼 북스.

특허청(2013), 국민과 더 가까이 듣고… '通하다'-스마트 3.0 홍보사례.

프라임경제(2010.12.1), 2010년 최고 스마트'정부기관은?.

하혜영·이재성(2008), 지방정부의 정책과정에서 온라인 주민참여 활용에 대한 연구, 지방행정연구, 22(1), 107-134.

한국NGO학회(2013), 시민참여행정의 성과와 과제: 서울시를 중심으로, 한국 NGO학회 추계학술대회 발표자료집.

한국방송통신전파진흥원(2012), SNS(Social Network Service)의 확산과 동향.

한국인터넷진흥원(2013), 한국인터넷백서.

한국인터넷진흥원(2012), SNS 역기능 및 기술적 이슈, 2012.3.16.

한국정보화진흥원(2009), 온라인 시민참여와 정부-시민 간 신뢰 구축 방안 연구 IT기반 한국사회 패러다임 연구.

한국정보화진흥원(2010), 공공부문의 성공적인 소셜미디어 도입 및 활용 전략 CIO(Chief Information Officer) Report 24.

한국정보화진흥원(2011a), 온라인 정책참여의 효과성과 영향요인에 관한 연구, 연구보고서 NIA II-RER-11074.

한국정보화진흥원(2011b), 정보화가 시민의 정책참여에 미치는 영향력 조사 분석.

한국정보화진흥원(2011c), 미디어 패러다임 변화에 따른 정부의 소셜미디어 커뮤니케이션 방향, IT & Future Strategy 13.

한국정보화진흥원(2011d), 복지 부문의 소셜미디어 활용 선진사례 연구, 소셜미디어 활용 선진사례 연구시리즈.

한국정보화진흥원(2011e), ICT의 사회적 영향 분석.

한국정보화진흥원(2013), 국가정보화백서.

한국정보화진흥원(2010), 공공 부문의 성공적인 소셜미디어 도입 및 활용 전략, CIO Report, Vol. 24.

한국지역정보개발원(2012), 소셜미디어의 활용실패 및 극복사례 연구.

한국행정학회, 온라인행정학사전, "E-거버넌스."

행정안전부(2012), 뉴미디어 서비스 개인정보보호 가이드라인.

허 범(1981), 기본정책의 형성과 운용, 중앙공무원교육원 편.

허진희(2012), 소셜미디어 활용과 지방정부에 대한 태도, 인천대학교 행정학과 박사학위논문.

허진희·서진완(2012), 소셜미디어 활용과 지방정부에 대한 태도, 한국행정학회 하계학술대회, 서울대학교.

현숙희(2008), 불경기를 이기는 온라인 홍보마케팅 기법: 디지털스토리텔링, http://prcamp.prstory.net

황성수(2011), 전자거버넌스와 정책의제 설정: 전자정부사이트에서의 정책제안과 시민참여 탐색연구, 한국정책학회보, 20(2): 1-21.

황성수(2012), 스마트 정부 시대에 맞는 참여적 거버넌스 모색: Social Media를 활용한 정책홍보와 시민참여를 중심으로, 한국지역정보화학회지, 15(4): 29-46.

ARTS NEWS, 1인 미디어시대 도래, '그 빛과 그림자는' 2011.1.8.

CNBC, SNS '신상털기' 공포… 미기업, 도 넘는 개인정보추적 '경악', 2011.7.1.

SNS 온라인뉴스 '신상털기 넘어 흔적털기'까지… 익명시대 끝!, 2011.7.3.

5 Examples of Social Media Blunders and What to Learn From Them http://mashable.com/2009/03/08/social-media-blunders

5 Social Media Lessons: What NOT To Do(note: these are lessons targeted at employees, not corporations).

6 painful social media screwups http://money.cnn.com/galleries/2011/technology/1104/gallery.social_media_controversies/6.html

Aichholzer, G. and Westholm, H.(2009), Evaluating eParticipation Projects: Practical Examples and Outline of an Evaluation Framework, European Journal of ePractice, No.7, March 2009.

Alford, Robert R.(1969), Bureaucracy and Participation, New York: Rand Mcnally and Co.

Anderson, James E.(1975), Public Policy-making, New York: Holt, Rinehart and Winston.

Arlington County(2010), Social Media Policy and Guidelines.

Arnold and Feldman(1986), Organizational Behavior, McGraw-Hill Book Co.

Arnstein, S. R.(1969), A Ladder of Citizen Participation. Journal of the American Planning Association, 35(4), 216-224.

Arvada(2010), Social Media Policy.

Australian Government: Department of Finance and Deregulation(2010), Social Media 101: A Beginner's Guide for Finance Employees, http://agimo.govspace.gov.au/files/2010/04/social-media-101.pdf

Australian Public Service Commission(2008), Interim Protocols for Online Media Participation, http://apsc.gov.au/circulars/circular088.htm

Barber, B.(1999), "Three Scenarios for the Future of Technology and Strong Democracy", Political Studies Quarterly, 113, 573-590.

Barber, Benjamin R.(2004), Strong Democracy: Participatory Politics for a New Age, University of California Press.

Barnes, S. & Max, K.(1979), Political Action: Mass Participation in Five Western Democracies, Beverly Hills: Sage Publications.

Bennett, W. L.(2008), Changing citizenship in the digital age, In Bennet, W. L.(Eds.), Civic online life: Learning how digital media can engage youth(pp.1~24), Cambridge, MA: The Mit press.

Berry, J. M.(2005), Nonprofits and Civic Engagement, Public Administration Review, 65(5), 568-578.

Bill Chamberlin(2011), Social Media 101: Social Media Disasters, IBM insight.

Bingham, L. B., Nabatchi, T., & O'Leary, R.(2005), The New Governance: Practices and Processes for Stakeholder and Citizen Participation in the Work of Government, Public Administration Review, 65(5), 547-558.

Blind, P. K.(2007), "Building trust in government in the twenty-first century: Review of literature and emerging issues", In 7th Global Forum on Reinventing Government Building Trust in Government (pp.26-29).

Boyd, d. m. and Ellison, N. B.(2007), Social network sites: Definition, history, and scholarship, Journal of Computer-Mediated Communication,

13(1), pp.210-230.

Boyte, H. C.(2005), Reframing Democracy: Governance, Civic Agency, and Politics, Public Administration Review, 65(5), 536-546.

Brogan. C.(2010), *Acting on Customer Intelligence from Social Media*, SAS White paper, SAS.

Bryer, Thomas A.(2010), Across the Great Divide: Social Media and Networking for Citizen Engagement, In Svara, James H. & Denhardt, Janet(ed.), The Connected Community: Local Governments as Partners in Citizen Engagement and Community Building, 73-79, White Paper Prepared for the Alliance for Innovation.

California(2009), Social Media Standard.

Center for Technology in Government(2010), *Designing social media policy for government: Eight essential elements*, Albany, New York.

Chadwick, A.(2008), "Web2.0: New Challenges for the Study of E-Democracy in an Era of Informational Exuberance", A Journal of Law and Policy for the Information Society, 4(3).

Chandler(2010), Social Media/Social Networking Administrative Regulation.

Chun, Soon Ae, Sabdivak, Rodrigo & Arens, Yigal(2011), Public Engagement and Government Collaboration: Theories, Strategies and Case Studies, Information Polity, 16(2): 189-196.

CIO Council(2009), *Engaging through social media: A guide for civil servants*.

City of hampton(2009), Social Media Policy,
http://itdirectors.wi.gov/docview.asp?docid=18476&locid=139

City of Seattle(2009), Social Media Use Policy,
http://www.seattle.gov/pan/SocialMediaPolicy.htm

Codagnone, Cristiano & David Osimo(2010), "Beyond i2010: E-Government current challenges and future scenarios", in Paul G. Nixon, Vassiliki N. Koutrakou, and Rajash Rawal, ed., *Understanding E-Government In Europe: Issues and Challenges*, Londond and New York: Routledge: 38-58.

Coleman, S.(2004), African e-Governance: Opportunities and Challenges.

Coleman, S., & Gøtze, J.(2001), Bowling Together: Online Public Engagement in Policy Deliberation. London: Hansard Society.

Cooper, T. L.(2005), Civic Engagement in the Twenty-First Century: Toward a Scholarly and Practical Agenda, Public Administration Review, 65(5), 534-535.

Corcoran. Sean, Christine Spivey Overby(2011), *Accelerating Your Social Maturity*, 2011: 4.

County of Orange(2010), County Social Media Use Policy and Procedure.

Dawes, S. S.(2008), The evolution and continuing challenges of e-governance, Public Administration. Review, 68(6), 82-102.

Dawes, S. S.(2009), Governance in the digital age: a research and action framework for an uncertain future, Government Information Quarterly, 26(2), 257-264.

Department of Finance and Deregulation(Australian Government)(2010), Social Media 101: A Beginner's Guide for Finance Employees, http://agimo.govspace.gov.au/files/2010/04/social-media-101.pdf

Dror, Y.(1967), Muddling Through: Science or Intertia? Public Administration Review, 24(3).

Dror, Y.(1968), Public Policymaking Reexamined, San Francisco: Chandler.

Dunn, William N.(2008), An Introduction to Public Policy Analysis, 4th ed.(1st ed. 1981), Englewood Cliffs, NJ: Prentice-Hall.

Dye, Thomas R.(1981), Understanding Public Policy, Englewood Cliffs, New Jersey: Prentice Hall.

Easton, David(1953), The Political System(New York: Alfred A. Knopf. Inc.) p.129.

Fairfax County, VA.(2009), Facebook Comments Policy, http://www.fairfaxcounty.gov/opa/getfairfax/facebook-comments-polic y.htm

Farmer, David J.(2003), Because My Master Bathes Me, Administrative Theory & Praxis, 25(2): 205-232.

Federal CIO Council(2009), Guidelines for Secure Use of Social Media by Federal Departments and Agencies.

Five Hidden Secrets Of Social Media Failure

http://www.business2community.com/social-media/five-hidden-secrets
-of-social-media-failure-07854

FredCavazza.net.(2010), Social Media Landscape 2011, 14 December,
http://www.fredcavazza.net/2010/12/14/

Friedrich, Carl J.(1963), Man and His Government(New York: McGraw-Hill
Co.) p.70.

Fukuyama(1995), The Great Disruption. Human nature and the reconstitution
of social order. London: Profile Books.

General Services Administration(GSA)(2009), Social Media Policy,
http://www.gsa.gov/graphics/staffoffices/socialmediapolicy.pdf

Gibson, Rachel K.(2005), "Political participation and the internet in Europe:
who wants and 'wants-not' to engage in online debate."

GMTC(The Greater Metro Telecommunications Consortium)(2010), SOCIAL
GUIDEBOOK: A guide for the use.

Godwin, Bev.(2008), Government and Social Media, Social Media for
Communicator Conference, March, 2008.

Government of Catalonia(2010), Style and Usage Guide of the Government
of Catalonia's Social Networks,
http://www.gencat.cat/web/meugencat/documents/20100607_GUIA_U
SOS_XARXA_ENG.pdf

Governor of Massachusetts(2010), Governor's Office Social Media Usage
and Policies.

Grant Thornton(2010), Embracing Government 2.0: Leading transformative
change in the public sector.

Grant Thornton(2010), Embracing Government 2.0: Leading transformative
change in the public sector.

Gurdian(2011.7.22), Cyberbullying on rise, warm charities, 2011.7.22.

Hamilton County, Jobs and Family Services(2010), Guidelines for effective
use of social networks, blogs, podcasts and live chats,
http://www.hcjfs.hamilton-co.org/Demo/media/SocialMediaPolicy201
0.pdf

Hand, Laura C. & Ching, Brandon D.(2011), You Have One Friend

Request: An Exploration of Power and Citizen Engagement in Local Governments' Use of Social Media, Administration Theory & Praxis, 33(3): 362-382.

Hastings, C.(1996), The New Organization, London: McGraw-Hill.

Higginson, M. Valliant(1966), Management Policies 1: Their Development as Corporate's Guides, Research Study 76(New York: The American Management Association), p.21.

Hogwood, B. & Peters, B. G.(1983), Policy Dynamics, New York: St. Martin's Press.

Hrdinova, Jana & Natalie Helbig(2011), Designing Social Media Policy for Government, Issues in TECHNOLOGY.

Hrdinova, Jana and Natalie Helbig(2011), "Designing Social Media Policy for Government", Issues in TECHNOLOGY Innovation, Center for Technology Innovation at BROOKINGS, January, No. 4.

http://johnmccrory.com/2010/03/5-tips-for-crafting-a-good-social-media-policy

http://racetalkblog.com/2009/08/12/5-social-media-lessons-what-not-to-do/

http://techcrunch.com/2010/08/24/facebook-more-visitors-yahoo/

http://www.governor09.nc.gov/NewsItems/PressReleaseDetail.aspx?newsItemID=843

http://www.youtube.com/watch?v=0G0LlXv-nyI

http://www.youtube.com/watch?v=7l6AJ49xNSQ

Human Capital Institute(2010), Social Networking in Government: Opportunities & Opportunities, January.

Humphrey, W. S.(1989), *Managing the software process,* Reading, MA: Addison-Wesley.

Huntington, S. & Nelson, M.(1976), 김학준 역(1981), 정치참여의 논리와 현실-개발도상국가의 어려운 선택, 서울: 일조각.

Hwang, S., & Hoffman, M. C.(2009), In Pursuit of the Effective Neighborhood Information System: User-Friendliness and Training, Government Information Quarterly, 26(1).

In Social Media, Failing to Plan is Planning to Fail
http://www.briansolis.com/2011/01/in-social-media-failing-to-plan-is-p

lanning-to-fail

Innovation, Center for Technology Innovation at BROOKINGS, January, No. 4.

IWGDPT(2008), Report and Guidance on Privacy in Social Network Services: "Rome Memorandom", 43rd meeting, 3-4 March 2008, Rome(Italy).

Jenkins, W. I.(1978), Policy Analysis, London : Martin's Roberton.

Jones, Charles O.(1984), An Introduction to the Study of Public Policy, Monterey, CA: Brooks/Cole Publishing Co.

King, C. S., Feltey, K. M., & Susel, B. O.(1998), The question of participation: Toward authentic public participation in public administration, Public Administration Review, 58(4), 317-326.

Lampe, Cliff., LaRose, Robert., Steinfield, Charles. & DeMaagd, Kurt.(2011), Inherent Barriers to the Use of Social Media for Public Policy Informatics, The Innovation Journal: The Public Sector Innovation Journal, 16(1): 2-17.

Land, Kenneth C.(1975), Theories, Models and Indicators of Social Change, International Social Science Journal, 27(1): 7-37.

Lasswell, H. D. & A. Kaplan(1970), Power and Society: A Framework for Political Inquiry, New Haven: Yale University Press.

Lasswell, Harold D.(1956), The Decision Process: Seven Categories of Functional Analysis, College Park: University of Maryland.

Lasswell, Harold D.(1971), The Public Orientation, A Review of Policy Sciences, New York: American Elsevier Publishing Co.

Leadbeater, Charles and H. Cottam(2008), The User-Generated State and Public Service 2.0.

http://www.charlesleadbeater.net/archive/publicservice-20.aspx

Lee. Gwanhoo, Young Hoon Kwak.(2012), An Open Government Maturity Model for social media-based public engagement, Government Information Quarterly 29(2012) 492 - 503.

Luo, Guifa(2011), "The Research on Government Decision-Making Mechanism Shift under E-government Environment", Paper presented at 2011

IEEE.

Macintosh, A.(2002), e-Democracy: Citizen engagement and evaluation. In S. Friedrichs, T. Hart & O.

Macintosh, A.(2004), Characterizing E-participation in Policy-Making, Paper presented at the The 37th Hawaii International Conference on System Sciences, Hawaii.

Macintosh, A.(2006), eParticipation in Policy-making: the research and the challenges, In P. Cunningham & M. Cunningham(Eds.), Exploiting the Knowledge Economy: Issues, Applications and Case Studies (pp.364-369): IOS press.

Massachusetts(2010), Social Media Toolkits.

Medaglia, R.(2007), "The Challenged Identity of a Field: The State of the Art of e-Participation Research", Information Polity 12(2007), pp.169-181.

MENG(Marketing Executive Networking Group(2008), Social Media in Marketing.

Mergel, Ines.(2010), Gov 2.0 Revisited: Social Media Strategies in the Public Sector, PA TIMES, 33(3).

Milbrath, L. and Goel, M.(1977), Political Participation: How and Why do People get Involved in Politics?, Chicago: Rand McNally College Publishing Company.

Missouri Department of Transportation(2010), Post A Comment-Use Policy, http://www.modot.org/newsandinfo/PostAComment-UsePolicy.htm

Morris, Dick(1999), Vote.com. Renaissance Books.

Mosher, Barb.(2010), Usage of Social Networking, Collaboration High in Government, www.cmswire.com.

Mossman Municipal Council(Australia)(2010), Mossman Council on Twitter, http://www.mosman.nsw.gov.au/web/external/twitter

Moynihan, D. P.(2003), Normative and Instrumental Perspectives on Public Participation: Citizen.

Moynihan, D. P.(2003), Normative and Instrumental Perspectives on Public Participation: Citizen Summits in Washington, D.C. American

Review of Public Administration, 33(2), 164-188.

Nabatchi, T.(2012), Putting the "public" back in public values research: Designing participation to identify and respond to values, Public Administration Review, 72(5), 699-708.

Nabatchi, T.(2012), Putting the "public" back in public values research: Designing participation to identify and respond to values, Public Administration Review, 72(5), 699-708.

Neuhauser. Charlotte.(2004), A MATURITY MODEL: DOES IT PROVIDE A PATH FOR ONLINE COURSE DESIGN?, *The Journal of Interactive Online Learning,* Vol. 3, No. 1, Summer 2004.

New zealand State Service Commission.(2009a), Principles for Interaction with Social Media,
http://www.ssc.govt.nz/display/document.asp?DocID=7160

New zealand State Service Commission.(2009b), The Guide to Online Participation.

Norris, D. F.(2003), E-Government and E-Democracy at the American Grassroots. Paper presented at the International Conference on Public Participation and Information Technologies, Massachusetts Institute of Technology.

Norris, Donald F. & Reddick, Christopher G.(2012), Local E-Government in the United States: Transformation or Incremental Change? Public Administration Review, 73(1): 165-175.

Norris, P.(2001), Digital Divide, Civic Engagement, Information Poverty and the Internet worldwide, Cambridge UK: Cambridge University Press; Rojo.

North Carolina.(2009), Social Media Policy.

OECD(2001), Citizens as Partners: Information, Consultation and Public Participation in Policy-Making.

OECD(2003), Promise and Problems of E-Democracy Challenges of Online Citizen Engagement.

OECD(2015), Social Media Use by Governments: A Policy Primer to Discuss Trends, Identify Policy Opportunities and Guide Decision

Makers.

O'Leary, Rosemary. & Vij, Nidhi.(2012), Collaborative Public Management: Whre Have We Been and Where Are We Going? The American Review of Public Administration, 42(5): 507-522.

Palumbo, D. J.(1988), Public Policy in America: Government in Action, New York: Har-court Brace Jovanovich Publisher.

Perlman, Bruce J.(2012), Social Media Sites at the State and Local Levels: Operational Success and Governance Failure, State and local Government Review, 44(1): 67-75.

Postman. Joel.(2008), Social Corp: Social Media goes Corporate, Berkeley, CA: New Riders.

Ranney, A.(1978), The Study of Policy Content: A Framework for Choice, In A. Ranney(ed.), Political Science and Public Policy, 28(4): 664-72.

Rethemeyer, R. Karl(2007), Policymaking in the Age of Internet: Is the Internet Tending to Make Policy Networks More or Less Inclusive?, Journal of Public Administration Research and Theory, Vol 17(2), 259-284.

Rheingold, Howard.(2002), Smart Mobs, 하워드 라인골드(저) 이운경(역)(2003), 참여군중, 서울: 황금가지.

Riley, C. G.(2003), The Changing Role of the Citizen in the e-Governance and e-Democracy Equation.

Roanoke County.(2009), Social Media Policy,
https://sites.google.com/site/munigov20/good-reading-and-resources/RoanokeCountySocialMediaPolicy-Final.pdf?attredirects=0

Roberts, N.(2004), Public deliberation in an age of direct citizen participation, American Review of Public Administration 34: 315-353.

Rosenbloom, D. H. and R. S. Kravchuk(2005), Public Administration: Understanding Management, Politics, and Law in the Public Sector, NY: McGraw-Hill.

Sander, Todd.(2008), Government 2.0: Building Communities with Web 2.0 and Social Networking.

Sander, Todd.(2008), Government 2.0: Building Communities with Web 2.0 and Social Networking, http://media.govtech.net/Digital_Communities/assets/DC08_PAPER_ CIO_TASK_V.pdf

Selznick, P.(1949), TVA and the grass roots a study in the sociology of formal organization, Berkeley: Univ. of California Press.

Sharkansky, Ira(1975), Public Administration: Policy-Making in Government Agencies, 3rd ed.(Chicago: Rand McNally Co.), p.4.

Shenk, D.(1997), Data smog: Surviving the Information Glut, San Francisco: Haper & Row, Publishers.

Sheridan, John, Kevin Novak, & Jose M. Alonso.(2008), Social Media in eGovernment.

Sheridan, John, Kevin Novak, and Jose M. Alonso.(2006), e-Participation in Policy-making: the research and the challenges. In P. Cunningham & M. Cunningham(Eds.), Exploiting the Knowledge Economy: Issues, Applications and Case Studies(pp.364-369): IOS press.

Sheridan, John, Kevin Novak, and Jose M. Alonso.(2008), Social Media in eGovernment, Schmidt(Eds.), Balanced E Government: Connecting Efficient Administration and Responsive Democracy, Germany: Bertlesman Foundation.

Sherril, K. & Vogler, D.(1982), Power, policy, and participation: Introduction to American Government, New York: Harper & Row.

Shulman, S. W.(2005), e Rulemaking: Issues in Current Research and Practice, International Journal of Public Administration, 28, 621-641. Summits in Washington, D.C. American Review of Public Administration, 33(2), 164-188.

Simard, Albert.(2008), Social Networking in Government, http://www.slideshare.net/Al.Simard/collaboration-in-government-pres entation

Social Media Screw-ups: A Brief History http://adage.com/article/digitalnext/social-media-screw-ups-a-big-misst eps/146314/

Social Media: The best and worst of 2009
　　http://econsultancy.com/us/blog/4843-social-media-the-best-and-worst-of-2009

Socialbakers.(2013), http://www.socialbakers.com

State of Delaware.(2009), Social Media Policy,
　　http://dti.delaware.gov/pdfs/pp/SocialMediaPolicy.pdf

State of Texas.(2010), Social Media Policy.

State of Utah.(2009), Social Media Guidelines.

Stone, Brad,(2008), *Facebook to Settle Thorny Lawsuit Over Its Origins,*
　　The New York Times, April 7, 2008.

Sunstein, Cas(2008), Infotopia, How Many Minds Produce Knowledge,
　　Oxford, New York: Oxford University Press.

Svara, James H. & Denhardt, Janet.(2010), The Connected Community:
　　Local Governments as Partners in Citizen Engagement and
　　Community Building, White Paper Prepared for the Alliacne for
　　Innovation.

Thomas, J. C.(1995), Public Participation in Public Decisions: New Skills
　　and Strategies for Public Managers Jossey-Bass.

Thomas, J. C., & Streib, G.(2003), The new face of government: citizen-
　　initiated contacts in the era of e-government, Journal of Public
　　Administration Research & Theory: J-PART, 13(1), 83(19).

Treasury Board of Canada Secretariat.(2008), Guideline to Acceptable Use
　　of Internal Wikis and Blogs Within the Government of Canada,
　　http://www.tbs-sct.gc.ca/pol/doc-eng.aspx?section=text&id=17555

U.S. Air Force.(2009a), New Media and the Air Force,
　　http://www.af.mil/shared/media/document/AFD-090406-036.pdf

U.S. Air Force.(2009b), Social Media and the Air Force, http://www.af.mil/
　　shared/media/document/AFD-091210-043.pdf

U.S. Coast Guard.(2010), Social Media-The Way Ahead,
　　http://www.uscg.mil/ANNOUNCEMENTS/alcoast/ALCOAST45708.txt

U.S. Department of Defense.(2010), Responsible and Effective Use of
　　Internet-based Capabilities,

http://socialmedia.defense.gov/index.php/2010/02/26/dod-official-polic
　　y-on-newsocial-media/

U.S. Environmental Protection Agency.(2008), Blogging at EPA for Greenversations,
　　http://www.scribd.com/doc/13232289/Blogging-At-EPA-Guidelines

U.S. Navy.(2008), Web 2.0: Utilizing New Web Tools,
　　http://www.doncio.navy.mil/PolicyView.aspx?ID=789

UK Civil Service.(2009), Code for Online Participation,
　　http://www.civilservice.gov.uk/iam/codes/social_media/participation.asp

United Nations(2008), From E-Government to Connected Governance.

United Nations(2012), e-Government Survey.

United Nations(2005), Global E-government Readiness Report 2005: From
　　E-Government to E-Inclusion. New York: United Nations.

University of Siegen(2010), Study on the Social Impact of ICT, Topic
　　Report 3(D7.2).

Vedung, Evert.(1997), Public Policy and Program Evaluation, New Brunswick:
　　Transaction Publishers.

Verba, S. & Nie, N.(1967), Participation in America: Political democracy
　　and social equality, New York: Harper & Row.

Wake County, North Carolina, Web 2.0 Guidelines for Use,
　　http://www.wakeemployees.com/support/documents/web20_dept_guid
　　elines.pdf

Wang, XiaoHu. & Wan Wart, Montgomery.(2007), When Public Participation
　　in Administration Leads to Trust: An Empirical Assessment of
　　Managers' Perceptions. Public Administration Review, 67(2): 265-278.

Weeks, E. C.(2000), The Practice of Deliberative Democracy: Results from
　　Four Large-Scale Trials, Public Administration Review, 60(4),
　　360-372.

Wildavsky A. and Jeffrey L. Pressman(1979), Implementation, 2nd ed.(L.A.:
　　University of California Press).

Yang, Kaifeng. & Pandey, Sanay K.(2011), Further Dissecting the Black
　　Box of Citizen Participation: When Does Citizen Involvement.

Zimmerman, J.(1986), Participatory Democracy: Populism Revised, New.

文部科学省(2015), 文部科学省ソーシャルメディア運用方針.
内閣官房情報セキュリティセンター(2013), 政府機関におけるソーシャルメディアの利用に係る情報セキュリティ対策等について(注意喚起).

남기범

현) 성결대학교 행정학과 교수
　한국지방공기업학회 회장

연세대학교 행정학 학사, 석사, 박사
영국 Oxford대학, 미국 UCLA Visiting Scholar
법무연수원, 지방행정연수원 정책형성론 및 정책개발론 강사
연세대학교, 경원대학교, 충남대학교, 덕성여자대학교 강사
국회 시험위원, 행정고시 출제위원, 공무원시험 출제위원
법무부, 농림부, 행자부, 방통위, 경찰청, 농촌진흥청 부처위원회 위원
국무총리실 부처평가, 행안부 지방공기업평가, 방통위 자체평가 평가위원
한국정책분석평가학회 연구위원장, 한국국정관리학회 편집위원장
한국행정학회 이사, 한국정책학회 이사
한국국정관리학회 부회장, 한국경영컨설팅학회 부회장

저서
『현대정책학개론』
『새내기를 위한 행정학』(공저)
『조직혁신의 전략』(공역)
『사례중심 다변량 분석론』(공저)
『로컬 거버넌스』(공저)
『지방정부경영전략론』(공저)
『한국의 스마트워크정책과 일본의 텔레워크정책』 외 논문다수

소셜미디어
정부론

초판인쇄 2018년 10월 12일
초판발행 2018년 10월 12일

지은이 남기범
펴낸이 채종준
펴낸곳 한국학술정보㈜
주소 경기도 파주시 회동길 230(문발동)
전화 031) 908-3181(대표)
팩스 031) 908-3189
홈페이지 http://ebook.kstudy.com
전자우편 출판사업부 publish@kstudy.com
등록 제일산-115호(2000. 6. 19)

ISBN 978-89-268-8536-9 93350